宇宙论
与古代文明研究

陶 磊 著

ZHEJIANG UNIVERSITY PRESS
浙江大学出版社

图书在版编目（CIP）数据

宇宙论与古代文明研究 / 陶磊著. —杭州：浙江大学出版社，2020.12

ISBN 978-7-308-20510-8

Ⅰ.①宇… Ⅱ.①陶… Ⅲ.①宇宙论—研究 ②文化史—研究—中国—古代 Ⅳ.①B016.8 ②K220.3

中国版本图书馆 CIP 数据核字(2020)第 159756 号

宇宙论与古代文明研究

陶　磊　著

责任编辑　陈佩钰

责任校对　诸寅啸　黄梦瑶

封面设计　项梦怡

出版发行　浙江大学出版社

（杭州市天目山路 148 号　邮政编码 310007）

（网址：http://www.zjupress.com）

排　　版　杭州中大图文设计有限公司

印　　刷　广东虎彩云印刷有限公司绍兴分公司

开　　本　710mm×1000mm　1/16

印　　张　17.75

字　　数　310 千

版 印 次　2020 年 12 月第 1 版　2020 年 12 月第 1 次印刷

书　　号　ISBN 978-7-308-20510-8

定　　价　68.00 元

什么是哲学的历史学？（代自序）

历史学是研究历史的学问，就这个初始界定论，历史学处理的问题是人类文明的整全。马克思讲只有一门科学，即历史学，而历史学又分为人类历史与自然历史，当是从这个角度去论说的。只是，作为学术实践，事实上不可能做到对人类文明的整全达到巨细无遗的清晰的认识，故有学科划分，比如中国史与世界史的划分，而中国史又可分为古代史、近现代史、专门史等二级学科，二级学科下又有三级学科。分工细密本是学术发展的必然，问题是分工细密是要更好地认识整全，但中国史学的具体实践却是日益碎片化，发展的结果却是越来越看不清整全。笔者在对中国学术的理论反思中曾讨论过这个问题，简单地讲，这是中国传统学术自身无法解决的问题。中国传统学术缺什么，中国历史学何以才能走出自娱自乐的窘境，是这里要讨论的问题。

笔者判断，中国学者应该学习西方的哲学历史学的传统，方能走出用无用之用为自身合法性辩护的困境。中国学者很爱讲历史学的作用，但不是所有的历史学工作都是有价值的，过度碎片化的工作，导致很多工作没有价值。有的学者习惯站在价值相对主义的立场上评价学术价值，以为只要能揭示一点过去的真实就是有价值的工作，这是为碎片化最好的辩护。这里事实上掩盖了历史学这门学问的宗旨。历史学工作的价值大小取决于其对于宗旨的服务程度，不顾学术宗旨的工作，只能归入自娱自乐的范畴。揭示过去的真实只是历史学工作必要的环节，而不是其宗旨，历史学工作的宗旨，与所有学术一样，是指向真理，指向未来。马克思讲历史学是一切社会科学的基础，社会科学服务于人类社会的文明进步，历史学也当服务于人类社会文明的进步，马克思的这个论述可谓深刻揭示了历史学的宗旨与存在价值。只是有的学者在具体实践中似乎未能真正领会马克思这个论述的精神。

马克思关于历史学的论述同样属于西方哲学历史学的传统，只是其与早期的哲学历史学关切的问题不同。早期的哲学历史学往往有神创论的背景，而马克思的哲学历史学则基于唯物史观，指向于未来的理想社会。

笔者当前的学术工作，自我界定也属于哲学历史学的范畴，但作为中国学者，对这种学术模式有一些自己的理解，现在写出来，能否成立，请方家批评指正。

一、普遍历史与比较文明史

作为哲学的历史学，首先应该有普遍历史的观念，即前文讲的对人类文明整全的关切，从这个意义上讲，哲学的历史学的讨论对象应该是人类文明史。当然，这个人类文明史不是简单的各民族文明过程的汇总，而是具有普遍历史意识框架的人类文明史。

所谓普遍历史意识，是指承认人类文明进程是向着某一个目标在进发。只不过，不同的史家对于这个目标的理解不一样。回顾人类历史，这个目标似乎是存在的，从原始群落到今天两百多个国家与地区，人类文明确实朝向同一性目标演进。

回顾过去，不仅不同史家对同一性理解不同，不同地区也存在同一性理解的差异。传统中国的大一统，与西方的上帝创世观，其对同一性的理解就有差异。从这个意义上讲，基于普遍历史意识背景的人类文明史，注定是比较文明史。就目前的人类文明进程看，并不存在东西方共同的同一性理解。历史学要服务于人类文明的进步，事实上就应该讲清楚过去的各区域的人类文明是如何建构自身的同一性的，在这种建构中，有没有未来文明同一性建构可资借鉴的经验教训。这是历史学应该做并且能够做的工作。

就笔者工作的体会，进行文明比较工作，首先要注意辨别文明类型，不同的文明类型，其对同一性的理解会有差异。就东西方两大文明类型看，古代中国，笔者理解为人性文明；西方文明，笔者理解是理性文明。这个划分是文明整体的类型划分，而不是说古代中国就没有理性的成分，而西方文明没有人性的成分。

理性文明的同一性比较容易建构与保持，基于上帝创世的普遍历史观念，就是这样的同一性理解。现在我们知道，并不存在真的上帝创世，但对于理性文明来讲，将上帝创世作为现实文明的源头，逻辑上却是可以成立的，而在具体实践中其实也是无奈的选择。因为理性属于神，当上帝成为唯一神，现实世界的起源追溯到上帝创世，作为单纯的历史学不能成立，作为早期的哲学的历史学，逻辑上却可以成立。一直到黑格尔还讲，历史是绝对精神的展开过程。马克思将其颠倒过来，就有了基于唯物史观的共产主义学说。今天，很多学者反思马克思主义史学的严重的教条主义倾向，这并没有错，马克思的社会形态学说本质是要确立文明目标的同一性，而不是确立历史演进模式的同一性与文明进程的同步性。对于未来人类文明的同一性，共产主义无疑依然是最好的学术。

人性文明的同一性就不太容易建构。理性高于人，在理性之下，不问男女老幼，不问肤色种族，都可以归入理性之下。在理性的审察下，基于现实生产力条件的可能性，构建适合的制度，构成了西方文明史的基本脉络。不同的历史阶段，这种精神始终未变。人性文明，其同一性建构就有困难，事实上不存在抽象的人性，不同性别、不同年龄、不同职业、不同社会阶层，他们的人性追求都会有不同。唯一相同的是人人都是人。但人人都是人在迄今为止的历史阶段并不足以作为文明的同一性。

古代中国人讲天下国家,人人都是人是天下追求,却不是国家追求,国家追求的首先是统治。

人人都是人,意味着人人都要讲修身成德,虽天子也不例外。但进入国家阶段,国家建立在有组织社会分工的基础上,人在现实国家结构中,其人性也在被塑造,如果没有超越的理性与坚强的法治,人人都要修身成德,这其实是空谈,事实上越是占据结构之优势地位的人,越不愿意用德性约束自己。所谓皇帝群体,可以视为古代中国道德最差的群体。此点黄宗羲的《原君》已经有深刻揭示。

当然,古代中国并非完全没有理性,事实也存在人性与理性结合相对较好的国家形态,即商鞅变法后的秦国。这个国家形态,笔者已有讨论,只是这个形态中的人性是基础人性关切,而不是高级人性诉求。高级人性诉求是孔孟儒家所表达的文明意愿,但这种诉求在实践中与国家所要求的理性相冲突,在秦覆灭后的具体的历史进程中,孔孟的理想始终未能变成现实。但其经董仲舒的转变,成为汉以后的传统中国同一性建构的基础。这种同一性并不能维系文明精神始终保持不变,其本身经过了改造,最后实现精神与法制的统一。尽管文明连续性清晰可见,但文明内涵却在逐渐丧失,因此不能说是成功的同一性建构。

我们知道儒家与道家都有得一的诉求,而两者在国家诉求上却截然不同,秦的法治与道家精神相通,与儒家精神则相冲突。汉以后的传统中国与儒家精神表面上吻合,但本质亦非真儒家。也就是说,从三代的天下到秦汉以后的国家,古代中国文明始终未能解决同一性建构问题。

早期中国之为多元文明,今天已得到普遍认可。其进入大一统国家时期,虽提出行同伦的诉求,但只是在秦帝国昙花一现,传统中国并没有能做到行同伦。而秦帝国的行同伦,也只是立足于基础人性,与人性文明的要求不完全吻合。

人性文明不能解决文明同一性问题,其在史学上也不可能出现哲学的历史学。尽管西方的哲学的历史学不能算是严格意义上的科学史学,但人性文明中的史学不能符合今天讲的历史学的宗旨也是事实。古代中国尽管史学发达，但中国文明却日益衰退，这样的史学其存在的合法性基础，从马克思主义的角度讲是有问题的。

不同的文明类型，不仅决定了其同一性建构的成功与否，还决定了不同的具体的文明历史进程。今天讲中国史，经常要讲中国辉煌灿烂的文明。西方近代以前，一般认为文明落后于中国，不少中国人因此而自豪。理性地看，文明的进程是一个整体，儒家讲成者终始，看一个人算不算圣贤，要看他一辈子，而不是某一阶段。看文明也当如此，评价一个文明的优劣，不能只看某一阶段，而要看其全过程。当然，这里不想对优劣进行评价，事实上没有一个文明体不存在问题，中国文明有中国文明的问题，西方文明有西方文明的问题，反过来也各有优点。这里要说的是，在相对孤立的环境下，文明类型决定了其具体的文明进程。

人性文明决定了中国人多子多福的价值观，决定了民生是政治的首要关切，因此古代中国一直很重视发展生产。古代中国人在文明的创造上持续不断，具体的生产技术一直在发展，其有灿烂的古代文明是可以想见的。

西方的理性文明，在近代科学带来生产力的突破性发展之前，其精力主要运用于哲学、宗教、国家建设等事业，关于民生服务的意识并不强。不过，古希腊哲学是同时代人类文明思维水平的最高峰，罗马法则至今犹有影响。理性直接服务于生产，要到近代科学技术转化为生产力之后才真正显示出其力量，培根的名言“知识就是力量”，是那个时代精神的反映。而其一旦实现，其文明力量迅速超越东方。中国古代文明，确实在民生领域领先西方，在体现人性文明的文史学术领域领先西方，但与理性相关的哲学、法学，以及国家建设则远落后于西方。关注文明优劣的人往往先对文明进行过滤后再评价，其实是非理性的。

古代中国到战国时代已出现古今之争，而西方则要到近现代才出现古今之争。这同样与文明类型有关。具体讨论详见下文，这里不展开。

二、宇宙论与比较文明史

比较文明史，我们知道，就具体的历史事实进行比较，事实上难以深入，只能做简单的表面陈述，想要深入很困难。但要直接作制度比较，更是无从入手。这里应考虑哲学历史学的另一个立足点，即宇宙论。古代中国虽然在构建文明同一性方面并不成功，但其有同一性意识是没有异议的，正如前文所指出，因为人性文明的总体特征，其有不同的同一性的诉求，或者说对于以什么东西作为一，不同的人有不同的理解与追求。对于建构未来人类文明同一性来说，理解不同的同一性的根基，就是一个重要问题。不同的同一性诉求，直接导致了制度文明的差异。换句话说，比较文明史要想深入，揭示制度、行为背后的理论差异是一项必须认真展开的工作。这里，宇宙论是关键。

前文讲过，西方传统的哲学历史学不符合科学的历史学的要求，其只能做到逻辑的统一，而无法实现历史的统一。笔者理解的哲学的历史学，首先立足于多元文明的基础，承认存在不同的文明同一性的诉求，进而揭示不同文明演进的模式与道路。其首先是历史学。这与西方传统的哲学的历史学，先确立文明同一性，进而指导历史学实践，其本质属于哲学，旨趣是不同的。也就是说，历史学与哲学的结合，可以产生两种形态的哲学的历史学，一种是西方传统的哲学的历史学，另一种是笔者这里讨论的哲学的历史学。前者，历史是为哲学服务，为现实实践服务；后者，哲学为研究历史服务。

不管是前者还是后者，哲学的历史学都以整个人类文明为考察对象，即所谓普遍历史的意识。同样，不管是前者还是后者，哲学的历史学都应该重视宇宙论的基础。对于前者，宇宙论的基础比较容易把握，西方传统的两种普遍历史意识其实就是唯物与唯心的差异，这根本上是两种不同的宇宙论的结果。但对后者，考察文明背后的宇宙论基础作为一种学术方法，则是一个新事物，其同样产生于西方，但时间并不长。笔者所见有限，故妄揣测，因为西方有一个哲学的历史学传统，从事这方面工作的学者并不称其为哲学的历史学，归入人类学可能得到更多认可。在中国，则完全是新事物。笔者其所以仍称其为哲学的历史学，一者，笔者的实践均属于历史学范畴；再者，笔者以为，西方传统的哲学的历史学其能达到科学，必须要有后一种类型的哲学历史学为其提供更坚实的文明历史基础，而不是局限于西方文明的范围内，必须尊重各民族文明的自身传统，然后探讨未来人类文明的同一性。也就是说，西方传统的哲学的历史学是有局限的，需要后一种类型的哲学历史学为其补充。如此，称后者为哲学的历史学也是允当的，这样做有益于构建更完善的哲学的历史学。这里，我们可以为哲学的历史学作一界定，基于客观历史真实，借用哲学宇宙论的方法，揭示人类文明走向大同的历史进程。其本质依然属于马克思主义史学范畴，是对既往马克思主义史学的补充与完善。

就笔者目前有限的比较工作来看，宇宙论的方法非常有效，对于获得对历史的清晰洞见非常有帮助，而这种洞见本身也说明，普遍历史确实是存在的，只是各自所得各不相同，而不同文明因为自身的局限性，以及各种各样的偶然性，所以具体的历史进程表现出复杂的样式。

就东西方文明的比较看，笔者发现在很多问题上都存在西方合一、东方二分的现象。以前的工作不再赘述，这里举一则笔者最近的读书体会，即在古代哲学的相对主义上，同样存在着西方合一、东方二分的问题。西方古代的相对主义以普罗塔哥拉为代表，其著名的人是万物的尺度的论断，导向感觉即知识的知识论，各人对现象世界的判断出于各人自己的感受。[1] 这种知识论上的相对主义又导向伦理相对主义，价值相

① 关于普罗塔哥拉的哲学，参乌戈·齐柳利：《柏拉图最精巧的敌人——普罗塔哥拉与相对主义的挑战》，文学平译，北京：中国人民大学出版社2012年版。

对主义。古代中国哲学也有相对主义，最典型的是庄子，其有不少寓言都是讲相对主义，著名的如庄生梦蝶、鱼见西施而游走等等。但庄子的相对主义并未导向知识论上的相对主义，知识论的相对主义是由惠施表述的，当然其也并未真正达到知识论的水平。庄生的相对主义停留在感觉与审美上，惠施的相对主义停留在表面的形式上。将二者合起来就是普罗塔哥拉的相对主义。相对主义，无论在东方还是西方，都不是哲学传统的主流。即便非主流，依然存在东方二分、西方合一的现象。何以有这样的区别？这也要从宇宙论上寻求解释。

庄子与惠施的相对主义，其实是对老子哲学的道所含精与象的各执一端。老子讲道其中有象，其中有物，其精甚真。象对应于形，庄子不重视形，独与天地精神往来，只讲精与神。惠施与其正相对应，其不谈精神问题，只重视形数论辩。这个背后其实是古代中国萨满主义特质的文明渐趋理性过程中所发生的分裂。萨满主义讲气生主义，庄子生活的时代有精气论的哲学流行。萨满有变形的诉求，其同样有讲形的一面。理性讲形数的确定性与规则性，惠施的形数相对主义，固然与理性原则背道而驰，但将视其为回应理性精神的盛行的学派则无问题。庄子与惠施相对主义的二分，其实是萨满主义文化回应理性精神盛行所发生的裂变。

按照笔者的判断，西方早期文化同样有萨满主义的背景，只是工正型文明类型决定了其在向理性转变的过程中采取了理性突破的方式来实现，理性突破奠定了西方哲学的主流传统。普罗塔哥拉的相对主义，则是理性突破完全确立前的一种学术流派，所谓智术师派别。与希腊三圣相比，智术师更像是萨满的传承者。他们为生计用知识服务他人，与萨满的自我定位类似。他们立足于人自身的知识论，也与萨满的人本位的立场相同。但西方文明工正型的总体特征，决定了他们不可能出现类似庄子与惠施的分裂，出现或回避、或消极回应的两种应对方式，他们采取的是积极的回应，虽然是相对主义，但却是独立的知识论类型。

这里即有普遍历史的问题。尽管因为各自文明类型的差异，在相对主义上出现西方合一、东方二分的具体差异，但其间并非不存在普遍性。庄子的相对主义也许达不到知识论的程度，但其本质也是一种知，鱼不以西施为美，潜在的即是各美其美。相反，惠施的相对主义看似接近于知识论，但事实上却无法得到清晰表述。这在濠上观鱼是否知鱼乐两人的分歧中表现得很清楚。庄子基于各美其美的原则，推知鱼乐，惠施则依据形数不同的原则推知庄子不能知鱼之乐。反过来讲，庄子不足以成为知识论的相对主义可以得到知，而惠施近似知识论的相对主义却无法得到知。这种知识论的原则用《庄子·则阳》的话讲就是是否正于精。普罗塔哥拉知识论的原则本质上也是是否正于精，因为人的感觉根本上讲是基于自身的生命特质的，对同样的事物，不同的人会产生不同的感觉，基础在于他们生命特质的差异。这种生命特质的差异，不是赋形差异的结果，而是禀精差异的结果。这里东西方应该存在共同的思想内涵，所谓正于精。

古代中国其所以出现二分，则在于对于精本身，其还存在阴精、阳精的差别（对应于男、女），阴精较弱，其无法回应基于形的理性的发展，故庄子选择回避，放弃形数关切。与之相对的阳精回应理性发展的能力则较强，其结果就是儒家的主动规定形数。西方的工正型文明类型决定了其无阴精、阳精的差异，其回应基于形的理性的发展的能力，不大也不小。惠施作为庄子的辩友，用庄子的话说，他们是相互依存的关系，庄子放弃形数，他则立足形数谈相对主义。二分自然就出现了。

哲学上的二分与合一比较容易看清楚，具体到历史问题，就不是很容易发现。这与通常的线性历史意识密切联系在一起，基于线性历史意识，一般不太容易发现历史的演进过程中多重线索的复合问题，东方文明的二分性自然就不太容易看出来。

笔者近年基于宇宙论提出的东西异制其实就是古代中国制度二分性的问题，如果与西方比较，就会发现西方能够做到合一，古代中国则做不到。这里先看一段柏拉图关于混合政制的论述。

> 在非混合的君主制中，就会有一个主人，而其他人是奴隶。在非混合的民主制中，无价值的人与受尊敬者得到的荣誉相同。我们可以说，这两种极端政制都同样没有注意到，德性和智慧对最高权力的正当要求。①

柏拉图讲的两种极端政制其实是他对古代政制分析的结果，因为从来没有其中任何一种极端政制在古代西方存在过。这种分析是哲人深入阐述政制的需要。但换个角度观察，这说明西方政制始终是在一种多重线索复合状态中前进的，所谓复合型政体就是这个意思。

古代中国也有多重线索，最基本的两条线索就是东西异制，只是中国文明的类型决定这两条线索无法达到并存。古代中国的两条线索是贵族制与平民制，但无论是贵族制还是平民制，都得承认君主的存在。这与古代中国没有超越理性联系在一起，无论在哪种政制线索中，君主都是德性与智慧最高的人。但必须有君主，不等于就是君主制，其并不排斥在承认君主的条件下可以有两种不同的政制线索。就笔者的研究判断，古代东方遵循的是平民制的线索，而西方则遵循贵族制的线索，只是这两种线索从未真正达到合一或者共存的状态。其不能混合为一体，就在于在缺乏理性精神、缺乏共同的神的条件下，二者无法共存。

这里其实也有普遍历史的问题，除了人性文明决定了古代中国难以出现奴隶制之外，政制中分封与郡县之争，反映的也是两种线索的问题，只是在古代中国这种斗争表现出的样式与西方文明中呈现的试图混合的样式不同罢了。罗马帝国有行省制度，行省设总督，看起来像是郡县制，然一个行省的行政官员只有寥寥数人，与古代中国的官僚体系根本无法比较。这种制度设计其实是古代中国郡县与分封的叠合形态。当

① 此据施特劳斯对《法义》的讲疏，见其《柏拉图〈法义〉的论辩与情节》，程志敏、方旭译，北京：华夏出版社2011年版，第88页。

然，若仅仅得出这个判断意义并不很大，因为古代中国的郡县与分封事实上很难叠合。据论，唐太宗即曾试图将二者叠合，但遭反对而作罢。真正的问题在于这里其实有带有普遍性的问题意识，即共同体的统治与被统治者的人格的相对独立，也就是国家智术与人的德性培养如何统一的问题。古代中国显然没有处理好这个问题，政制演变到末期，成了类似柏拉图讲的极端的君主制，一个皇帝，其他人全部是奴才。西方文明则始终试图将二者统一在一起，其所以能做到这一点，在于这两种诉求有一个共同的来源，即共同的神或超越的理性。这两种诉求在古代中国则分别来源于天与地，高明的德性属天，高明的国家智术则源于地，两者始终统一不起来。

三、文明类型与文明比较

以上，依据普遍历史与宇宙论谈了哲学的历史学所关注的一些问题。接下来要讨论的是哲学的历史学作为历史学的一种类型，其应该达到的目标。

哲学的历史学与一般所理解的科学的历史学的差别，主要在于其不能停留在追求历史真实的层面上。科学的历史学追求真实性，今天已经成为历史学工作所应达到的标准的共识。中国学者爱讲兰克学派，爱讲史料主义，这其实有点数典忘祖。对客观性的强调，对史料广征博引的重视，本是传统中国史学的长处，兰克学派的突出是基于西方传统的哲学历史学不重视客观性，与中国传统史学相比，其并没有什么特别的优长。追求客观性的史学有一个问题，其并不能完成我们今天认为历史学所应具有的功能与价值。过去章学诚讲的客观性可以让史义自明的观点，今天看来并不现实，中国史学几千年来一直发达，从中究竟能得到多少史义呢？史义的取得取决于哲学，古代史学并非没有史义，但其与传统中国哲学联系在一起。孔子讲其之于《春秋》，其事则齐桓、晋文，其义则丘窃取之，也就是说，今天看到的《春秋》具有史义，但其是孔子哲学精神的体现。过去几千年的史学，其史义大多是儒家哲学精神的体现。这种史义与我们今天所欲寻求的史义，显然不同。马克思主义史学，应该具有符合马克思主义哲学精神的史义。这样讲，绝不是要回到过去教条主义的马克思主义史学的实践轨道上，而是要提倡真正去理解马克思主义史学所应具有的史义。

哲学与史学是两个不同的学科，哲学追求的是概念清晰，判断准确，逻辑简单。史学追求的首先是客观性，教条主义的马克思主义史学，把马克思主义的唯物史观简单套用到具体历史上，自然不能令人满意。前文讲过，马克思的社会形态学说实质是西方传统的哲学历史学的延续，只是他实现了从唯心到唯物的翻转，其本质是哲学，还不完全符合历史学的规范要求。但教条主义的失败不应该成为拒绝马克思主义史学的理由，停留在客观性追求的史学，本质上属于自娱自乐。仅仅满足于知道过去发生过什么，对于追求美好未来的人类文明来说，没有什么实质意义。即便是传统中国史学也不是仅仅停留在客观性追求上。其从未放弃依据儒家哲学精神对历史进行评判，科学主义是近代东西学术交流的结果，其不仅数典忘祖，也没有真正习得西方学术精神，据论，兰克并不是纯粹的史料主义者。

哲学的历史学应该在客观历史基础上，达到哲学所追求的概念清晰、判断准确、逻辑简单，即要对具体的历史进程作逻辑化的处理。这里不是提倡简单套用马克思主义史学的范畴与规律，而是要针对具体文明本身作逻辑化的处理，发现其自身的逻辑法则与演进规律，从而判断其与马克思所讲的未来文明的同一性追求，其差距究竟有多远，从而为现实的文明实践提供学术上的参考。

但具体工作并没有那么简单，因为文明类型的差异，对各民族文明史作出相同的概括提炼，总结出相同的演进法则，事实上不可能。尽管我们承认人类文明存在普遍历史的问题，但因为人类文明存在着类型差异，各自的逻辑法则并不相同。唯物史观固然是真理，但在各民族的历史进程的运用上，其离合程度相距甚远。就东西方两大文明论，唯物史观更贴近于西方的理性文明，其在东方文明的运用上则没那么简单。如果用亚里士多德的四因说来分析，唯物史观只讲了形式因、目的因、动力因，而未涉及质料因，或者说，其对质料因的认识是预设的，即西方社会。也正是基于西方社会，马克思提出了社会形态学说，其奴隶社会、封建社会、资本主义社会的几个典型，都是西方社会；东方，他称为亚细亚社会。今天我们知道，因为文明类型的差异，东西方社会差异很大，作为社会形态理论，应各自立论，因为不同的质料表现出的形态一定会有差异。

这意味着哲学的历史学必须首先从各民族自身历史出发，对其进行概括提炼，观察其与唯物史观的违离程度。只有确定其违离的关键点何在，然后才能找出其通向真理的道路。这里要说明的一点是，笔者不赞成相对主义，真理只有一个，有些文明离真理近一点，有些文明离真理远一点，也就是说，哲学的历史学不仅要搞清事实，进行理论概括提炼，还要进行评判。人类文明史表明，不是所有的文明都能走到最后、走向光明的，这其中固然有偶然性的问题，但也有自身文明结构是否合理的问题。要做这样的评判，首先是基于客观历史搞清楚各种文明的结构，而对于中国这样的多元文明，其结构则更复杂，研究起来更不容易，过去的教条主义显然对其作了简单化的处理，其不符合中国历史实际是可以想见的。

如何对各文明结构进行概括提炼，这应是哲学的历史学的重点关切，这里谈一下笔者的粗浅认识。笔者理解，不同的文明观，是契入各文明体内部结构的关键。不同的文明体，一定是按照其对文明的理解展开其文明的，比如英文文明一词以 civil 为词根，他们的文明一定是关切城市的，城市内所形成的生活方式、交往方式代表着文明。西方哲人所形成的唯心与唯物的两大派别，也都是围绕着城市这个中心轴展开的。唯心主义讲城市文明是神规定的，所谓城邦智术是文明的关键，而城邦智术也是本于神的。当然，这个神已经是理性的代名词。唯物主义讲“市民社会”决定国家，而“市民社会”本身则建立在社会生产的基础之上，于是有不同的社会生产方式演进的问题，但不管如何演进，中心都是城市。奴隶制讲城邦，封建时代讲自治城市，资本主义讲工业化的城市。唯心与唯物可以理解为是以城市为中心的一体两面，是以理性文明为根的一心开二门。城市本身是人类先民理性发展到一定阶段的产物，而理性本身要求既要考虑唯心的一面，又要考虑唯物的一面，因为任何存在物本身都包含了这两方面。

古代中国的文明，尽管客观上也存在城市，但文明一词与其并没有关系，早期汉语的文明是由文与明结合而成的，文指向于个人的生活方式与交往方式，明则指人的理智能力。基于前者，发展出哲学上的道德德性，基于后者则发展出理智德性。也就是说，古代中国的文明观，是建立在存在典范的个人的基础上的。因此，又可以认为中国文明是人本的，而西方则是神本的。神本的文明实则是以社会为本，是以城市为基础的社会为本。人本的文明则不能简单地讲是以城市为基础、社会为本。同样是人本，存在着前文讲的贵族制与平民制的政制线索；同样是城市，其存在以封邑为基础与集小乡聚而为县的两种形成方式，前者是贵族制线索中的城市，后者是平民制线索的城市。城市本身不具有统一的形上根源，当然也不可能发展出唯心的哲学。而因为形成方式的不同，也不可能出现西方的“市民社会”这样的作为国家存在的基础，对之进行唯物主义的分析也不可能。学术固然是解释社会存在的，古代中国出现不了唯心与唯物的哲学传统，实则反映了古代中国的社会存在法则与西方社会并不相同。

古代中国的文明存在，固然也可以分析为思维与实在两个方面，但其运行法则则不能简单分析为纯粹的思维力推动或纯粹的物质力推动。古代中国的文明观决定了其推动力，主要来自杰出的个人，所谓获得文明的个人，而人民群众则是参与者、追随者，社会并未获得明确的自觉意识，在历史进程中主动推进历史进步，或者推翻反文明的统治。人性文明类型决定了其最高的文明获得者当然是君主或皇帝，尽管存在着两条线索,但都不能摆脱君主。因此,古代中国历史进程尽管不能在根本上脱离唯物史观与唯心史观所赋予历史的推动力,但国家权力对于历史进程发挥了主导作用,这个判断已得到越来越多的学人的认同。[①]

生产力的进步一定会带来文明的进步,但文明理解的差异决定了生产力推动文明进步的表现形式不完全相同。如果文明由整个社会来体现,生产力的进步就会带来整个社会文明的进步,如西方的社会形态的渐次演进,就说明了这一点。如果文明由具体的个人来体现,那么生产力的进步只能带来少数人的进步。就古代中国论,巫术这种愚昧文化一直大行其道,就说明生产力的进步并没有带来整个社会文明的进步。文明的个人固然可以通过国家权力推动社会文明的进步,但不是以立足于社会本身之文明为基础的国家,其能够作用于社会的影响一定也是有限的。如果再考虑基于不同人性层面所发展出的政治类型差异,古代中国文明进程呈现出非常复杂的样式,想清晰构建其社会形态演进模式,殊非易事。

四、文明观的同一与未来文明的构建

哲学的历史学还应该参与讨论未来人类文明如何走向同一的问题,为社会科学研究提供真正的基础。

前文讲过,哲学的历史学是以承认人类文明能够走向大同为前提的,关键是如何走向大同。西方学者有讲历史的终结,以为人类历史发展到今天,已经提出了一个同一性的东西,即现代西方文明,提出了"普世价值",其他文明向他们靠拢就可以了。这显然不能够成立,以现在世

① 古代中国社会与国家在未综合前,因为二分性,存在强、弱两种逻辑,这里所论,主要依据传统中国的历史。

界的领导者美国看，其社会问题很多，其自身无法实现同一，作为同一性的样本就不合格，侈谈可以以其作为同一性标本，无异痴人说梦。

笔者理解，立足于普遍历史意识与宇宙论，以比较文明史为基础的哲学的历史学，在讨论未来文明的同一性上，可以做出较多的贡献。其做贡献的方式，与其切入各文明体的方式相同，仍然应从文明观的角度入手。未来人类应以什么为文明，在这一点上若能达成共识，文明的同一性即在其中。

而要对何谓文明达成共识，仅仅是“普世价值”是不够的，“普世价值”只体现了唯心一面的对于同一性的理解，而并没有考虑文明的唯物的一面。在过去的西方文明史中，就唯心的一面讲，上帝与魔鬼是同在的，今天西方盛行“普世价值”，并不妨碍很多人有着魔鬼一样的灵魂。“普世价值”固然是光明的，但光并不由光本身产生。就人类文明的光明而言，其是由生产力提供的，没有生产力的发展，西方社会也不会发展到今天满怀信心的地步。生产力是社会文明的基础，唯物史观的这个基本立足点是真理。

反过来讲，脱离唯心一面而立足唯物一面谈未来文明同一性，这恐怕也不现实。将财产权作为文明的唯一基石固然不可取①，但通过否定之否定，放弃财产权，是否就一定能产生光明，恐怕也未必。有无财产权只是人立足于社会中的形式，本身是社会赋予的，其并无绝对性。社会赋予个人财产权，是社会生产力一定历史阶段的产物，在社会生产力极大发展后，财产权并非不可以放弃。但这里有一个问题，这种整体放弃不会自动实现，马克思主义讲通过阶级斗争建立无产阶级专政来实现，这是唯物主义的选择，因为人类文明一路走来，阶级斗争提供了动力。这里马克思主义阶级斗争学说有一个问题，即从原始的无阶级社会如何过渡到第一个阶级社会，这里阶级斗争说是不成立的。而从阶级社会走

① 财产权只是西方阶级社会文明的基石，在古代中国，并没有出现类似西方的财产权的观念，即说明对于整个人类文明来说，财产权不是唯一的基石。

向未来无阶级社会，其过渡的动力，逻辑上讲也不可能来自阶级斗争。

原始社会无文明，未来社会是高级文明，如果承认确实存在否定之否定的逻辑，这个高级文明一定能够实现。但若过渡的动力不是来自阶级斗争，又来自什么？这里应该汲取唯心主义的智慧。共产主义的概念最早就是唯心主义哲学家柏拉图提出的，真正哲人王的统治应该建立在共产主义的基础上，而真正哲人王的统治，其实是理性的统治，遵照各个个体的才能安排其合适的存在方式。这在阶级社会中是不可能实现的，人的才能只有当其成人后才能显示出来，而阶级社会则使很多人还没有发现自己的才能是什么就决定了其命运。柏拉图最后放弃了哲人王的政治，因为阶级社会不能达到整体的理性，其文明是通过社会中占优势地位的阶级表达出来的。反过来讲，当社会整体理性达到完全成熟的阶段，这只有通过整体放弃财产权来实现，理想社会就会实现。生产力的初始进步造就了阶级社会，生产力的极大进步也会使人类超脱阶级社会。今天看这已不完全是乌托邦。

要实现未来的跨越，东西方的文明理念应该结合起来，即文明既非单纯的社会整体的表达，也是个人的表达。只有实现从个人能看整体，而整体又可以体现于个人，实现个人与整体的通融为一，文明的整体跨越才有望实现，历史也才能真正终结。也只有实现个人与整体的通融为一，人性与理性才能达到最佳的结合。到那个时候，财产权无论是对个人，还是对社会，都是多余的。

中国古代的庄子曾有“道通为一”的追求，有相濡以沫不若相忘于江湖的观点，他的这个理想某种意义上就是个人与整体的通融为一，单个人犹如江湖中的鱼，而文明的整体犹如江湖，鱼离不开江湖，而江湖足够深广，滋养着有着不同需要的鱼，每条鱼都可以在江湖中恣意徜徉。当然，庄子是决定抛弃文明的思想家，今天看，唯其能摆脱文明的束缚，其才能提出近似理想的存在形式。有限的文明固然比原始野蛮状态高明，但有限的文明同时也产生大量的问题，只有文明整体超越，才能实现自由。这或许是古代中国人性文明的思想家所能提出的最高的理想，只是其不符合理性。

如果将西方哲人的思考结合起来看，所谓物质生产的基础，其实就是庄子讲的江湖。马克思主义讲社会产品极大丰富是理想社会的基础，这样的社会中按需分配，事实上取消了分配本身，江湖为一，鱼不会去考虑如何分配水，真正实现对哲人王的消解。而取消分配，也就取消了个人与整体之间的限隔，实现个人与整体的通融为一。

就有限文明论，取消分配是非理性的，无论是东方还是西方，文明都是从分工分配开始的，事实上，分工分配进行得越合理，其文明的能力就越强。但从哲人王上推，回到初始的神的形式，可以为未来提供启迪。今天的人类其实也在创造神，所谓虚拟的智能，如果真的能将人类自身的理性独立虚拟化，取消分配就是有可能的。

过去，亚里士多德捍卫财产权利，一个重要的理由是个人行使财产权利是个人荣耀的基础，这在有限文明的场景下无疑是正确的。即便不考虑低级欲望的满足，人类同样需要激励机制。但这个理性显然是有限的，是在有限生产力基础之上对于文明机制的理性研判。今天的生产力水平已非那个时代可比，新的生产力需要新的理性，当人工智能已触手可及，地球日益一体化的时代来临之际，人类文明其实需要对其整体演进的机制做理性研判。

对于历史上的宗教所塑造的神，笔者有一个判断：神是对我的存在，我弱小，神就强大；我强大，神就弱小。我只关心自己，神也只为个人服务；我关心整体，神就针对整体而存在。人工智能也是对我的存在，其既可以为个人服务，也可以为群体服务。但作为人类自身的理性创造物，其与人不可能形成彼强我弱的关系模式，人类越强，则人工智能就越强。当其发展到一个临界点，其很快会变为神一样的存在。而当人工智能获得了知人善任的能力，其就可以代替哲人王，为个体存在提供正义的安排。并且，这种安排了无痕迹，犹江湖之水之于鱼。

历史地看，人类除了物质文明的江湖，还有一个精神文明的江湖，只不过，像老子讲的那样，日用而不知，而这个精神文明的江湖其正常状态是随着文明进展而不断进展的，并且在有限文明的条件下，其分配给不同群体的内容与数量也不相同。今天的人类文明，已经有了明确的普世价值意识，试图消弭有限文明状态下的精神文明分配不均衡的意识逐渐深入人心。在这一点上，人工智能提供给人类可以反思的东西更多，其能够为同一文明观的传播所做的贡献也更多。

今天的人类处在又一个重要历史关口，毁灭的可能与超越的机遇并存。文明是因冲突而毁灭，还是因融合而超越，确实是对当今人类的一个考验。其中，同一文明观的构建应该是一个重要课题。如果基于同一的文明观对现实世界进行评判，西方社会距离这个目标要近一些。理性文明，其社会理性也在随生产力发展而不断进步。中国人的理性文明框架至今还未完全建立起来，今天的维新之命究竟如何展开，这取决于中国人对于西方文明的理解程度与融合意愿。这里讲的哲学的历史学就是一个融合西方学术的产物，是致力于对人类文明实现自觉的学科。

融合两种文明对于中国来说，并不陌生，古代中国的工正与臣正其实代表了两种文明，古代的墨家、法家都是融合的结果，秦帝国的构建也是融合而以工正型文明为主导的结果。只是当汉开启以臣正为主导融合工正型文明的传统中国文明模式后，文明整体每况愈下，既不讲理性，也不讲人性，乃至近世遇到强势的西方文明。之后马克思主义传入，中国人之能接受这种学说，在于其契合人性文明的深层需要，人人都是人，人人应该享有共同的权利。但马克思主义本身是西方理性文明长期发展的产物，其本身需要建立在理性的基础上，即便将历史前进的动力赋予阶级斗争，这个斗争本身也需要与新生产力相适应的理性的引导。马克思讲自由资本主义无法解决自身的问题，即周期性的经济危机，这个讲法并没有错，没有国家干预的凯恩斯主义的出现，资本主义不会有今天的繁荣。这里面其实融合了基于大工业生产所需要的国家理性，自由资本主义忽略了这一点。当然，马克思看得更远，他已经不是在国家层面考虑问题，而是在人类层面考虑问题，所以有共产主义的提法。这虽然很伟大，但当时其显然超越了历史，当时还没有一种生产力形态具备能够提供以人类文明为基础的理性来指导具体的实践。据报道,现在近一半的美国青年表示能够接受社会主义,尽管有学者不认为社会主义是共产主义的过渡阶段,这应该是对的,因为社会主义还存在财产权,而有无财产权是超越之实现的关键。但接受社会主义显然有助于向共产主义迈进,美国大学中将《共产党宣言》视为必读经典的比重很高,这其实预示着未来人类文明的方向。

五、如何展开哲学的历史学工作?

以上从四个方面讨论了哲学的历史学应具有的规定性,但如何去实践则是一个棘手问题。对于西方学者来说,他们有哲学历史学的传统,但他们的哲学历史学实践往往是先有一套哲学,然后由此哲学观念切入历史叙述,从中国学者的角度讲,不太愿意接受这样的路径。中国学者首先会问是从材料出发,还是从理论出发。中国历史学的传统是从材料出发,这符合科学精神。但从材料出发有从材料出发的困难,尤其是学术分工日益细密的今天。过去的学术大师讲古来新学问必由新发现,这个讲法没有问题,新材料的发现一定会带来新的研究问题。但仅仅这样显然是不够的,新材料带来新认识,但这些新认识却未必能带来对于文明历史的清晰认识。史料主义确实符合科学精神,但史料主义忽略一个问题,每条材料都是历史片段的呈现,而脱离整体的历史片段,实际上是无法说明自身的,只有在历史的整体中,局部才可以得以清晰呈现。

不赞成史料主义,并不意味着笔者赞成从理论出发,尤其是对于中国历史的研究。笔者重视理论思维的重要性,但不赞成将学术工作理解为如何将西方的理论与中国的历史相结合,这种理解本身不符合理性。

所谓理论就是对历史或现实存在现象的形式描述,对历史进程的动力与目标的理解包含在其中。前文提到亚里士多德的四因说,我们讲的理论其实就是形式因问题，动力因与目的因可以包含在形式因中。亚里士多德讲，不存在脱离质料的形式，这意味着，即便是带有科学性的理论，也不能简单随意地套用到别的文明体上。今天研究中国文明史的学者习惯提出一些描述文明构成内容的概念，去分析中国文明的进程，以为这样做就是理论工作。这其实是把理论工作看得过于简单了。理论工作确实需要一些基本概念范畴，但概念范畴本身如何运动更是理论工作应该关切的问题。

比如说，唯物史观是科学理论，其中生产力是基础，其对于生产关系具有决定性作用，这里其实有一个范畴运动问题。生产力决定生产关系，是以什么形式决定的，是掌握先进生产力的人自觉推动生产关系的调整，还是生产关系的参与者之间的斗争，从而推动生产关系的变革？唯物史观强调斗争，尤其是阶级斗争。但历史地看，其实是先进生产力代表者对落后生产力代表者的斗争推动着历史进步。在相同生产力水平基础上的生产关系双方的斗争，只是占弱势地位的生产者为维护自身权利采取的行动，这种斗争也能推动历史进步，文明的进步本身应该表现为人的权利的不断扩大。但这种斗争相较于新生产力之于旧生产力的斗争对于历史的推动作用，要弱很多。主要是先进的生产力带来了新的生产关系，而不是原先的生产关系双方之间的斗争带来了新的生产关系。生产关系是生产的组织形式，这是一个形式因，按照形式趋向理性的内在要求，新生产力的掌握者会自觉地调整生产关系。这里绝没有否定阶级斗争对于生产关系的调整作用，因为人性的贪婪会导致生产关系占优势的一方，尽可能压榨居于弱势地位的一方。也就是说，即便是自觉调整，其实也不是说存在同一的标准。这里上层建筑便发挥了其作用。作为上层建筑，其存在的总体特征趋向于理性，新生产力所需要的新的理性，需要上层建筑将其转化为法律。法律反过来会抑制个别人的贪婪，从而导致文明的整体进步。

经济基础决定上层建筑，这也是真理，只是经济基础中真正决定上层建筑的还是生产力。尽管上层建筑通常为生产关系中占优势的一方所掌握，但绝不意味着这些掌握权力的人可以任由己意使用权力。公共权力是建立在社会整体之上的，其存在与行使的合法性，取决于社会的共同意志，如果共同意志趋向于理性，公共权力的存在与行使就建立在理性的基础上。尽管国家可以表述为是统治阶级压迫被统治阶级的工具，但国家同时代表着那个时代最高的理性。西方文明持久的法治传统足以说明这一点。

这些论述都是立足于理性文明所作的分析，将其移到中国文明就不能解释得很通顺。生产力、生产关系、上层建筑，这些范畴中国文明中自然也都存在，并且唯物史观在中国根本上也是成立的。但这些范畴之间的运动形式是否像西方文明中表现的一样就是问题。因为中国文明不是追求理性的文明，尽管文明不能离开理智能力，但在整体上，还是存在偏重理性与偏重人性的差别。就中国人的一般追求讲，中国文明更重视人性，重视家庭，运用在真理问题与国家问题上的精力远少于用在个人幸福、家庭兴旺上的精力。这种共同追求，导致无法形成指向于理性的国家，导致新的生产力所带来的新的理性很难对生产关系的调整形成积极的宰制性的力量。当然，并不是说古代生产关系没有变化，但变化极其缓慢，如果考虑到地域差别，总体上变化不大。而地域差异的形成，事实上要考虑地区文化观念的差别，比如江南地区，人的理智程度要高一些，其相较于其他地区变化程度就比较大。

这其实不难理解，范畴只是对存在的最初步的理论思考，其本身尚处于孤立状态，而存在是一个整体，存在物之间的相互作用决定了范畴间的运动。而讨论运动，动力、目的就是一个重要的问题，文明的类型差异事实上决定了概括文明诸方面的范畴的运行形式的差异。如果一个群体的集体意识只是家族兴旺、个人幸福，其就不可能出现以理性为特征的公共权力，其共同体的成员也不会是公民，个人分属于自身与家庭，并不具有公共性。国家不追求理性，其对于新生产力所带来的新的理性的回应能力也就有限，生产力之于生产关系调整的推动作用也就很有限。

笔者理解的哲学的历史学，与西方传统的哲学历史学有一个重要差异，即它首先是历史学工作，而不是哲学工作，理论不是其工作的出发点，而是其工作的归宿。而后者则是其不同于史料主义的历史学之处。西方传统的哲学的历史学服务于历史实践的意识浓厚，笔者理解的哲学的历史学则指向于文明的自觉与文明融合可能性的探讨。

这种定位，决定了哲学的历史学也是从材料出发，只是其希望从材料中获得的信息与史料主义的指向不同。史料主义看起来富有科学精神，一分材料说一分话，实事求是。但史料主义显然忽略了一个问题，即一分材料所说的一分话究竟应该包含哪些内容。孤立地解读一件史料，与将史料放在具有关联性的历史整体中所获得的信息一定是不同的。史学工作的科学性基础，其实不在于是否遵照一分材料讲一分话的原则，而在于对讨论一个问题，究竟多少材料是充分的这一问题有清醒认识。这看起来好像也是一分材料讲一分话的问题，但实质上不是的。因为讨论问题首先要理清楚构成这个问题的逻辑基础，要理清楚这个问题的大致轮廓，然后才有需要多少材料来支撑的问题。从一分材料讲一分话出发，固然可以看出有些工作不能成立，指出其科学性不够，但如何算是科学的工作，基于这个立场是看不出来的。事实上，材料只为整个科学工作提供一个基础，工作的科学性的高低则取决于问题揭示得是否清晰完整，整个论证的逻辑性是否完整。事实上，考虑问题的视野会限制对于材料信息的读取，很多时候，问题没有考虑清楚之前，有些材料的价值是看不出来的。这一点，民国时期的学术大师梁启超已经讲得很清楚了，不过，他那个时代理论都是“洋货”。① 这里就显出了理论思维的重要性。理论总是因为提问题而产生的，没有问题，就不会有理论需要，或者，问的问题都是一些最基础的问题，即孤立的事实层面的问题，其也不

① 梁启超曾言：“国故之学，曷为直至今日乃渐复活耶？盖由吾侪受外来学术之影响，采彼都治学方法以理吾故物。于是乎昔人绝未注意之资料，映吾眼而忽莹；昔人认为不可理之系统，经吾手而忽整；乃至昔人不甚了解之语句，旋吾脑而忽畅。质言之，则吾侪所恃之利器，实‘洋货’也。”见其著《先秦政治思想史》，上海：上海古籍出版社 2013 年版，第 14—15 页。

需要理论。问题意识是社会科学区别于传统人文学科的重要差别，提问题本身也是一个重要的能力，人们常讲，一个好的问题本身就是工作成功的一半。从材料出发没有错，但学会提问题，发展理论思维，对于哲学的历史学同样重要，事实上理论思维水平高，反过来也会带来问题意识的敏锐。

当然，除了要反对史料主义的对理论盲目排斥的态度，这里也要反对一般理论工作者讲的理论是思考的出发点的认识。思考总是要从具体的实在出发，因为理论作为对于存在的理性思考，是不能脱离存在本身的。亚里士多德讲，形式是质料的显现，其本身并不脱离质料而存在。将理论视为既是思考的出发点又是思考的归宿的观点，是传统中国思维方式的产物，因为中国人承认存在纯粹的形式，中国人的形式主义因之也特别严重。这并不奇怪，人性文明其理性成长有限，无法对实在达到客观、准确的把握。

发展理论思维，宇宙论特别重要。在具体工作实践中，从材料出发进而达到理论认识的学者其实很少，事实上也很难，其既需要进行史学训练，又需要进行哲学训练。只有这两方面修养都能达到一定水准，事实上才有可能实现下学而上达。但宇宙论可以帮助建立两方面工作的联系，使下学而上达变得不再令人望而生畏。老子曾讲，所谓道，百姓日用而不知，其实宇宙论也是百姓日用而不知，对于其有清晰认识的只有哲人。平常零散的史料都是普通人活动的陈迹，其背后有宇宙论意识应该是没有问题的。理论是哲人工作的结果，其背后也有宇宙论支撑。也就是说，将宇宙论作为抓手，不仅可以深入地解读史料，其对于通向社会科学理论也是有帮助的。

不同的哲学流派有不同的宇宙论基础，不同的文明类型，其背后的宇宙论基础差异更大。在清晰揭示中国文明的宇宙论基础之前，对于建构中国文明的社会科学理论还是要慎重。就笔者有限的工作实践看，中国文明确实存在与可见的从多元到一体的文明进程相适应的宇宙论的变迁，在一体文明成立前，宇宙论本身也很复杂，这种复杂性是与多元文明本身相适应的。一体文明成立后，事实上出现了贯穿于各个时代的共同的宇宙论，所谓制度阴阳的问题。①

笔者非哲学科班出身，但因为对古代宇宙论研究的深入，自觉研究哲学问题、理论问题的能力有显著提高，这为进一步提炼中国文明进程的理论原则打下了基础。这也是笔者不揣谫陋，敢于将哲学的历史学提出来向同行请教的信心基础。

综上所述，作为西方传统的哲学的历史学本质上属于哲学范畴，不符合中国传统以及近代西方科学的历史学的要求。今天的哲学的历史学既要具备哲学的指向于未来同一性的关切，又要立足于各民族具体的文明史，按照历史学的要求，立足于普遍历史意识与宇宙论，深入揭示各民族历史的运行轨迹与内在动力，从而对各文明历史进程做出解释，并且具有面向未来的问题揭示与价值评判。不同的文明观是深入各文明的具体的切入点，而共同的文明观，则是构建未来文明同一性的基础。从具体实践看，哲学的历史学也是从史料出发，但不会陷入狭隘的史料主义，排斥理论思维。善于从宇宙论的角度研究把握材料，是哲学历史学深入展开的基础。在此基础上构建符合各文明自身进程的理论原则，则是未来各文明融合的基础。理想的哲学的历史学是对现有的马克思主义史学的补充与发展。

---

① 关于古代中国文明的宇宙论基础，笔者的基本判断是，早期东西文明存在是否绝地天通的差异，存在重天与重地的不同（参拙文《东西异制：早期中国研究新范式论纲》，载牛鹏涛、苏辉主编：《中国古代文明研究论集》，北京：科学出版社 2018 年版，已收入本书）；传统中国的宇宙论基础，参拙文《制度阴阳：一统文明下的宇宙新论》，该文系提交 2019 年 8 月中国香港孔子学院举办的“多维视野下的早期中国宇宙论国际研讨会”的论文，待刊。

目　　录

下　编

插图目录

绪　论　萨满主义、宇宙论与古代文明

就萨满主义与中国文明的关系而论，笔者曾讨论萨满主义与礼乐文明之间的联系，[①]在此不再赘言。这里拟引入新的宇宙论研究视角，来观察中国文明与萨满主义之间的关联。萨满主义作为一种切入问题的视角，本质也是宇宙论问题。通过宇宙论视角的转换，对于认识萨满主义与中国文明之间的关系会有更清晰的认识。

一

中国学者一谈到宇宙论，马上会想到天圆地方的宇宙结构，会想到盖天说、浑天说、宣夜说，会想到气本论，有现代科学常识的则会想到宇宙大爆炸理论，而不会将自己带入到这个宇宙中。尽管古代哲学中天人关系是重要命题，有天人合一的讲法，但这与将自己作为一分子纳入宇宙整体是不同的宇宙论。西方哲学史中，一般成熟的哲学家都有一个宇宙论的背景，也就是说，宇宙论是哲学的基础。当然不仅是哲学的基础，从近代科学史看，宇宙论也是科学的基础。据论，古希腊语中宇宙论与理论是同源关系，在西方文明中，宇宙论其实是人认识整个存在的基础，人本身也不例外，而基于宇宙论所获得的知性成果便是

---

① 参拙著《德礼·道法·斯文重建：中国古代政治文化变迁之研究》绪论，杭州：浙江大学出版社2016年版。

理论。

中国古代文明与此有很大不同，中国哲学史中重视宇宙论，按照哲学史家的观点，主要是在汉代，尤以董仲舒为代表。宋明理学虽也有宇宙论的基础，但主体内容中宇宙论成分并不突出。并且，宋明理学的所谓宇宙论基础，本质上又是非宇宙论的，其宇宙论基础是易之太极经由阴阳动静，通过五行相互作用，化生万物，但太极之先又加上无极，这实质上成为非宇宙论学说。宇宙论只关切存有的世界结构与生成法则，而不会关切无，基于对自然的理性认识，无不能生有，只有基于人文世界，才有无中生有的问题。

董仲舒的学说之所以被称为宇宙论学说，是因为其将阴阳五行理论与人的世界做了深度融合，反过来讲，其宇宙论内涵其实就是阴阳五行。这种宇宙论也是中医学的理论基础，但不能仅据此说宇宙论是古代中国科学的基础。中国古代的科学成就主要表现在对于自然的细致准确的观察，并积累下来大量记录，科学理论主要表现在对自然运动的数学描述上。阴阳五行虽然也涉及自然运动的法则问题，但其离完整揭示世界的构成与其运动法则还有很大距离。当然，这不能抹杀中国古代在认识自然并运用自然上取得了很大的成就，在近代科学产生之前，在对自然的认识与运用上，古代中国人事实上处于领先地位。只是，那些活动能否称为科学活动，是值得推敲的。如所周知，科学史领域有“李约瑟难题”，所谓古代中国为什么没有发展出类似欧洲的近代科学，这个问题，笔者判断不是问题，因为中国人的宇宙观，决定了中国人认识自然所能达到的水平。如果不能达到对自然运动是内在质性与外在形式相统一的认识，就不可能出现用数学手段描述自然运动的冲动，永远也不会实现对自然运动的准确认识与把握。

阴阳五行，西方学者称为关联性宇宙论，这个讲法其实不准确。因为科学视野下的自然也是一个关联性整体，阴阳五行的宇宙观与科学宇宙观的区别，主要是在世界通过何种方式成为一个普遍联系的世界的问题。阴阳五行对于世界整体性的揭示显然还比较浅显，其不能准确揭示世界的理性法则是可以想见的。如所周知，古希腊也有类似金木水火土五行说的四元素说，但旨趣与古代中国的五行说却有很大不同。五行说的重点是五行之间的生克关系，不仅有简单的生克法则，还有复杂的三合说。四元素说的兴趣并不在四元素之间的生克，而在于四元素基于何种法则构成这个世界，当然，这不是说古希腊人没有看到元素之间存在生克关系。运动与静止是基于对不同构成法则的认识得出的，而不是元素之间的直接的生克的结果，因为一种存在不是单一元素的构成结果。我们知道古希腊人还有“第五样东西”的讲法，[①]所谓第五元素，其与四元素不同，本身具有神秘性，其功能是协调四元素的匹配关系。中国古代的五行，按照笔者的判断，也有从四行向五行发展的过程，即土是后来加入的。土的角色有点像第五元素，但功能却不同于第五元素。土并不调节四元素之于世界构成上的匹配关系，而是其他四行之君，其作为统治者并不是提供四行存在的形式，而是四行因为得到这个君，才真正发挥了创生的作用。今天我们知道，古希腊的四元素说更接近科学认识，水是 H_2O，是氢氧原子以一定匹配关系构成的。

毫无疑问，东西早期先民初始对于自然的认识，对象基本相同，但认识所欲获得的结果却不相同，这个不同的认识愿望，导致最终获得的结果不相同。由古希腊的认知愿望，导向了近代科学，而古代中国的认识愿望则停留在阴阳五行的水平上。真正的问题是，这种认知愿望是由什么因素决定的。李约瑟因为关心中国，所以以中国为什么没有发展出近代科学的方式来提问。而爱因斯坦因为热衷科学本身，则对科学思想为什么从古希腊发源感兴趣，问题性质相同，只是提问的立足点不同。今天来看，这种差异最直接的表现是宇宙观的差异，宇宙观的科学与否，决定了对自然认识的愿望的不同。人的知性具有成长性，可以通过一代的积累，使自己对于世界的认识不断深化。但宇宙观的差异决定了知性成长的空间与方向，有些领域无论如何发展，都不可能真正达到科学的认识。而有些领域，则具有无穷的可探索空间，所谓科学真理。

古代中国人的知性追求，对天文现象观察细致准确，但未能发展出现代天文学。而西方天文学取得哥白尼突破，其实只是一个时间问题，因为古希腊人即认为天体本身进行着完美的圆周运动，所谓本轮均轮的复杂体系只是为了解释行星视运动上的不完美。当观察资料累积到一定程度，放弃以观察者为中心

① 参塔兰特(Harold Tarrant)：《中期柏拉图主义与〈书简七〉》(王师译)，见彭磊编《叙拉古的雅典异乡人》，北京：华夏出版社 2010 年版。

的视角，日心说自然就提出了。天体本身完美的圆周运动，是先在的认识，没有这个先在的对于运动形式的判断，日心说也不可能出现。只是，后来圆周运动被修正为椭圆运动。今天我们经常引胡适讲的科学方法，大胆假设，小心求证，其实忽略了一个关键问题，大胆假设，不等于随便假设，假设是对存在形式的先在预设，这个先在预设本身要合乎理性。天体的完美的圆周运动就是一个假设，这里面因为包含了理性的成分，所以才能帮助达到科学真理。而先在的合乎理性的假设需要一个合乎理性的宇宙观基础，古代中国人对于自然所缺乏的正是这个先在的合乎理性的宇宙观。虽然有阴阳五行的宇宙观，但技术创新跟这个宇宙论基本没有关系，技术创新本身只能以一个个孤立的形式来取得，而不可能出现类似近代科学所能导致的知识爆炸。

二

那么，是什么导致了古代中国与古希腊在认识自然的宇宙观上的不同，这里需要引入一个新的概念，即文明类型。宇宙论固然重要，文明类型更关键，不同文明类型会产生不同的宇宙观。

据论，古希腊时代已经认识到文明的产生需要三个要素：欲望、计算能力、精神价值。基本的欲望，人类大致相同，从这个意义上讲，弗洛伊德讲的人与动物其实没什么区别，并非没有道理，生存与传宗接代，是人类最基本的欲望，动物也一样。只是，这种讲法中的人不是文明中的人。人要建成文明，还需要远超于动物的计算能力，人类文明史从来没有脱离过计算，并且文明越发展，对计算能力的需求也越大。但在计算能力上，也很难区分不同文明体的类型差异，因为基本的计算能力，人类是相同的，不知道简单计算的群体不可能进入文明。当然，不同群体的计算能力并非完全相同，通常讲古代中国人精于算计，所以算术很发达，但这种发达的算术能力能否作为文明类型的差异呢？与中国人相比，古希腊几何学发达，从等次看，几何学要高于算术，也就是说古希腊人的计算能力要比古代中国人强，这能不能作为判别文明类型差异的基础？今天看同样不合适。因为计算能力是人的知性能力的表现，而知性能力的成长，不能脱离具体的生产生活实践，与其用算术能力与几何能力区分古代中国与古希腊，不如用臣正型与工正型两个范畴来区分。

古代中国之所以算术能力强，一般认为与农业需要丈量土地有关，这当然不能说错，因为计算能力与生产生活存在相互促进的关系。不过，笔者判断，算术能力的发达跟中国人重视产品分配关系更密切，中国人几乎是普遍的精于算计，这不是农业生产能说明的，因为丈量土地只需要少数专家就可以，不会导致整个群体都精于算计。群体的算术能力强，应该与重视分配有关，因为这涉及每一个人的切身利益。为什么中国人如此重视分配，这应该与中国人讲人性的文明类型有关。天生百物，生民共享，是古代中国人的基本观念，每个人都有获得基本生存物的权利，都有参与分配的权利。从最简单的遗产继承看，中国人特别重视分家的公正性，每个子女都有权利(出嫁女子除外，因为已经享受过嫁妆)，所以中国人常常因为分家产而兄弟不和，这意味着，计算是中国人生活中的基本问题，谁都不能避免。这种文明类型可以用臣正型来概括，这个概念虽然是对政治文明类型的概括，但古代中国政治与社会、国与家之间的界限不很清晰，政府官员被称为父母官，管理国家与管理家庭没有严格的区分界限，政府官员实质是君王的家臣。

工正型也是政治文明类型的概念，所谓工正，是指管理工匠的官长，工匠与具体生产类型相关，即不是农业，而是手工业。手工业生产与农业相区别的主要特点是重视形式，手工业产品对于形式统一的要求很高，这与几何学直接相关。

不过，这也有问题，古代中国手工业同样发达，工正这个概念就是古代汉语中的词，但古代中国几何学却并不发达，所以，单纯的计算能力上所表现的重算术与重几何的差异，并不能区别文明体类型。准此，区别文明类型的差异应该在精神价值差异上来寻找。就古代中国与古希腊而论，古代中国是人性文明，古希腊是理性文明。

尽管精神价值也不是凭空产生的，而有生产生活的实践基础，但精神价值一经确立，其对人的存在方式与运行形式就会形成宰制力，文明绝不仅仅是生产，其最终确立实际上要以出现国家形式为标志，即要以产生上层建筑为最终结束，所谓国家是文明的概括，国家是文明体最终的形式体现。人、土地这些生产资料是文明体的基础或质料，国家才是文明体的形式，其为文明中的人的存在、发展、相互作用提供最终的形式规定。

人的存在样式以及相互作用的形式的规定性不是凭空产生的，而是与他们的精神价值密切联系在一起。中国人之所以为中国人，中国之所以为中国，不能脱离中国人的精神价值来理解。同样，古希腊人之为古希腊人，其所以发展出城邦制度，也不能脱离古希腊人的精神价值来理解。而这种精神价值本身又是从生产中来，因此，其才是真正区分文明体类型的关键因素。

人性精神发生于畜牧业生产。而人性精神一经确立，就决定了这个文明体的德性为体的总特征；决定了这个文明体虽经历了工正精神主宰的秦帝国，但仍然要回归以纲常为本的文明与国家类型；决定了这个国家内的文官地位总是要高于武官，其本身作为一个价值判断的原则与标准，影响了国家与社会生活的方方面面。而立足于理性精神的文明与国家同样如此，理性成为价值判断最基本的原则与标准，从而影响国家与社会生活的方方面面。

不仅这些，这种精神价值一经形成，还会影响人对自然认识的愿望，影响文明自身的宇宙论基础。李约瑟难题与爱因斯坦困惑，都可以从这里得到解释。前文阐述的古代中国与古希腊的宇宙论的差异，也可以从这种精神价值的差异上得到说明，或者说，由精神价值差异所导致的文明类型的差异，其作为文明理论基础的宇宙论是不同的。

三

一种文明不会只有一种宇宙论，但会有主导的宇宙论。文明与宇宙论必然涉及两个方面的问题，人与自然。从自然的角度看自然，与从人的角度看自然，所得到的认识必然会有差异。选择是从自然本身的角度还是从人的角度观察，取决于文明的精神价值的差异。古代中国的人性文明，自然是以为人服务的角色存在着，无论是孟子的万物皆备于我，还是荀子的制天命而用之，人都是这个世界的中心。反过来，人有责任帮助自然实现有序生成，从而为人服务，所谓与天地并立为三，赞天地之化育(《中庸》)。这种意识决定了人对自然的认识难以达到深入的程度，因为人本身作为生命形式之一，其用本是有限的，无非是满足自己的欲望。如果没有对自然本身的兴趣，没有对存在本质认识的冲动，科学思维是发展不出来的。发端于古希腊的以追求存在本质为认知愿望的对自然的认识与思考，能够界定为科学的认识自然的活动。今天，科学可以为人服务，因为人本身也是自然的创造物，其也是科学认识的对象。

很显然，科学精神发端于古希腊其实并不奇怪，因为古希腊的基于手工业生产的理性文明，塑造了古希腊人特定的认识自然的方向，人本身是其自然宇宙观的组成部分，而不是中心。当然，古希腊虽然也有讲人是万物尺度的普罗塔哥拉，但其并非当时学术的主流。

古代中国对于自然的认识，因为以人中心，其只能形成关联性的阴阳五行学说。认识到阴阳五行的属性与相互关系，对于满足人对自然的低级运用，已经足够了。当然，这种关联性宇宙论在中国文明并非主流的宇宙论。人性文明有自身居于主导地位的宇宙论，关联性宇宙论之受到重视，某种程度是因为西方汉学的影响。西方人有明确的宇宙论首先是对自然的认识的成果，他们看中国首先关注中国人如何认识自然，但这并不意味着关联性宇宙论是古代中国文明最重要的宇宙论。

古代中国文明最重要的宇宙论，其实是萨满主义，关联性宇宙论本身也是在萨满主义宇宙观基础上的进一步发展，与萨满主义并未完全斩断联系。更重要的是，基于萨满主义诞生了儒道哲学，成为引领中国文明的主导精神价值。今天学者感情上虽然不愿意接受萨满主义作为文明之根，但在宇宙论上，儒道哲学与萨满主义是同一种类型，只是其人性文明意识更加突出罢了。

人性文明以人为宇宙的中心，萨满主义以萨满为世界的中心，就人与自然的关系的认识上，二者是一致的。只不过，萨满主义所认识的世界是一个充满神灵的世界，但若将神灵祛魅，将自然理解为由万物构成，那么儒家的以自我为中心，与萨满主义的以萨满为世界的中心，结构上是一样的。从自我所扮演的角色上看，儒家讲尽己之性、尽人之性、尽物之性，赞天地之化育，与萨满巫术讲生生，其内涵在实质上也一样。再看世界生成的基础，萨满主义讲气生，儒家人格的形成也是以气为本，孟子的浩然之气是其大丈夫人格的基础，后来的儒家文化直至今天,正气始终是精神塑造的根基。儒家哲学与萨满主义在宇宙论上的区别,只在于适用范围的差别上。儒家以人为中心,萨满主义中人的中心性还不清晰,因为那是神灵的世界,萨满虽是中心,但萨满也是神。若将神灵的外表去除,萨满就是儒家的圣人君子。后来的儒家知识人既通天文地理,又通医术,这些知识在初民社会中都是集中在萨满身上的。如果承认人性文明本身有一个成长过程,时间的先后差异则并不足以抹去二者宇宙论内容上的一致性。

人性文明发端于畜牧业生产,而萨满主义也是在从事渔猎畜牧业生产的群体中流行,二者在宇宙论结构与内容上高度一致,显然不是巧合。对于世界的看法,与社会生产联系在一起,这个唯物史观的基本判断,确实是真理性认识。宇宙观的差异同样可以从社会生产形式的差异来理解。

道家哲学对应的是人性文明的初级形态,其同样有萨满主义的背景。比如道家重视玄与冥,而玄冥本是古代北方大巫师的名字;道家哲学具有女性精神特质,今天红山文化的女神庙,正反映了初始的人性文明首先是女性精神的觉醒。红山文化来自更遥远的北方,那里也是萨满主义盛行的地方,只是,道家哲学尤其老子,有绝地天通的背景,而这在红山文化中也有反映。这个关联,笔者已有论说,[①]此略。

总之,今天从宇宙论的角度看古代文明,中国文明与萨满主义的关联是无法割断的,只是理解萨满主义本身需要有一个复杂性认识。萨满主义不是只有一种形态,其中蕴含着走向人性文明的可能,即巫统与血统这样的结构。早期巫师玄冥与禺强的分离,绝地天通与这样的结构分离存在着关联,而绝地天通是人性文明的开端,儒家学说则是血统意识进一步成长的结果。

四

按照笔者的判断,古希腊哲学同样有萨满主义的根源,普罗塔哥拉的人是

① 参拙著《神秘主义与中国古代哲学研究论稿》绪论,杭州:浙江大学出版社 2019 年版。

万物的尺度同样是将人放在世界的中心，只是这种思想不是主流，其主流是工正型文明的追求理性的哲学。其所以走向那样的道路，恐怕与其初始的萨满主义不存在类似中国初民的二分结构有关。今天我们知道，人性的成长快于理性的成长，人性的成长以家庭为基础，理性的成长以国家为基础。二分结构将人与神分离，人性意识首先得到发育成长，而这种精神价值率先突破，实际上又决定了后来国家形成的形态特征，决定了其社会形态特征，同时也在根本上限制了其理性成长的空间。前文讲过，早期中国并非没有手工业生产，相反也很发达，在文明演进的关键节点上，基于手工业生产所产生的精神曾发挥过关键作用，但古代中国始终没有取得类似古希腊的超越理性的突破，这个突破是古希腊哲学与科学精神发生的关键。早期中国为什么没有取得这个突破，关键就在于其人性精神率先成长起来了，基于此精神所构建的国家形态在根本上限制了理性的成长。我们知道苏格拉底不愿意违反法律而逃亡求生，他说是法律养育了他，法律代指国家制度，求生是人的本能，在苏格拉底这里，国家对他理性的塑造，显然超过了他作为一个人的人性意识的本能。古代中国哲人也讲杀身成仁，舍生取义，但都是基于人性精神价值的追求作出的抉择，与苏格拉底的取理性舍人性的抉择，形成人性文明与理性文明的精神价值歧异的鲜明对比。

古希腊之所以能有理性的突破，是基于手工业生产的文明累积到一定程度的必然选择。前文讲过，手工业生产重视产品形式，形式上的完美与法则，某种程度上决定了产品的成败，这种成败是可量度的，这与人性的成与不成很难量度也形成鲜明对比。可量度性本身可以使人对对象的认知趋于清晰，使人的认知原则趋于严格，这本身是理性成立的基础。但这种生产活动本身并不必然产生理性的突破，否则古代中国没有理由不出现理性的突破。更重要的是手工业生产所孕育的精神的内在冲突性，才是理性突破的关键动力。

重视形式的完美与法则，会使认知原则性凸显，而原则性同时包含着冲突性，讲原则必然意味着必须同时接受冲突。无论是自然还是人世，冲突是绝对性存在，人性文明处理冲突的原则是讲和谐，儒道哲学都讲和谐，今天有学者讲太和是最高价值，其实是立足人性文明看世界的结果，或者说是一种愿望，因为现实世界从来不因为人想和谐就可以实现和谐。古希腊文明因为没有取得人性精神价值的突破，所以其对世界冲突的处理始终不能走上中国式的乡愿道路。理性通过自己的方式去解决冲突问题，即确立一个超越的理性，作为世间一切具有冲突特性的存在形式的总根源。这个超越其所以诞生很晚，是因为理性本身就比人性难以习得，事实上，古希腊哲人将理性归于神，人天生不具有理性。

当然，这个自觉与中国文明精神的自觉在时间上差得并不太大，只是其自觉本身是一个突破，但并不能据此说此文明的发端是从那时才开始。如所周知，古希腊神话，诸神的冲突是一个中心主题，这在古代中国很少看到。早期中国的传说中常见的是共工与圣王的冲突，那是代表两种文明旨趣的冲突，但最后都是共工失败，神话中的冲突很少见到。这不难理解，人性价值一旦确立，其创造的一切文明成果，尤其是体现精神文明的成果，都会按照人性的要求来塑造。人性不喜欢冲突，他们创造的神也就不会冲突。古希腊诸神冲突，是工正型文明精神的内在冲突性在神话上的反映。也就是说，在超越突破前很久，那个文明就已经饱尝冲突的苦楚。今天看西方文明不连续，其实有其必然性，冲突之中本来就蕴含着毁灭。中国乡愿式的处理方式虽然让文明延续下来，但毁灭性的冲突其实也一直围绕着这个文明，今天的中国文明早已不是历史上的那个中国文明了，只是人性意识所造成的心理积习不愿意承认这一点，人的自我中心性遮蔽了对自身清晰认知的可能。这里就不展开了。

五

准上所论，人类的初始的认识世界的方式，当都是萨满式的，古代中国只是因为人性精神率先突破，最终形成了人性文明。因为中国的土地广袤，畜牧业所产生的精神能够持续积累，终致人性精神首先觉醒。古希腊文明据神话讲是从小亚细亚迁移到那里去的，地理条件限制了畜牧业的进一步展开，而手工业精神在充分酝酿积累后，才实现了理性文明精神的觉醒与突破，但其并未完全丢弃早先的萨满主义元素，只是那个元素不再是主导的认识世界的方式。这里实际出现人性文明与理性文明对萨满主义宇宙论的不同的处理问题。

前面讲过，人性文明的出现是萨满主义的内部分裂的结果，最初的分裂是玄冥与禺强，后者笔者判断与共工存在对应关系，后者是与手工业生产相适应的，而前者则与畜牧业生产相适应。与畜牧业生产相适应，意味着人性文明会更多地继承萨满主义的宇宙观，前文已有论述。与手工业相适应，其获得觉醒的时间要晚于人性，并最终受制于人性精神的协调，从而不能实现理性的突破。因为在人性精神协调下，无论是自然还是国家，其冲突性都不会被凸显，即使事实存在很深的冲突，也不会被当作绕不过的问题去面对，理性的突破根本上讲不存在必要性。中国哲学只有人性上人禽、华夷的紧张，而没有类似西方哲学的主客关系的紧张。紧张就是动力，中国文明没有内在的趋向于理性、追求真理的动力，孟子说天下有道，以道殉身，其符合人性文明的旨趣。只是，这种旨趣在中国文明自身范围内似乎遥不可及，因为人性文明不可能实现天下有道，没有理性与真理意识，天下有道也是乌托邦。孔子虽反对乡愿，但他并不能真正找到解决乡愿的办法，他只能说是一个服务于人性文明建设的思想家，他的博学给以后的知识人确立了一物不知、深以为耻的内在紧张。[①]

因为人性精神率先突破，这种精神价值成为文明体建设的指导原则，当工正精神觉醒之时，他们面临的社会与国家，其实已经是人性文明笼罩下的社会与国家，所以他们的论说无法回避这种社会与国家已然形成的价值旨趣与运行法则。这对于理解墨家思想很重要，墨家虽被儒家批为无君无父，但墨子的论题大多与儒家相同，只是采取的立场不同罢了。兼爱、非攻、非乐、薄葬、天志、尚同，这些论题儒家也谈论，只是观点不一样。论题相同而观点不同，说明墨家想立足此文明而实现改变，如果是不同的文明类型，论题很少相同。今天关注中西比较的学人，或认为儒家讲的内容，古希腊人也讲，这其实有待商榷。严格地讲，古希腊哲人思考的问题与儒家哲人思考的问题，根本上是不同的，所谓的相同也只是表面上看起来如此。墨家虽也是工正文明的产物，但其因为是对从属于人性文明的工正文明的觉醒，事实上限制了其独立提出问题的空间，因为

① 孔子本人在知识追求上实际达到了一个哲人的高度，他讲吾道一以贯之，讲下学上达，都表明他作为哲人是合格的。只是他的知识论域因为自己不著述，后人很难真正理解。这里讲他不成熟，主要也在于他的不著述，因为真理的传播首先依赖于对于思想的清晰而合乎理性的阐述，只有清晰呈现，后人才能识别，才能学习，才能复制。

他不可能脱离那个社会与国家去提问题，否则他提的问题根本得不到呼应，当然就不可能出现天下不归杨则归墨的情况。而从受欢迎的程度看，工正精神显然是适应那个时代的要求的。

工正精神本质上是一种理性精神，只是在中国，这种理性精神的张扬并不是通过超越的突破来实现的，而是通过与既有文明相结合，为现实文明提供理性指导来实现的。这种张扬方式决定了墨家只能领一二百年风骚，汉之后就渐趋沉寂。理性不获得超越的地位，其不可能一直成为主导文化方向的精神力量，当政治共同体完成帝国转型之后，其使命也就实现了，人性精神依然是这个文明最有主导性的力量，只是在与理性综合后，其本身被扭曲了。

当然，这里关心的问题不是理性精神在古代中国的命运，而是这种精神如何面对萨满主义宇宙观的问题。客观地讲，无论是什么主义，处理的都是同一个世界的问题，今天习得科学的人大概不会否认这一点，全球的水分子都是H_2O，而人类的基因也大致相同。但是因为观察世界的侧重点或切入点不同，对世界的期待不同，会有各种不同的观点与学说，会产生不同的认识成果，从而导致实践原则的差异。就萨满主义与理性而论，世界是同一个世界，但因为地域环境的差异，生产形态的不同，不同地域的人形成了不同的认识世界的方式。

萨满主义讲气生主义，当人性文明突破后，开始重视德性精神，这是一脉相承的。理性则更看重世界形式的法则，运动的法则，前面讲过诸神的冲突刺激了超越的突破，冲突是运动的结果，避免冲突的最好办法，就是揭示运动的法则，为存在物确立法则。所以古希腊哲学很重视逻辑，只有合乎逻辑的思维才能揭示存在运动的形式法则。这种思维方式与萨满主义的思维方式完全不同，萨满主义讲气生，讲形变，各个个体的形没有绝对的界限，他们用个别生命体的形变特征概括整个世界的形式特征。这当然也是基于惊奇而发的通见，只是首先映入其眼帘的是个别生命现象，这其实是基于人类初级生命智慧的萌发而产生的对世界的认识。从个别现象来说，这是事实；但对于世界来说，这是非真实。而初级生命有比较多的幻想，萨满主义确实有很多幻象，灵魂远游、驾驭神灵等，其实都是幻象。对于工正文明来说，首先映入眼帘的是合乎法则的器物、完美的形式，由此引申出来的观察世界的方式便是理性。

手工业独立出来是比较晚的事情，只有在古希腊的地理环境中，其才能取得对于其他产业的独大的优势，这意味着理性必然要对原先的萨满主义认识世界的方式进行革新。按照笔者的理解，西方哲学传统中的唯物与唯心的两大传统，其实是对萨满主义宇宙论的理性解剖。

萨满主义宇宙论的气生主义，不能用唯物与唯心去套，中国学者认为古代气本论就是唯物主义，这其实是误读。且不论气本论，气生主义中作为物质的气与作为精神的思维没有严格界限，思维是气的活动，而思维本身并没有独立性，即便是强调良心固有的孟子，他依然要养浩然之气。作为精神的良心，本身不能离开养气的实践。当然，这也不意味着良心只是现象，准确地说，良心与生命是合一的，这里精神与物质统一在一起。真正的问题是，生命本身不是独立的，当文明一旦形成，生命受制于社会与国家的形式，家庭是良心的温床，但家庭又受制于国家，国家的好坏则不是取决于良心，而是取决于理性。唯物与唯心，中间的心其实是有规定的，良心之心不是唯心之心。表面上看唯心唯物讨论的是物质与思维的关系问题，但唯心的那个思维原本是指理性的思维。并不是所有的思维都是理性的，抽离了理性就不能算是唯心主义，至多是唯意志论，而这是近代西方哲学的新内容。即便如此，那个意志也是合乎理性的意志，近代西方哲学主体性的凸显是超越理性与个人意志相结合的结果。中国学者断章取义，一看到气就是唯物，一看到心就是唯心，这其实是不懂西方文明与西方哲学的表现。今天这个问题似乎淡化了，但症结并没有解决，为什么用唯物唯心讲中国哲学讲不通，笔者以为恐怕要回到宇宙论初始层面去辨别中西源流之不同。

萨满主义认识世界已经注意到事物存在精与形两个方面，只是其更重视精气，将精气视为第一性，形是次生的，所以大萨满能够幻化其他动物之形。在这个认知中，精与形是浑融一体、无法剥离的，单独认识是不可能的。唯物、唯心是对精与形的放大，并拆散二者一体的关系，同时对二者作出超越现实世界的处理，理性的超越是唯心论对现实世界的超越，原子论是唯物论对现实世界的超越。[①] 后来科学验证物质的分子结构，这某种程度上验证了唯物主义的可靠性，而分子结构具有自身的法则与规律，又验证了唯心主义的可靠性。所谓唯

① 通常所讲的现实世界是一个精形统一的现象世界，原子论本身也超越于这个世界，只是这个超越与理性的超越不一样，用中国哲学术语“根”或许比较容易理解，但并不准确，因为根也是精与形的统一，而原子本身不包含形的意思。

物与唯心是对现实世界的深度认知的结果，只是那个时代的哲人还不能将二者统一。因为实验科学的发展，这两个方向的认知被统一在一起，于是东方神秘主义又受到了很多的关注。这其实只说明一点，萨满主义的认识是人类对世界的初级认知，而基于工正文明的唯物与唯心二分的认知是比较高级的认识，只有科学对世界的认知才是最高阶段的认知。这三个阶段有前后递进关系，其中呈现出否定之否定的辩证发展关系。

六

古代中国工正精神的觉醒与传播，同样对固有的萨满主义宇宙观进行着解剖，但结果与西方出现两大传统不能相提并论。从形式上看，传统中国哲学确实也存在两条线索：一派重气，被称为唯物主义；一派重理与心，被称为唯心主义。前面讲过，运用唯物唯心斗争的线索解读中国哲学是断章取义，更进一步讲，马克思主义讲哲学上唯物唯心的斗争，是现实世界斗争的体现，中国古代没见过哪位所谓唯物思想家替人民讲过话，鼓吹阶级斗争，相反是所谓唯心思想家要讲仁爱，关切人民疾苦。套用这个话语体系显然很荒谬。不过，唯物与唯心的两条线索的发生还是给我们以积极的启发，来认识传统中国哲学两条线索的产生。

据前论，是理性精神的觉醒导致了对萨满主义宇宙观的理性解剖，出现了两条线索，传统中国的两条线索是不是也是理性精神的传播所导致的，就是值得注意的问题。

按照笔者的研究，中国古代宇宙论存在从多元向一统文明过渡的问题。在秦汉帝国出现前，中国文明是多元文明，人性文明只是其总体特征；其宇宙观也有多种类型，萨满主义只是更早的源头。但进入秦汉帝国以后，文明的宇宙论也趋向于统一，即所谓“制度阴阳”。[①] 这个新宇宙论的出现影响了原先的儒道

① 参拙文《制度阴阳：一统文明下的宇宙新论》，载贾晋华、曹峰主编：《早期中国宇宙论研究的新视野》，上海：上海古籍出版社2020年版。

哲学，不考虑具体的影响内容，只关注基于“制度阴阳”的新宇宙论变形，其中就呈现出向超越与根源探求的趋势。东周时代的天是现实世界的组成部分，董仲舒的具有十端的天便获得了超越的形式；东周时代的气，是现实世界的构成要素，王充的元气便有了决定整个世界的意义。如果要与唯物唯心对照的话，王充是唯物的，董仲舒是唯心的。但问题是，董仲舒的十端之天只是具有超越的形式，其本身并不是可以生成法则的理念，其所提出的法则是现象世界原本即存在的，阴阳五行纲常是原先天地人固有的规定，他只是出于合一的目的对其间关系作了处理，然后便成了所谓天志天意。我们知道，古希腊哲学中逻辑学本是为本体论服务的，是为了探求本体而发展起来的，董仲舒的十端之天，显然不存在发展出某种知识去认识的必要与冲动，只需要将现实世界已经形成的法则转移到它身上就是了。从这个意义上讲，中国哲学只有本体，而没有本体论。因为本体无须论，其本身是清晰的，是人自己规定的。王充的元气也存在这个问题，原子论激发了西方学者探求物质结构的冲动，元气论则不会激发中国古人探求世界本原的冲动，元气作为世界的规定者，本身为现实世界所规定。王充有宿命论，所谓现实的样子就是天生的样子，同样是用现实去规定本原，气虽可为本体，但却无须论。

古代中国理性精神觉醒对原先的宇宙论并非没有影响，并且这个影响也是要将原先精形浑融一体的模式作分离处理，向上超越，向下寻根，但其并没有出现真正的唯物与唯心之学。所谓解剖只具有形式意义，而不具有实质意义。这个道理前文其实已有交代，古代中国理性精神的觉醒是在人性文明已经成熟并获得精神自觉之后的事情，[①]人性文明本身已经形成了自身的问题意识与运行法则。理性精神的觉醒，并不能改变整个文明的问题意识与根本意义上的运行法则，而只能对其适当调整。比如说国家问题意识凸显，法制规则强化，但无法实现彻底改变原先的问题意识与运行法则。秦靠理性获得了统一天下的机会，但旋即二世而亡，如果推求其速亡的原因，还是人性因素在作怪，二世贪图安逸，为调和个人安逸与治国辛劳之间的矛盾，他选择急法，其结果就是速亡。这

① 这里以用规矩权衡比拟法则作为古代中国理性觉醒的标志，事实上，在过去的文明进程中，理性一直在成长。

根本上还是理性不彻底与人性意识强的问题。理性要是彻底，急法就不可能，因为作为国家运行基础的法，不能交给一个人去决定，这是理性所要求的。而在国家层面上不能达到理性，意味着这个文明整体上就不能算是理性文明，理性文明一定要在国家构成上实现理性。

相比于整个后来的中国，秦算是最接近于理性的，这实际上决定了，东周时期理性精神的觉醒，不可能实现对原先宇宙观的彻底革新。西方的唯物与唯心对峙的阶段，可以构成对原始萨满主义宇宙论的彻底否定，但秦汉以后中国文明的新宇宙论却不能说是对早期中国旧宇宙论的彻底否定，其所造成的上下拆分的新结构，只具有形式意义，主体还是原先精形统一的现象世界。只不过，其使精形的关系转向有利于国家统治的新的地位配置，即让形居于第一性位置，并将各个个体的形式关系固定下来。我们只能说，新宇宙论在原先宇宙论的基础上附加了看似理性的内容，对其作了理性调整，但不能说是认识世界进入了一个新的阶段，其并没有像唯物唯心那样打开认识世界的两扇新窗口，人们并没有因为超越之天与元气之根的出现，而加深对于世界的认识，相反，这两个方向的拓展强化了对制度阴阳主体的认同。

张光直先生讲古代中国是连续的文明，西方是断裂的文明，从宇宙论的角度看，似乎确实是如此。只是中国文明的所谓连续也只是表面的，传统中国赋予了早期中国宇宙论以理性，但这个新的增加的理性部分占据了主导地位。考虑到人性文明的精与形一体的非逻辑关系，[①]重视精与重视形，实质上是两种文化，从这个角度观察，中国文明其实也是断裂的。

改变世界固然重要，但认识世界同样很重要，没有科学的理论，就没有科学的实践。古代中国从多元向一统转变过程中所形成的认识新模式，显然不利于对世界的改造，此后衍生出来的各个学派都是在此宇宙论框架中发展，也都不具有改造世界的意义。

---

① 所谓精形一体其实是早期萨满主义的一种幻觉，精并不决定形，人的形式是从畜牧业生产中为了与动物相区别而逐步发展出来的，单个人与动物群体生活在一起，其也会形成与动物一样的形式。反过来，形也不能塑造儒家所希望养成的德性，因为形的理性与国家统治联系在一起，其能够生成的只是理智德性，而不会形成道德德性。道德德性的养成本身需要一个良好的人性环境，经过长期培育方能形成，孟子讲不能揠苗助长，不能义袭而取之，讲的就是这个道理。家庭是道德的温床，国家是理智的基础，二者没有逻辑关系。推扩理论与纲常成德都是非逻辑、不真实的。

七

前文讲过，关联性宇宙论并非中国古代占据主导地位的宇宙论，就其主要内容讲是对自然秩序的理解，但人性文明关切的重点并非自然本身，自然只是作为人生存繁衍的环境而存在，是为人服务的。传统中国虽然有对世界整体的认识，但无论是向上还是向下，都只具有形式意义，而不具有实质内涵，真正关注的还是这个现实世界。这样，古代中国人对于自然的认识很难超越直接观察的水平而上升到理论的层面。直接观察当然会增进对自然的了解，也能发现一些自然的奥秘，但直接观察永远无法获得对于自然之所以如此的准确的解释。

理论与理智的区别在于有没有宇宙论为基础，理智表现为存在的形式必须如此方能奏效，理论表现为存在的形式必须如此方为正当。理智体现在实用上，理论体现在正当性的建构上。学者或称中国人的理性是实用理性，那个其实不能称为理性，而只是理智，二者的混淆是近代以来的事情。近代科学的兴起导致形而上学的科学化，所谓科学哲学的兴起，理性也不再具有超越地位，人可以主动去揭示自然的奥秘，人的主体地位上升，上帝渐渐退场。理智本身获得通向理性的有效途径，即所谓实验科学，其与理性的界限不再明显。但这不意味着理智与理性真的不再有界限，事实上二者的存在属性依然很清晰，理智是属人的，而理性属于存在本身，理智表现为一种能力，而理性表现为法则规律。

在中国语境中，二者不太容易分清楚，因为古代中国人总是从实用的角度去看自然，对于自然本身如何，万物何以独立，并没有说清楚。《老子》虽然讲道法自然，讲独立不改，但他讲的还是人性独立的诉求，而并没有将这种问题意识转移到自然物上。宋明理学讲天理，讲要探求万物之所以然，朱熹对格物的解释也体现出了一些科学精神的特征，但他们的重点是在人世，而并非真在自然，看起来提出了超越的理性，却与古希腊所讲的理性风马牛不相及。

实用一定讲理智，从古到今，中国人并不缺乏理智能力，但人性文明类型限制了这种能力的进一步成长。理想境界是成长到、意识到世界存在本质上是以法则为条件的，自然物的独特性，自然物的相互作用，都是以法则为基础的，无论是有机还是无机，具有法则是共性，法则构成了存在的本质。关联性宇宙论表面上看起来也是法则，但只是在表面，而没有真正地揭示自然法则。水灭火是法则，但杯水车薪显然可以挑战这个法则，必须加上可量度的范围这个法则才能成立，但可量度的范围是什么，为什么是这个量度范围，都是必须回答的，其离真正的法则还很远。真正的法则是超越于表象世界的，水之所以能灭火，是因为火的本质是能量，水分子的分解过程需要吸收能量，所以水可以灭火。水分子之所以会分解，是因为任何自然物的分子构成都是在一定条件下达到稳定状态，超过这个条件，其结构就要瓦解。对于水来说，温度就是条件，不仅形态会随温度变化而变化，整个分子结构在一定条件下也会解体。所以有理智不等于有理性，有理性意味着承认表象世界背后存在着法则，不遵守这个法则，事实上很难真正把事情办好。

前面提到商鞅之后的秦国，可谓古代理智程度最高的国家形态，其崇尚法治，其不仅国内很有秩序，国家也因此而强大，最终完成统一，但不能说其已经上升到理性国家的水平。二世而亡，留下千古遗憾。汉以后的中国人一直到今天，始终在批判秦，但其实秦是最接近理性法治国家模式的一个政权，只是没有实现完全的理性。完全理性要求将法则置于最高的地位，没有人可以随便突破法则，更不用说大规模地修改法则。皇帝制度本身也要求皇帝遵循法则做事，但有一点秦人没有做到，即将皇帝的权威限制在法之下，只有在国家紧急状态下，才可以赋予皇帝特别的权威。二世在统一后不久，就动用了凌驾于法律之上的皇帝权威，所以速亡。后人反省秦，讲其专制、残暴，这其实只是表象，因为秦整体上是以法治为主，专制只表现在赋予皇帝本人可以高于法的权力，二世显然没有慎重使用这个权力，后果自然很严重。秦之所以没有对皇帝高于法的那部分权力进行限制，根本上讲还是迷信自身的理智能力。事实上我们知道人的理智能力不是无差别的，在同一个人身上，也不是一以贯之的。另外，环境的变化也会影响人的理智，所谓得志便猖狂，这都是对人理智能力构成影响的因素。也就是说，在根本上讲，理智是不可靠的。理智固然可以看出最高效的处理问题的方法，但如果不能上升到理性，上升到法则意识，理则智很难保证其连贯性。法家想通过建立禁室，保证法治的延续性，这只是自欺欺人的办法。没有理性规则的制约，依靠一间房子来防范人性的弱点，这只能说是人性文明大背景下先在的政治结构限制了法家的想象力。

法家是不是真的具有理性意识，这是值得追问的问题。关于为什么要有君主，他们讲是因为人们缺乏理智能力，相互之间争斗混乱，需要君主建立法制。这个理论是符合人性文明总体原则的强调理智对于国家重要性的讲法，今天若作评判，比儒家的解释要理性一些，但这个解释是否就算是理性的，是值得怀疑的。按照这个解释，国家的最好状态就是理智的君主加上禁室，这事实上仍然解决不了国家安全的根本问题。因为理智不可靠，而人心很危险。

古希腊哲人严格讲并没有在国家问题上达到完全的理性认识，他们因为已经有超越的理性宰制一切的意识，只是讲国家要法制。亚里士多德讲理性即法律，法律即理性，西方文明是理性文明，同时也是法治文明。真正在理论上讲清楚国家问题也要到近代，所谓自然状态、社会契约等，都是对国家形成的符合理性的论说。当然，这并不排斥马克思主义讲国家是基于冲突而形成的讲法同样也是符合理性的讲法，因为一是从唯心的角度提出理论，一是从唯物的角度提出解释，这本是告别萨满主义西方的思考世界的两条路径。只是对于近代思想家来说，他们要告别的是中世纪的或者神权或者专制的国家模式，这与早期告别萨满主义与野蛮状态具有类似性。正如只有科学才能真正终结唯物与唯心世界观的冲突，关于国家其实也应该将两条思考路径统一起来认识。

无论是儒家的重视道德德性，还是法家的重视理智能力，都是从人本身去讨论问题，根本上没有超脱人性文明的范畴，事实上不可能超越立足于个别的孤立的表象看世界的水平。其能达到的最高的水平，与关联性宇宙论所达到的对于自然认识的水平具有对称性，比如将社会作捆绑，讲连坐，这都是关联性思维在国家治理上的体现。

西方法治文明有很强的自然法传统，人世之法有自然的根源，这塑造了西方根深蒂固的法则意识。对此，古代中国人以至今天的中国人，完全没有概念。[①] 人

① 关于中国人没有自然法观念，李约瑟的《人法与自然法则》早已经指出了，收入其著《文明的滴定》，北京：商务印书馆 2018 年版。

性文明很早就将人与自然作了清晰的划分，人世的规则自然由人自己来定，跟自然没有什么瓜葛。中国人没有意识到，正是这种思维方式，不仅限制了自身不能发展出自然科学，也限制了自身无法发展社会科学。

人的规则固然是人自己定的，但规则本身要适用于所有群体与个人，其背后应该有一个共同的法则。《吕氏春秋》已经意识到，凡物之成，非一形之功，人类世界是有差别的世界，是交叉重叠的世界，而人不是神，任何个人不可能穷尽这个世界上所有的存在之形式诉求。所以，好的国家形式一定是统一性与差别性同时具备的，统一性是国家建构共同认同的基础，差别性是保障个体诉求得以伸张的条件。

自然本是统一与差别的结合体，今人喜欢引用物之不齐物之情也的古语，但却忽略了西方科学家还在寻找上帝粒子。世界是差别中的统一，也是统一中的差别。中国人要么重视统一，强调绝对同一，要么重视差别，承认绝对的差别。这种思维自古如此，秦人急法固然是二世的纨绔所致，另一方面也与他们忽略了当时的东方人性文明的总体特征，与秦人强调法治的文明，其间存在冲突有关，因而没有尊重差别性原则，因地制宜地治理东方。这种绝对的同一思维本是工正型文明的特征，但工正型文明并不必然趋向于绝对的同一，古希腊即没有这种思维方式。柏拉图《法义》是其晚年转向的作品，又可以翻译成《礼法》，其书中的关切与古代中国讲礼法的荀子差别很大。荀子的礼法对于秩序形式的关切特别深，尊卑贵贱之间的秩序不容挑战，所谓可杀不可使不顺，而读《法义》几乎感受不到其是一本讲法制的书。这里其实反映了中国人对法的认识的一种根深蒂固的片面性。

因为没有实现超越，古代中国对于世界的认识在根本上不能摆脱精形二分的模式，只不过在萨满主义宇宙论中认为二者浑融一体，以精主导，而在相对理性的视野中，形居主导，但却忽略了精。古代重法的思想家讲法，重心都是在形式一侧，强调形式的绝对性，无论是墨家的尚同，还是法家的连坐，以及荀子的礼法，都存在将形式绝对化的倾向。将形式绝对化会导致两个结果，要么是绝对的同一，要么是绝对的差别。差别与同一原本都是形式，如果用绝对化的形式思维去看差别与统一，得出的结果就是这两个结果。

有自然法作为人世法的基础，可以避免这两个极端，因为对自然的思考更容易取得差别与统一相结合的认识，从而保证现实世界的法治指向于公平正义。这种思维方式无非是承认在现实世界之上，还有一个超越的理想的法存在，其与超越理性的突破显然是联系在一起的。

思维不决定存在，但人的思维会决定人的存在（这里不考虑外在环境的制约），一个人的思维方式会决定他的行动方式，一个民族也是一样。中国人的行动受制于中国人的思维方式，中国人的思维方式受制于中国人看待世界的方式，也就是所谓宇宙论。宇宙论作用于中国文明，虽隐微却很真实。

理论上讲，人类是自然的一部分，其在根本意义上应当遵循自然法则。人文世界重视德性固然很美好，但若将现实世界的运动法则理解为德性驱动，显然不符合自然法则。真正推动这个世界前进的还是自然法则本身。马克思讲生产力为第一因，生产力原本是满足人的生存需要而发展起来的，这是最基本的自然法则。但人类仅仅停留在这一自然法则上，显然不能进至文明阶段，因为自然法则除了关切有差别的个体，还有一个自然整体法则，自然的有序性依据什么而建立，这事实上是更深层的法则。东西方的形而上学者或抓住设计论，或将其绝对化，其实都不符合自然法则的本质。自然有序性的形成是在吸引与排斥双重力量下形成的，排斥与吸引都是可量化的，有序与平衡都是可以描述的。有差别的个体之间同时具有吸引与排斥的双重倾向，德性驱动的非真实性，即在于其只看重和谐的一面，而忘了斗争同样真实，或者可以说，斗争比和谐更真实。笔者判断，正是因为如此，柏拉图晚年才有《法义》之作。只有法律才能调节人与人之间的冲突，避免同归于尽，犹如只有理性才能调节诸神的冲突，法律即理性。

八

与以自然法作为人世法的基础所关切的人与自然的关系不同，古代中国人讲天人关系。天人关系本质也是人与自然的关系，因为天道的本义就是天体的运行轨迹。讲中国哲学的学人往往将天人关系视为中国哲学最基本的问题，这应该没有错,天人关系也是宇宙观问题,这是任何一个作哲学思考的人都无法回避的问题。问题是,在西方哲学,从其宇宙论通常可以推导出其具体的哲学主张,也就是说宇宙论与哲学主张之间具有逻辑关联性。中国哲学讨论天人关系,除了董仲舒可以看出来其明确的宇宙论基础外,其他思想家都不太能看出来。

这个问题现在看并不难理解,因为人性文明讲的天,很少将自然之天作为自己学说立论的基础,前人早已指出,古代人讲天有多种义项,自然之天只是其中之一,并且不是主要的。子产讲天道远人道迩、荀子讲天行有常,都是自然之天,但却要与其保持距离,这本是人性文明能够发展起来的基础。因为自然之天被隔离,古代中国人就不可能很认真地去思考天,不可能发展出以自然化、逻辑化为主要特征的西方哲学,他们所谈的天人关系也不可能与他们的思想学说发生逻辑关联。

天人关系若与哲学思想产生逻辑关联,其往往会有自然法的观念,董仲舒就是这样的思想家。逻辑是思维之法,思维是存在的反映,而思维又决定人的行动。思维若受到天人关系的逻辑规定,其自然会形成思维之法,也自然会形成对行动的法则制约。就中国古代哲学论,只有董仲舒似乎实现了这个宇宙论与哲学之间的挂钩,只是他的挂钩逻辑程度不高,显得牵强附会。这不能怪董仲舒,因为古代中国根本没能实现对自然的逻辑认知,只是停留在关联性宇宙论的水平。而这种认知水平本身又是与人性文明的天地分离的宇宙观联系在一起的,立天之道曰阴与阳,立地之道则为五行,天地从一开始就被分开处理,分别基于直观进行抽象提炼。也就是说,是人性文明的宇宙观基础限制了古代中国人对于自然的完整把握,阻止了古代中国人产生自然法的观念。

既然天人关系不能对哲学思想施加逻辑影响,无法造成自然法观念,天人关系在中国哲学中究竟扮演什么角色呢?

古代中国人所理解的天,是作为人的对照物而存在的,而不是将人理解为整个自然的一部分。作为人的对照物,天人依然可以有两种关系理解,一种是天人合一,合一的结果就是董仲舒的十端之天的出现,那个天自然与人文特征兼具,也正因为如此,他那里才有了一点自然法的意味。但这种理解在古代中国并不占主流,主流的理解模式是天人一。这里的天是人基于自身灵魂诉求所塑造的具有道德信仰内涵的天,但他却是真实的天顶上的天,只是赋予了他人格属性。天命观中的天便是这个天，孔子讲的天丧予，孟子讲的天之固烁，都是这个天。与董仲舒具有法源意义的天不同，这个天并不为人间立具体的法，天命不具有立法的意思。天命的本质是合法性关切，与作为法源的天不同。

作为法源的天必须包含若干自然法则，天命的内涵只是一个意志。这个意志今天看实际上是人自己塑造的，天之固烁为仁义礼智，孟子讲是命也，从这个仁义礼智中固然可以推演出人之存在的法则，但这个赋予本身是人自身的灵魂追求，而由此出发为自己立法，也是自己的事情，并不存在强制性的力量要求人必须自我立法。自然法是通过强制性的国家力量来体现的，董仲舒的天所立的法也是通过国家强制性来实现的，但其显然已经不是均等地适用于所有人了，而是造成人天生的不平等，所以并不是真正的自然法。天命的意志并没有国家强制力的保证，因为国家也存在不合法的问题，国家的不合法，国家本身无法去解决，从这个意义上讲，天命不具有自然法源的意义。

天命的本质还是应该从人性文明最核心的追求去理解，其实质是给人的精神价值追求包上自然的外衣，是对自身存在正当性的认证，其只对个人内在精神生命具有意义。认可天命的人，其只能自我立法，而不能为他人立法。当然，这不意味着不可以对他人的行动实施惩罚，这个地方我们经常混淆两个问题，一是立法，一是对犯罪的制裁。今人习惯将古代的刑理解为法，这是将惩治犯罪的依据等同于法的认识。自然法对人整个存在具有塑造作用，其本身指向于好国家的建构。惩治犯罪显然并不等同于好国家的建构。这里存在古代中国思想学说上一个非逻辑的问题，与惩治犯罪的刑相对应的是德，德是塑造完美个人的，刑是惩治害群之马的，将这二者统一在一起，其实是将国家理解为由孤立的个人结合而成的直观的见解。每个人都德性好，国家就会好，这确实是一般中国人的想法；再用严刑将害群之马清除，国家就能永远保持健康状态。这种观念的非逻辑性，这里不拟展开，[①]这里关注的是德作为

① 西方哲学也认为国家是建立在个人基础上的，似乎也是直观的认识。但东西方对这个个人认识差别很大。个人主体性，中国很早就产生，而西方到近代才出现。其之所以出现晚，是因为个人的存在形式是纳入到国家形式之中的，伦理学是政治学的基础，但伦理学却不能够塑造完美的个人，这是西方早期哲学的立足于理性，重视国家建构的问题意识所决定的。古代中国的个人主体性很强，国家虽是由个人组成，但国家的形式如何规定，则完全没有考虑。朕即国家，实际是以个人形式去规定国家形式。这是非逻辑的。

天命的具体内容，不具有生成法的意义，其只能生成有德者本人，而不能生成好的群体之法。

就古代中国的实际看，赋予礼以群体之治意义的思想家，都受到了工正型文明的影响。工正型思想家并非不讲天，以墨子为例，他讲天志，但他同时讲非命。很显然，不能从儒家的角度去理解墨子的天，因为他的天志的内容并不是道德德性，而是治国之法。在墨子那里，天似乎具有自然法源的意味，但也只是形式上的自然法源。墨子对法的理解是将其与工匠的规矩权衡类比，这种类比的结果是将法绝对化。他并没有认真地去思考自然，而真正从自然之法中汲取立人世之法的智慧。这当然并不符合自然法的真谛。其所以如此，前文已有论说，即这种思想因为受先在的人性文明问题意识影响，忽略了自然本身具有的法源价值。人性文明讲礼仪，大家都关注这个问题，所以墨子就讲法仪，讲薄葬，讲尚同。其间虽然贯彻了法的精神，但不是真正的自然法。其所以非命，在于儒家讲仪式与德性对应，德性具有天命色彩，所以墨子反对命。当然，非命中还包含小人存在的其他方面的内涵，这里不展开。

我们知道，自然法观念下，西方人的命运观念本很强烈，并且指向于悲剧性的宿命，因为自然法限制了人的意志的伸张。东汉的王充也是宿命论者，他的元气自然论中也有自然法色彩。墨子讲天志，却同时讲非命，只能从他受到人性文明问题意识的牵引的角度来理解。

今天看自然法，对照古代中国的思想，其中其实包含三个层面的问题：一个是向天的灵魂追求，一个是尺度意识，一个是元气自然论。三者结合方为完整的自然法观念。只有三者结合了，才会有差异性与统一性的结合，才可避免个人与国家分为两截的缺陷，才能保证文明的方向永远不变。

古代中国并非没有将三者结合的尝试，董仲舒就是，但结合得并不好，所以很快就分离了。这是由人性文明自身的特征所决定的，强调了人的一面，必然弱化了自然的一面，而没有对自然的深入探索，国家的一面也很难真正搞清楚。董仲舒之后的分离，除了前面讲过的两条线索，其实还有一面，就是追求绝对形式的一支，但这一支是与国家法律结合在一起的。犹如西方除了唯物与唯心的线索外，还有自然法的一支。只是，他们那里自然法是以一种健康的形式向前发展的，即同时兼顾三个方面的问题。在古代中国，三者事实上是分离的，[①]当然，在实践中则相互统一，维护统治的目标一致。

古代中国的三支，其实是三种不同的天人关系的呈现，将形式绝对化的墨家与其他两派都不同，其属于工正型文明，后两者都是人性义明。人性本身并不是一个固定不可分的东西，性者气也，气可以上升，也可以下降，上升则为灵魂，下降则为欲望。孔孟的天人关系选择头顶上的天，因为他们关切灵魂，是上升的气，所以会指向于那个天。王充的天人关系，他关切的是已经为绝对形式所限制的人的命运，关心的是自然人的祸福，所以他的天转化为作为基质的元气，对应的其实是人的欲望得失。王充反对数术，数术背后也有一个天人关系，只是其背后的天已经是被关联性宇宙论关联起来的自然整体，而其关注的人也是自然人的欲望得失祸福。其背后也有天命意识，只是天所命的东西与儒家所理解的天命内涵不同，其对统治者同样会构成批判，天命观下由天子体现的国家有合法性问题。王充反对数术，当与他要维护汉家天命是联系在一起的。他批判董仲舒的天人感应，董仲舒尽管也讲天不变道也不变，但他至少还讲天有三统，天有宣告天子行为不正当的权威，到了王充这里，所有这些都遭到否定。所谓唯物主义，其实是要为汉家统治服务，这显然不是马克思主义所讲的那个唯物主义。

司马迁讲他写《史记》，首先是要究天人之际，天人关系其实可以理解为古代文明长河中困扰古人的一个基本问题。就《史记》所述，司马迁关注的也是具体历史人物的命运，而他本人，对主流的天人关系保持怀疑态度。从上所论，天人关系的核心关切确实也是对个人命运的关切，只是关于命运不同学派理解不同，儒家表现为对个人的终极正当性的关怀，而世俗文化则表现为对得失祸福的关注。不论哪种，都是视人为关系的主要方面，这样的天人关系，其不能开出具体的哲学观点，是自然的。而这种文化场景中，即便是具有法则意识的墨家、法家，也不能开出自然法的观念，而是倾向于法的绝对同一性。以人为关系的

① 所谓事实上的分离，是讲各自发展，互不干涉，比如：讲精神追求的先是玄学的绝对的虚无，后是理学的性即理的内在超越；讲元气宿命的，则发展为修仙，以超脱宿命；讲绝对形式的，则发展为极权，空洞的形式只能依赖于极权。西方的三支也是独立发展，但三者并不分离，以自由精神为统领。古代中国的三支在实践上统一于极权。古代中国的极权是由对形式绝对化认知造成的，极权不限于最高权力，事实上，各个层面的权力都是绝对的、不容挑战的，权力被等同于国家，所谓权力崇拜。

主要方面，容易形成相对主义，儒家的中庸，其本质其实是相对主义。这里，古代中国形成了相对主义与绝对主义不相容的局面，差异性与统一性不能结合，在天人关系也可以找到根源。

现代学者讲，中国文化最重要的智慧是天人合一，这个讲法当是从道家的天人关系的角度去讲的，其契机笔者判断是西方生态环保主义的兴起。笔者无意判断这种讲法是否妥当，从弘扬民族文化的角度讲，未为不可。这里只想指出，道家的天人合一，其实也是人性文明的人与自然关系的认识，其同样是立足于对人的终极正当性的关切提出的，本意不在环境。道家对人性的看法是自然人性观，笔者判断以魄为基础，但其强调独立性，与理性文明中将人理解为自然的组成部分是不同的。尽管庄子齐万物，讲天地与我并生，万物与我为一，这其实是其抽离自身独立所应该呈现出的“我”之后，与天地万物同为一的认识。事实上他还讲独立，只是这个独立已经没有具体内容了，可以齐生死，可以与蝴蝶互换。讲人为自然的一部分，是需要通过各种形式将人纳入到自然整体中的，而庄子反对一切形式的束缚。今天西方的环保主义是建立在生态学发展基础之上的，生态学中，人作为自然的一部分得到更清晰的呈现，这与道家的反向的天人合一观念并不相同。

恩格斯在《自然辩证法》中也讲过一段看起来是天人合一的话。

> 我们一天天地学会更加正确地理解自然规律，学会认识我们对于自然界的惯常行程的干涉所引起的比较近或比较远的影响。……人们愈会重新地不仅感觉到，而且也认识到自身和自然界的一致，而那种把精神和物质、人类和自然、灵魂和肉体对立起来的反自然的观点，也就愈不可能存在了。
>
> 自然界和精神的统一。自然界不能是无理性的，……而理性是不能和自然界矛盾的。
>
> 思维规律与自然规律，只要它们被正确地认识，必然是互相一致的。
>
> 我们主观的思维和客观的世界服从于同样的规律，……这个事实绝对地统治着我们的整个理论思维。

> 思维过程同自然过程和历史过程是类似的，反之亦然。而且同样的规律对所有这些过程都是适用的。

这是典型的唯物主义思维反映存在的论说，但这个思维必须是理性的。只有人的思维达到理性，才可以实现真正意义上的天人合一。尤其是，恩格斯还提到了不仅与自然过程类似，还与历史过程合一；反过来讲，只有理性思维指导下的人的活动过程，其才是合乎唯物史观的自然的历史。司马迁想通过历史追寻天人关系，却不知道历史进程中蕴含着中国人的思维方式，如果是这样，中国的历史进程是否完全适合用一般所理解的唯物史观来解释，就是值得追问的问题了。宇宙论与古代文明进程之间的关系，显然还需要更深入地去揭示。

上　编

第一章　东西异制:早期中国研究新范式论纲

长期以来,早期中国的研究所遵循的都是线性历史范式,线性体现的是时间性,本没有问题,但历史加上线性就会出现问题,因为历史要解决的是人类活动的因革变迁问题,这不是单纯的时间性的问题,还有地方性的问题。不考虑地方性的问题,时间性的问题往往也难以讲清楚。常言道,三十年河东、三十年河西,这六十年的历史是河东与河西共同演出的,不考虑河东河西的差异性,非要从一种文化自身的变迁去讲这六十年的历史,一定说不清楚。这个道理并不难理解,在近世史料充沛的情况下,做研究自不是问题,但在史料有限的情况下,这个问题往往会被忽略,尤其在前人已经奠定了基本的叙述范式时,这种问题更不容易引起注意。早期中国的研究就存在这个问题。

如所周知,早期中国史料的有限性问题十分突出,尽管考古学为该领域研究提供了大量的新材料,但对于讲清楚中国文明史的前半段来讲,与后世浩如烟海的文献相比,仍不可相提并论,这还不考虑考古学提供的材料相对单一、解读相对困难的因素。对于早期中国的叙述,长期以来遵循的都是太史公《史记》的五帝三皇的模式。虽然考古学的区系类型理论已经突破了这个模式,提出了文明的多元发生问题,但多元发生模式会导致另一个问题,即今人津津乐道的重德尚礼的中国文明是从何时何地开始发生的。在多元模式下讲中国文明,不得不从商周开始讲起,因为中国之有经典是从那时开始的,而且之前也没有一个统一的文明共同体存在(如果暂不考虑夏的问题)。多元文明模式是今天讨论中国文明起源的基本范式。这样,我们事实上陷入了一元与多元的困境,一元模式可以讲五千年文明,而多元模式下讲中国文明则不得不缩短两千年。

毫无疑问，顾颉刚先生当年提出四个打破有其道理，但打破之后出现的多元模式，并不能真正讲清楚中国文明起源问题。早期中国文明的研究范式依然是一个值得思考的问题。笔者近十年来一直从事萨满主义与早期文明的研究，从目前的工作来看，笔者采用的巫统血统分疏模式，对于理解早期中国文明，有一定的解释力。尤其令人欣慰的是，将这种差异从思想文化领域转到古代政治领域，这个模式的解释力依然存在，[①]这意味着，早期中国文明的发展，政治与思想文化的关系很密切。把这个思考进一步展开，政治对于中国文明发展的影响是在逐步增强的，在文明的童年，宗教思想文化则发挥着主导作用。基于这个认识，笔者认为，早期文明在从宗教性向世俗性的迈进过程中，应该始终具有两种力量，这两种力量共同促进了中华文明特征的形成。早期中国的历史进程，也可以理解为这两种力量交替上升的过程，所谓三十年河东、三十年河西。这种模式，笔者称之为东西异制。

验诸史实，东西异制问题，汉初犹存，陈苏镇先生已经用了这个短语。[②] 向上追溯，定四年《左传》记郑子鱼论周初分封，提到“封鲁卫，启以商政，疆以周索；封晋，启以夏政，疆以戎索”，是周初对两种政治文化的清晰的判分。再向上溯及文明初始之时，黄河中下游两大考古学文化区系，判然有别，民国时期有中华文明二元之说，东西异制，由来有自。本文拟从宇宙观的角度切入，对东西异制在宏观上作初步阐述，论述有不妥的地方，请不吝指教。

---

① 参笔者关于文法与质法、工正型与臣正型政治文化的讨论，分见拙著《斯文及其转型研究》(杭州：浙江大学出版社 2012 年版)、《德礼·道法·斯文重建：中国古代政治文化变迁之研究》(杭州：浙江大学出版社 2016 年版)。

② 陈苏镇：《〈春秋〉与“汉道”：两汉政治与政治文化研究》，北京：中华书局 2011 年版。陈先生讲的“汉初东西异制政策”，主要指汉初的郡国并行政策，东方行分封，西方行郡县。这与本文讲的郡县制是东方政治文化的选择，分封是西方政治文化的选择，正好相反。这是历史变迁所致。分封继承自周，郡县继承自秦，而秦属东方政治文化范畴。

一、天与地

提到东西差别，首先会想到傅斯年的名文《夷夏东西说》，尽管在多元模式下，这个讲法已很难成立，但这个讲法对于认识中华文明起源依然有启发意义。尊德尚礼的中华文明是在黄河流域形成的，在多元模式中，黄河流域的考古学文化正好也是东西两系，西方的从老官台到仰韶，东方的从大汶口到龙山，认为中华文明是以这两系文化为主体形成的，大致可以成立。真正的问题在于，如何将考古学所提供的材料与后来的见诸文献的中华文明联系起来。

笔者以为，考古实物与文字材料，虽形态不同，但都是人的观念的表现之一，从观念的角度建构考古材料与文献材料的统一性，是一个可行的路径。笔者在研思过程中发现，经由观念的途径切入，确实可以建构起二者的统一性。

对于古人来讲，最大的观念莫过于对天地的认识，也就是通常讲的宇宙观。而这种观念无论是在考古材料还是文献中，都比较容易发现。关于早期文明的文献，比较完整的而又相对可信的，要数太史公所据以作《五帝本纪》的《大戴礼记》中的《五帝德》与《帝系》。在这两种文献中，基于笔者过去对于他们东西族属的判分，[①]东西方族群在宇宙观上存在着差异：东方族群更多关注地，而与天保持距离；西方族群与天的距离很近，却很少关注地。比如说喾，笔者判断为东方，对于地是“取地之材而节用之”，对于天是“顺天之义”；舜也属东方，对于地是“使禹敷土，主名山川；使后稷播种，使益辟山莱”，对于天是“畏天”。他们并不反天，但重点在地。西方的尧与禹，与天的距离很近，尧“其仁如天，其知如神”，禹“为神主，戴九天”。关于尧的叙述不涉及地，禹虽涉及地，但其所为应当理解为舜政的延续，比如“巡九州，通九道，陂九泽，度九山”，这些行为都属于治水的范畴，而与生产没有直接关联，而这里讲的重地指的是围绕生产方面的事情。这样可以得出东西方在宇宙观上的基本差异。

---

① 详参拙著《巫统血统与古帝传说》，杭州：浙江古籍出版社2010年版。

顺着这个线索，把《帝系》讲的商周的归属信息统合进来，还可以发现更多的佐证材料。西方重天，一个合理的推测是，他们应该比较重视对天的观测，而从中国古代天文学史看，一些重要的成果都是西方的族群做出的。比如《尚书·尧典》讲四仲中星，今天在襄汾陶寺发现了观象台，说明尧确实重视对天的观测。夏，传世古历书有《夏小正》，孔子讲之杞得夏时，说明夏人也很重视观天象，授民时。周，相传周公有观象台，传世著作则有《周髀算经》，说明周人也重视观天。而东方族群，在天文学上则举不出有什么具体贡献。这恐怕不是偶然的。

反过来，东方人在地的认识上应该有所贡献，不过目前的两部较早的跟地相关的著作，都与禹相关，一种是《山海经》，一种是《禹贡》，似乎也是西方人的贡献。但据前所论，这两种成果其实应该算是舜的贡献，它们应该是舜主政时代命禹治水而产生的两种成果，[①]当然这里不考虑两种书的最后成书时代问题。这样看，东方人在推进先民对地的认识上确实是有贡献的。再往后，《管子》中收录的《地形》《水地》《地员》诸篇，都是对地的认识成果。这些成果，笔者以为都是东方人的贡献。

从考古学提供的材料看，从旧石器时代开始，就形成了东西方的两种传统，东方是以打制石器为特征，西方以磨制石器所谓细石器为特征，前者与农业联系在一起，后者与狩猎联系在一起。[②] 进入新石器时代，东方的农业发达也有证据可循，河北武安磁山发现的粟遗存，推测有十万斤，说明当时的农业是比较发达的。[③] 前面提到重地是与生产联系在一起的，农业发达可以讲是重地的必然结果。

---

① 两种文献都重视记录各地物产，应是东方重生产的意识的表现。另外，《禹贡》定贡赋的原则与下文要讨论的中国模式不同。中国模式下定贡赋的依据是道里之远近，《汉书·娄敬传》录娄敬语有“成王即位，周公之属傅相焉，乃营成周都洛，以为此天下中，诸侯四方纳贡职，道里钧矣”（第 2119 页）。《白虎通·京师》云：“王者京师必择土中何？所以均教道，平往来。”（第 157 页）僖元年《公羊传》“迁之者何？非其意也”，何休注：“王者封诸侯，必居土中，所以教化者，平贡赋者，均在德不在险。”《禹贡》确定贡赋的原则是“咸则三壤成赋”，是根据土壤的具体情况来定的。

② 参苏秉琦编、张忠培、严文明著《中国远古时代》（上海人民出版社 2014 年版）关于旧石器时代的论述。

③ 在中国社会科学院考古研究所编撰的《中国考古学》（新石器时代卷）（中国社会科学出版社 2010 年版）中，磁山—裴李岗文化被归为西方仰韶文化系列，但同时指出，其与仰韶文化之间还有缺环。

宇宙观的差异必然会导致信仰上的差异。西方人重视天，领袖如天神，可以推想，西方人会寻求登天，以彰显自身的神性。《山海经·大荒西经》讲“大荒之中，有山名曰丰沮玉门，日月所入。有灵山，巫咸、巫即、巫肦、巫彭、巫姑、巫真、巫礼、巫抵、巫谢、巫罗十巫从此升降，百药爰在”。《山海经》其他地方提到巫，也是在西方。西方人的通天，渊源久远。巫师升降，依赖的是两龙，《山海经》中的巫师多有乘两龙的，东方句芒、南方祝融、西方蓐收都是。依照这个线索，考古发现的龙及其图像，都可以视为其时人存在升降通天诉求的证据，而有无龙及其图像的发现则可以作为判断不同宇宙观的基础。有趣的是，从目前的考古发现看，东方人没有发现龙，[①]而西方则有，陶寺有龙盘，二里头有绿松石龙。据王家台秦简《归藏》讲，夏启曾以坤卦登天，帝弗善之，投之于渊。这里虽没有讲以龙升天，但据《周易·乾卦》讲六龙，而坤卦则是《归藏》首卦，以坤卦登天，应该也是以龙登天。帛书《二三子问》孔子回答学生易何屡称龙的问题，说龙是假宾于帝的工具。

巫师登天，不一定都得借助驾乘工具，还有一种方式，所谓昏迷术。与之对应，政治领袖也可以用此术升天。笔者判断，西周初年，周人仍有以此术升天的行为，《周易·升卦》上爻爻辞讲“冥升，利不息之贞”，冥升，笔者解读为周王以昏迷术升天，[②]《礼记·乐记》讲“著不息者天也”，“利不息之贞”与其正相应。商人从甲骨文“不玄冥”的材料看，应不存在冥升的问题。玄冥，前人解释为字迹模糊，[③]但结合甲骨占卜看，应该是昏迷的意思，昏迷术也是通神占卜的方法，笔者解读《周易》正是基于古代存在这样的占卜法，并将其转化为解读《周易》的方法的。殷人不昏迷占卜，可以推测，他们也不会有昏迷升天的事情。当然这不意味着他们不与天交流，卜辞有这样的记录：

> 贞，太甲宾于帝。
>
> 贞，太甲不宾于帝。
>
> 贞，下乙宾于帝。

① 参刘庆柱：《关于考古发现的“龙”之界定问题》，《濮阳职业技术学院学报》2012年第2期。

② 参拙著《周易新解：萨满主义的视角》关于升卦的解读，杭州：浙江大学出版社2015年版。

③ 关于“不玄冥”的释读，参杨向奎：《释“不玄冥”》，收入《甲骨文献集成》第18册。

贞，下乙不宾于帝。(《甲骨文合集》1402 正)

这里的宾于帝，一般认为是去与帝交流，也就是说，殷人自己虽不升天，但他们的已升天的先王会与帝交流。这是他们与西方人不同的地方。

在今古文经学中，有所谓今文学有宗庙无明堂，古文学有明堂无宗庙的讲法。宗庙是祭祀祖宗先王的，明堂是祭拜天的。按照战国文献《考工记》的讲法，夏商周都有明堂，夏曰大室，殷曰重屋，周曰明堂。但从现有材料看，《月令》的五室明堂，其中只是南方的房间叫明堂。陈梦家先生已指出，甲骨文中也存在五室的材料，而以南方独多。[①] 也就是说，《月令》部分是以殷制为基础的。后人将其整个称为明堂，实际上混淆了宗庙与明堂的区别。明堂是升天之所，本在国之阳，与宗庙不相关。殷人的通天方式特别，是依赖先王通天，故其在宗庙中进行，而明堂在国之阳，宗庙中的南方房间自然成了类似明堂的处所，这是《月令》以明堂命名南室的根据，也是甲骨文中南室材料最多的根据。它与南郊的明堂不是一回事。过去笔者依赖线性史观，单纯从宇宙观的变迁看明堂变迁，[②]实际上没有真正看清楚明堂的诸多异说之所以异的根据。而从东西差异看，就比较容易说清楚。

总之，上古的东西方确实存在着宇宙观认识的差异，这种差异又影响到了宗教礼制，这种差别还有待更深入更细致的揭示。

二、中国与帝国

从信仰与宇宙观的不同，进而可以推衍出东西方族群对于国家模式的不同祈望，具体表现是有无中国意识。如所周知，何尊有“宅兹中国”的记录，说明周初有中国意识。而周之洛邑，从今天的考古看，与夏之二里头位置相近，二里头

① 陈梦家：《殷墟卜辞综述》，北京：中华书局 1988 年版，第 475—482 页。

② 参拙文《明堂考论：以上古宗教、宇宙论的变迁为背景》，载《浙大史学精粹》(中国古代史卷)，杭州：浙江大学出版社 2013 年版。已收入本书。

周边地区在夏代应该已经被认为天下之中，当无疑义。《淮南子·地形训》：

禹乃使太章步自东极，至于西极，二亿三万三千五百里七十五步；使竖亥步自北极，至于南极，二亿三万三千五百里七十五步。

禹使人丈量东西南北的距离，其能够确定天下之中，应该是没有问题。而据前所论，西方人重天，在测天方面有诸多成果，天文观测本身也可以帮助确定方位，《周礼·大司徒》讲：

以土圭之法测土深，正日景，以求地中。

日至之景尺有五寸，谓之地中：天地之所合也，四时之所交也，风雨之所会也，阴阳之所和也。然则百物阜安，乃建王国焉，制其畿方千里而封树之。

这里讲的地中，符合古人对于中国的理解与祈望。此外，《周礼·土方氏》讲"掌土圭之法，以致日景，以土(度)地相宅，而建邦国都鄙"。因此，从技术上看，西方人应该有确定天下之中的能力。这里或许还可以解释另外一个问题，即《尚书》中周人自称有夏之后，从具有中国意识看，周人确实可以说是步夏人后尘。不过，周宣称为天下之中，不始于西周初年，花东甲骨卜辞有"中周"的提法，[①]这个"中周"，反映了西方的周早就有居中的意识，这或许是武丁时代"璞周"的因由。

反观东方人，我们掌握最详细的是商人的都邑资料，有所谓汤前八后五，汤之后五迁，《竹书纪年》的资料是这样：

仲丁：自亳迁于嚣

河亶甲：自嚣迁于相

① 参曹定云、刘一曼：《殷墟花园庄东地出土甲骨卜辞中的"中周"与早期殷商关系》，《考古》2005年第9期。

祖乙：居庇

南庚：自庇迁于奄

代夏后的商人为什么会五迁，学界解释不一，张光直先生的解释是寻找铜矿资源，[①]放在宇宙观的框架下，这是重地的表现。无论怎么解释，商人没有中国的观念大致是可以确定的。从考古发现看，偃师商城与二里头遗址年代接近，但存续时间很短，一个合理的推测是汤在中国代夏，但并没有长时间定都于中国，这与笔者讲的东方人重地的观念联系在一起。天下之中本身只具有象征意义，政教领袖既代天君临天下，理当居于天下之中。而对于重地的东方人来说，物产资源才是要考虑是否适宜建都的首要因素。

东方没有中国意识，笔者判断，依据东方重地的认知方式，发展出来的应该是帝国模式。帝国模式与中国模式的不同，从政治上讲，帝国模式下，法权统一，中央对地方的控制力强；中国模式存在多级法源的问题，天下的统治不是天子一人立法，而是由分封的诸侯根据各自的情况，分别加以管理，中央对地方的控制力弱。从春秋史实看，周天子的使者经过诸侯封国时，需要借道。《国语·周语中》有"定王使单襄公聘于宋，遂假道于陈，以聘于楚"，这说明周天子要尊重诸侯的独立性。

在具体的政治措施上，帝国更强调建制化的国家机器建设，而中国模式在职官上，更关注与天相关的官职，周人有太史寮与卿事寮的分置，应该是其独特的设计。而在具体官职设置上，中国模式官事有摄，而帝国模式官事无摄。讨论西周金文官制的学者常常提到善夫山鼎，其中的膳夫山率军征讨，膳夫本职是管膳食的，其率军征讨显然是在摄事。东方政治，孔子批评管仲官事不摄，不知俭(《论语·八佾》)。齐桓公盟诸侯，"四命曰，士无世官，官事无摄，取士必得，无专杀大夫"(《孟子·告子下》)。管仲与桓公在官事无摄上的观点显然是一致的，他们的治国理念与周人显然不同。[②]

① 张光直：《夏商周三代都制与三代文化异同》，见其著《中国青铜时代》，北京：生活·读书·新知三联书店1999年版。

② 膳夫率军的现象也可以从工正型政治重视少府的角度去理解，但重视少府，并不影响其是摄事。秦以少府章邯统军，章邯并非膳夫，而军工器械的制造也在少府。膳夫率军从摄事的角度去理解更好。

这里要说明一点，这里的中国与帝国模式仅限于中国古代政治，古希腊的帝国将两种模式结合在一起，一方面想建构帝国，一方面想保持各城邦的相对独立，所以有学者认为其体制始终有内在冲突。[①] 其所以如此，笔者以为是与古希腊融古代中国的两种认识方式于一体联系在一起的。

从具体的材料看，早期中国讲官制的材料，几乎都与东方人联系在一起，比如《舜典》记载：

> 舜，伯禹作司空，弃为后稷，契为司徒，皋陶作士，垂为共工，益作虞，伯夷作秩宗，夔典乐，龙作纳言；十有二牧，四岳。

这是中国最早的官制材料。再往后就是《尚书·酒诰》记载的内外服制：

> 越在外服：侯甸男卫，邦伯；
>
> 越在内服：百僚庶尹、惟亚惟服，宗工，越百姓里居。

这种制度还见于《大盂鼎》"惟殷边侯甸与殷正百辟"，殷人比较早地建立了控制全国的官僚体系。必须说明一点，侯甸男卫与周人分封诸侯看起来相似，但其在殷代，只是以类似分封的形式去管理国土罢了，与西周获得分封的诸侯在政治地位上并不相同。学界研究商代政体，有方国联盟与中央集权的不同意见，笔者以为，商后期，殷人政体存在从方国联盟向中央集权过渡的现象。[②] 笔者判断，这个进程与殷后期理性渐渐增强有关系。

前引两种材料都涉及中央与地方，《舜典》中的十有二牧是地方，《酒诰》的外服、《大盂鼎》的边侯甸也是地方，很显然帝国模式相较于中国模式更重视地方管理。循着这个思路，再看春秋县制的出现，其首先出现在晋、楚、秦、齐这样的国家就可以理解了，这些国家从文化模式上看都属于东方类型。在传统中国，是否分封始终是一个问题，这其实是两种国家模式斗争的问题，其背后则是

① 参孙磊：《自然与礼法：古希腊政治哲学研究》，上海：上海人民出版社2015年版，第98页。

② 参拙著《周易新解》附录三《〈周易〉与商周政体》。

思想文化的斗争问题。

两种国家的出现，笔者理解是与重天与重地的不同宇宙观念以及由之而生的不同认知方式联系在一起的。

前文讲，重天的文化同时重视通天，通天则是为了获得德性智慧。商周时代的占卜，周人以易占为主，殷人以甲骨占卜为主。易占也是通神占法，《易·系辞传》讲精气为物，游魂为变，游魂是通神的魂。笔者从这个角度去解《易经》，可通者十之九，可以说明易占确实是依据这样的模式进行的。而同样见于《系辞传》的所谓八卦以象告，实际上是与甲骨占法的理论相同的。两种不同的占法反映的是两种不同的认知方式。通神的占法背后所体现的是重视德性的认知方式，通神的基础是德性，神之所好亦是德。甲骨占卜或易象占法，所彰显的是知性，因为卜兆与易象需要人去解读，这种解读虽然还是不脱神秘文化的范畴，但显然知性已经有所发展了。

重天自然讲天命，周人讲"皇天无亲，惟德是辅"，其也是以德为基础。重视德性的国家倾向于中国模式，或者说分封模式。所谓有德此有土（《大学》）。反过来，有土才能保障德性的发展。孟子将井田作为保障百姓有德的基础，也是这个思路。在西方的帝国模式中，保持城邦的独立与自由，也是与对德性的考量联系在一起的。城邦只有独立，公民才能自由，而自由是公民最重要的德性。

重视地，与知性发展联系在一起。马克思主义认为，人的智慧是从劳动生产中不断积累而生的，重视地也就是重视生产劳动。甲骨卜兆占法与易象占法，都是对知性的强调。西方人讲，智慧是属于上帝的，人获得智慧是人的原罪。甲骨文中就很多事情卜问帝是否若，也说明商人也曾认为帝是有智慧的。商王自己也称帝，而到武乙时已经到了与天相冲突的地步，这应是商人知性发展的结果。知性发展到自己称帝并与天发生冲突，就会对德性形成挑战，商纣无德，势之必然。这种认知文化主导下的国家，自然倾向于构建帝国。

用今天的话语表述，这其实涉及人的理性发展的问题，而理性又可分为价值理性与工具理性。西方人将德性诉诸天，知性诉诸神，占卜需要昏迷，这种方式本身限制了人的理性发展，或者这是片面重视价值理性的表现。东方人在理性不成熟的情况下也占卜，但他们"不玄冥"，不玄冥意味着他们必须发展出判断神意的一套方法，这套方法事实上构成了对神的限制，而实际生活经验的积累，最终又将破除对神的信奉。在甲骨学研究中，过去有学者指出没有帝辛卜辞的问题，[①]从《周易》看，颐卦所谓"舍尔灵龟，观我朵颐"，实际上也是世俗主义发展后人们不再信奉灵龟的观念反映。联系到纣的酒池肉林，享乐主义在商末确实得到了发展，龟卜衰落并非没有根据。[②] 益卦"或益之十朋之龟，弗克违"，笔者解读认为是周人对商人提出重视神灵的要求。可以认为，商末殷人的理性已达到可以摆脱神灵的程度。这个过程同时也是知性发展的过程，知性属于工具理性的范畴，帝国模式下的政治制度也属于工具理性。但殷后期的工具理性显然发展过头，完全忽略了价值理性，导致其建构帝国的过程戛然而止。

在早期中国，中国模式占据主流，尊重德性，意味着尊重他者的独立性，分封制度就是保障他者独立性的制度，以善德赢得天下是中国模式最受认可的施政模式，这是其建制意识不强的根据所在。东方人的强调知性的文化，缺乏对于他者德性的充分尊重，他们不认为人存在先天灵魂问题，这在上古知性未开、宗教盛行时代不可能占据主导地位。帝国模式在早期中国同样存续时间很短，而在传统中国则占据主流，其中原因就是知性已得到比较充分的发展。

从信仰角度看，中国模式承认各诸侯国有自己独立祭祀的神，尽管这个神从整个神谱看存在等级性的问题，但有独立的神，即意味着其拥有独立性。[③] 在帝国模式下，具有普遍性的地方祭祀是皇家宗庙，而地方原有的地方神，由国家统一祭祀。[④] 这跟古希腊不同，古希腊各城邦始终有自己独立的神，所以雅典帝国始终处于内在的冲突。理性告诉希腊人，建构帝国，更容易保障自身的利益，但独立的神则始终维持着各城邦的自由与独立。这种内在冲突的根源就在于，希腊人认为理性是本于神的，他们既要保留神的地位，又要基于理性行事，冲突

① 这个问题是郭沫若先生提出的，但今天一般认为不正确。

② 享乐主义在东方也有传统，《管子・侈靡》是这种文化精神的体现。在古希腊文化中，这被称为酒神精神。

③ 《史记・封禅书》讲，《周官》曰：天子祭天下名山大川，五岳视三公，四渎视诸侯，诸侯祭其境内名山大川(第1357页)。

④ 《史记・封禅书》讲，自五帝以至秦，名山大川，不可胜记。及秦并天下，令祠官所常奉天地名山大川鬼神可得而序也(第1371页)。又讲，诸此祠皆太祝常主，以岁时奉祠之。至如他名山川诸鬼及八神之属，上过则祠，去则已。郡县远方神祠者，民各自奉祠，不领于天子之祝官(第1377页)。

是不可避免的。古代中国东方人的理性立足于人自身,与天没有关系。相反,理性发展会导致天人冲突,殷后期武乙射天是显例。荀子讲人定胜天,也是这种观念的反映。当这种文化在传统中国占据主流,中国文化对人的独立与自由的追求就越来越淡薄,对独立与自由的强调是早期中国西方人的文化特征,而那是建立在对于人所固有的神性的尊重上。

三、文为与制度

从信仰宇宙观与国家模式的差异,可以进一步推衍出东西方对礼的认识的不同。今天讨论礼,分类方式或者用具体的礼的类型,所谓吉凶宾军嘉五礼,或者从具体的内容来认识,所谓冠婚丧礼等,而不太注意礼的文化性质的分疏。所谓文化性质,是指礼所欲达到的目的是指向于神圣,还是指向于凡俗。用宇宙观的视角看是指向于天,还是指向于地。事实上,这可能是古礼的最早分疏。

所谓指向于天的礼,笔者以为是与人生密切相关的礼,是服务于养成完善人性的礼,冠婚丧以及各种交际之礼等,都可以算是指向于天的礼。孟子讲尽心、知性、知天,人性修养最后要上升到知天的境界。芬格莱特讲孔子即凡而圣,礼是在凡俗生活中运用的,但最后却是要达到圣境,圣人为知天者。

前面讲,西方族群之政教领袖要升天,他们实为天人的中介,升天当然也能知天。服务于升天的礼,也就是指向于天的礼。只不过,今天看到的儒家的《仪礼》已见不到服务于升天的礼了。但古代文字的信息告诉我们,上古存在这样的礼。古文字学者已经指出,甲骨文中的礼不是从豆,而是从鼓(无右偏旁),[①] 这个礼字就应该是服务于升天的礼。前面说西方人有昏迷术,昏迷术有一种办法是通过打鼓完成的,所谓"鼓之舞之以尽神"(《系辞传》)。今天的实验也证明,持续快节奏击鼓会导致人意识晕眩。从鼓之礼的本义应该是指这种昏迷

① 参林沄:《豊豐辨》,收入《林沄学术文集》,北京:中国大百科全书出版社1998年版。

术。从考古发现看，陶寺、二里头都发现有鼓，而在东方，目前尚没有发现一致认同的鼓的遗物。[①] 这跟前文讲的东方人不升天、不昏迷的判断相吻合。

如所周知，今天讲的礼字，是《说文》所录的从豆的礼，学者或认为其为后起字，是从从鼓之礼变来的。其实，甲骨文中除了从鼓的礼，也有简化的从豆的礼，[②]真正的问题是要解释，礼的两种写法有什么意义上的区别。笔者判断，从鼓的礼是服务于升天成神，而从豆的礼是贡献美玉以事神，这是两种不同的宗教，前者人自身可以成为神升天，后者是希望自身获得神的认可与保佑。笔者判断，儒家有两种求中之道，一是通天通神求中，一是理性计算求中，东方人是后一种方式。《礼记・礼器》有升中于天的讲法，升中于天，是先有了中才献给天，而不是先升天再取中。从豆的礼是献祭之礼，从儒家的礼看，献祭有等级，或一献，或三献、五献、七献，也就是说，献祭本身存在着理性计算的问题，不同身份等级的人，献祭的权力不同。这就引出了前面讲的指向于凡俗的问题。作为献祭的礼，不仅仅是尊重神灵的宗教活动，更重要的是要确立凡俗的秩序。《礼记・祭统》讲了很多祭的意义，所谓祭有十伦，其所指向的都是世俗的秩序，而不是人性的完善。《论语・八佾》讲："祭如在，祭神如神在，子曰：吾不与祭，如不祭。"这应该是西方的文化精神在祭祀观点上的体现。

从考古发现看，玉文化在西方并不发达，而东方却有很多发现，似乎也可以支持以豆盛玉献神是东方的习俗，也就是说，从豆从玉的礼是东方之礼的用字。如果将盛玉献神扩大到一般意义上的礼器，东方的龙山时代则是器物礼制化潮流突出的时代，也就是说，这是东方之礼大发展的时期。

《礼记・仲尼燕居》引孔子曰，制度、文为皆礼也，从前面的简要判别看，东方之礼以制度为核心，西方之礼以文为为核心。制度是为了立事，文为是为了立人。前者指向于凡俗，后者指向于神圣。

从与政治的关系看，制度之礼显然可以更直接为政治秩序服务，而文为之

---

① 东方考古不见可以确定为鼓的遗物，是指龙山文化时代，大汶口文化有陶鼓发现。不过，从整个东方考古极少发现有乐器看，大汶口文化的陶鼓能否理解为鼓舞尽神的鼓（腰鼓为主），仍然有待论证。据《周礼・鼓人》，鼓在古代还有另外的功能，这些鼓与作为舞蹈尽神的乐器，形态上可能并不相同，大汶口文化的鼓当是这样的鼓。

② 笔者判断，王国维的《释礼》（《观堂集林》卷六）所举的从口的礼，可视为从豆之省。当然，也可以是其他容器，比如尊。

礼,更多的是在培养为政者的意义上为政治服务。今天看来,这两个方面是所谓好政治的两个基点,一个是为政者的德性,一个是共同体的政制。在早期中国,这两个要素是分别发展出来的。这令人想起孔子的理想政治,所谓导之以德,齐之以礼。从好政治的角度看,两个要素得到了结合,但要从政治实践看,其实都要落实到礼。与培养德相关的礼,主要是文为之礼,其指向于天;后面齐民的礼则是制度之礼。这个理想,发展到孟子、荀子,发生了分化:孟子大讲仁政,纯赖德性,所谓治朝以礼,治野以法,在他的整个论述中并不占主导;荀子则一任礼法,这个礼法实质是法制,德性在法制中才能化成。

区别两种礼,对于认识春秋战国时期的礼制的悖论是有帮助的。如所周知,春秋战国是礼崩乐坏的时代,但学者从考古发现出发,认为其实不存在礼崩乐坏。[①] 出现这样的判断,根本上讲是因为未对两种礼文化作出判分。孔子讲的礼崩乐坏,是指西方人的礼乐崩坏,西方人的礼乐是一体的,所谓兴于诗,立于礼,成于乐,礼是为了服务于德性养成,乐也是这个目的。当然,这样讲并不意味着西方人就没有秩序,德有差异,人就有分疏,只是这种分疏的界限并不像礼制化的语境下那样有很多相应的设定。春秋时代,子弑其父,臣弑其君,天子不受尊重,这对于西周文化来讲,就是礼崩乐坏,基于德性的秩序完全瓦解了。但从另一个角度看,随着世俗事务的增多,制度化的东西越来越多,并且,伴随着庶民力量的兴起,庶民也被纳入了国家制度的管辖范围,礼开始下于庶人。与这个进程联系在一起,就是礼制越来越严,西方学者有所谓礼制革命的讲法。[②] 这不难理解,凡俗事务的增多,必然要求指向于凡俗的礼制随之发展,而凡俗社会的发展,也必然会摧毁指向于神圣的文化。春秋战国正是从神圣走向凡俗的时代,礼崩乐坏与礼制增强是并行不废的两个趋势,中间并无矛盾冲突。

这里,笔者又想到了古希腊。中国古代的神圣凡俗从上古历史文化的发展看,随着东西方的交替上升,呈现出渐次转换的景象。或重德性,忽略礼制;或强礼制,忽略德性。古希腊并未出现德性与礼制二分的政治,而只是在柏拉图

---

① 印群:《论周代列鼎制度的嬗变——质疑"春秋礼制崩坏说"》,《辽宁大学学报》1999 年第 4 期。

② 罗森主张用"革命"描述西周晚期的礼制上的新动向,罗泰则主张用"改革"来描述。具体研究文献,参罗泰:《宗子维城:从考古材料的角度看公元前 1000 至前 250 年的中国社会》,吴长青等译,上海:上海古籍出版社 2017 年版,第 55 页注释 2。

的哲学中存在着重德性(《理想国》或《王制》)与重礼法(《法义》)的区别。并且亚里士多德讲，理性即法律，法律本身是基于德性即理性制定的。这里也存在一个古希腊合一而中国二分的问题。当然，这个区别并不难理解：中国古人讲的德性立足于人的情性，其相应的礼是因人之情为之节文；古希腊人的德性是理性，由理性开出的政治，就是法治政治。[①] 中国古人关于礼还有一个定义，与理性相关，所谓“礼者理也”，这个理性是从实践出发，而非从灵魂出发，前面讲东方人的取中之道，是基于理性计算的结果，讲理的礼，当就是在这个意义上得出的。荀子讲的礼法，即是理性计算的结果。也就是说，中国古代既存在基于灵魂的礼，也存在基于社会治理的礼，前者侧重于人的情性发展，后者则从人的理性出发。而在古希腊，灵魂与社会治理的法律是一体的，都以自由为中心。

这个比较引出一个问题，即古代东方人重制度的礼，他们不讲灵魂吗？事实当然不是，前面提到舜具玄德，玄德就是东方人的灵魂，只不过这个玄德，与西方讲的来自天的德不同，它不具有理性可认知的特征，与一般讨论的灵魂不能相提并论。反过来，西方人并非不讲制度，西方人的制度就是宗法，而宗法来自于天，所谓天降大常，以理人伦。这样看，东方与西方各有其德与礼，并且都与各自的宇宙观联系在一起。传统中国混淆了这两种文化，古希腊则未析分出这两种文化。

四、宗　法

前文论东西德礼之分疏，提到西方讲宗法。这又涉及早期中国研究一个老大难的问题，宗法制度。笔者以为，在线性历史观下，这个问题确实很难讲清楚，但运用东西异制的思维，这个问题就容易理解得多。

宗法问题的本质是立宗保族，但所谓宗法制度的困惑则是宗法与政治的关

① 由哲人王开出的政治，也是建基于理性的，其所指向的是共产主义，所谓按需分配，不是说每人想要多少就可以分得多少，而是说根据各人的灵魂，分配给他应得的东西。

系,尤其是天子诸侯入不入宗法的问题。这个困惑原本不应产生,从东西文化的分疏看,西方人重德性,重先天的德性,所以对于血缘的脉络有特别的关切。王国维先生讲殷周制度转变,最关键的是嫡长子继承制度的确立,这个讲法受到了很多质疑,因为殷后期殷人的继承制度已经由兄终弟及为主转向了传子为主。我们不知道王国维先生对于如此清楚的事实为何视而不见,不过,还有更具有挑战性的事实,即在殷人之前,夏人已经以传子为主。线性历史观很难说清楚,但将夏人界定为西方族群,就比较容易讲通,血脉的传承过程也是德性的传承,西方人重德性,自然会选择以传子为主。殷后期以传子为主,也容易得到解释,因为殷后期受到了西方人的文化的影响。这在考古学上也有例证,殷墟之前商遗址中从未发现铜铃,但殷墟有,而铜铃是二里头的典型遗物。[①] 殷后期受到西方文化的影响渗透是没有问题的,传子的继承制度恐怕也与此有关。

如果嫡长子继承是宗法制度的核心,那么,宗法制度原本是西方的社会政治制度,就是一个合理的判断。刘家和先生指出,天子不入宗法在西周讲不通,有证据证明,周天子确实被奉为天下大宗。周天子作为大宗既有名,又有实。[②] 那么,问题是何以会产生天子诸侯不入宗法的意见,这在东西异制的框架中,也不是问题。东方人宗法观念并不浓厚,依据甲骨文研究殷代宗法的学者指出:殷人除了有某先王的宗,还有某先妣的宗,如妣庚宗(合 21372)、母辛宗(合 23520);[③]另外,还有岳宗、河宗这样的以山川命名的宗。除了先王宗可以与周人相合外,其他两类都不见于周人宗法文化。其所以有以山川命名的宗,当与其宇宙观有关,东方人重地。有先妣宗也容易理解,如果将父母比天地,母与地相类。学者多已指出,殷人的兄终弟及本就是重母的体现。周人没有地宗,但有天宗(《逸周书·世俘》《礼记·月令》),这应该是与周人重天联系在一起的。熟悉古代文字的人知道,天宗也可以转换为大宗,周天子为天下之大宗,当是与他奉天为宗联系在一起的。准此,如果说天子入宗法,那一定是周人的制度,而

---

① 参中国社会科学院考古研究所编:《中国考古学》(夏商卷)相关论述,北京:中国社会科学出版社 2003 年版。

② 刘家和:《宗法辨疑》,见其著《古代中国与世界》,武汉:武汉出版社 1995 年版。

③ 参晁福林:《关于殷墟卜辞中的"示"和"宗"的探讨——兼论宗法制的若干问题》,《社会科学战线》1989 年第 3 期。

不会是殷人的制度，因为殷人的先妣宗，事实上构成了对天子入宗法的反证。而所谓大宗云云，则当与天宗有密切关系。

从现实政治的角度出发，前文已经指出，东方人强调建制，而西方人则不甚重视建制，这种差别同时与两种宗法文化相对应，宗法制度强，则职官建制就不会很发达。在早期社会，宗法体系完全可以代替职官体制实现社会管理的目的，并且还显得人性化。反过来看，职官建制发达，一定会与宗法体系形成冲突。笔者曾指出，古代宗法讲的五世则迁，与商鞅的分异令在立法精神上相同，都是为了便于社会管理，强化国家力量。关于五世则迁，或以为古书中没有材料可以证明，确实，如果将其视为周人的宗法制度，没有材料可以证明。但古书中有五世则迁的例子，但不是周人的，而是殷人的，即我们熟知的孔氏。孔子先世第一位以孔为氏的是孔父嘉，他之所以采用新氏，因为从弗父何放弃君位，到他已经是第五世，他要从原先的宗族中分离出去。从建构宗法的本质看，是要保族，所谓"文王孙子，本支百世"，绵延的不仅仅是主干，也包括支族。五世则迁，与此精神正相违背，一个是希望族群越来越兴旺壮大，一个则是防止其繁衍过大。很显然，把五世则迁作为东方人的规定，与东方人在政治上的特点是一致的。《管子・问》有这样一问，"问宗子之收昆弟者、以贫从昆弟者几何家"，这个问题透露了一个重要信息，东方人虽然也有宗子、昆弟这样的宗法称谓，但他们并没有聚族而居，否则，不可能或者宗子收昆弟，或者宗子投靠昆弟，尤其后者，在宗法严密的社会中，这种情况几乎不太可能发生。这实际上也提醒我们，东方的宗法并不如西方强，东方人更多地隶属于国家统一管理，这与他们政治上的建制意识强是相应的。如所周知，春秋时代编户齐民时代的来临，是从东方管子革新社会管理体系开始的，新的管理体系与宗法制度也格格不入。为什么东方可以做到，这恐怕与东方固有的宗法不发达有关。事实上，当时也不是所有的国家都采用了这种以地域划分人口的社会管理体系，这与原先的社会体系中宗法的发达与否相关。

今天讨论的古典政治，其实都与宗法联系在一起。诗云刑于寡妻，至于兄弟；书云孝乎惟孝，友于兄弟，施于有政。清人讲宗法的实质是兄弟之道，这样讲主要是从政治层面上立论，在政治层面上，兄弟帮助自己平治天下，兄弟才显得重要。分封制就是基于这种精神推开的。通过层层分封，可以实现宗法与政治的重合体系，天子既为政治领袖，又是宗法的大宗。

前文指出，西方族群是重德性的文化，西方的礼指向于德性培养，但有一个问题没有讨论，即从鼓的礼指向于天，而今天看到的关切德性的礼都是人文化的礼，冠、婚、丧皆是，在实践中这二者是如何衔接的？笔者以为，这种衔接是通过宗法实现的。通天的礼固然只有天子可以采用，但天子通天获得德性不仅仅是服务于他自己的成德，相反他是天德，他的目的是希望天下皆能有德。这就存在德的传递问题，而德的最自然的传递媒介是血缘。在西方哲学语境中，德性不可教育，在东方，血缘却可以成为德性传递的自然基础。

宗法的建构完全以血缘为基础。最强调宗法的礼是丧服，而孔子讲三年无改于父之道可谓孝矣，无改于父之道在某种程度上意味着，子得到了父之德，因为德是行道的基础。父子相承，关键就在服丧期间，三年无改父之道与三年丧当是联系在一起的。其他人生礼仪，多有对于宗法的重视，这些礼仪的设计，都是要保障德性能够从大宗天子传遍天下子民，从而达到构建德性文明的目的。

《周礼》中，公卿大夫之丧，都有国家官吏参与其事，没有纯粹的家礼问题，这应是宗法政治时代的孑遗，个人的事情也是家族的事情，同时又是国家的事情。

五、萨满主义的基质

从前面四个问题的讨论看，早期中国确实存在东西异制的问题，后来的中国历史与文化实际上是综合了东西方的文化精神而来，尽管这种综合出现了很多问题。这个问题暂且不论，这里还是想从文明的特质上，在东西异制的框架下，谈一下笔者对于萨满主义与中国文明关联性的看法，毕竟，这个新的框架本身是从萨满主义与早期中国相结合的研究中发展出来的，只不过它已经落实到了早期中国的历史中，而不再是疏离于早期中国之外的一个研究工具。

东西宇宙观的重天与重地的差别，很容易让人想到绝地天通。绝地天通笔者以为是真实存在的，大约到五千年前的红山文化可以找到天地分离的证据。

过去，笔者将绝地天通事件理解为巫统、血统分化之始，①现在看来是有问题的，因为在牛河梁发现的可以视为是玄冥(佩双龟)角色的墓葬，在更北的胡头沟也有发现，而红山文化据一般判断，北方早于南方，这支文化是从北方来的文化与仰韶北上的文化碰撞后形成的。也就是说，所谓巫师内部的分化，是北方来的文化所固有的，绝地天通是向他们学习的结果。

既然是学习的结果，我们就不能简单地将东西方的重天与重地理解为人为的规定，规定西方观测天，东方认识地，这个理解没有根据。这应该是东西方固有的文化倾向问题。这种倾向在五千年前就表现出来了。从考古学提供的证据看，东方的大汶口文化时代，已经有了贫富分化，而仰韶文化的墓葬，随葬品差别并不大，用今天的研究方法分析，会认为东方进入文明较早，但这种判断意义不大，因为除了这个因素外，其他文明因素一个也没有。相反，大汶口文化时代，是仰韶文化扩张的时期，进入文明的东方在文明的影响力方面还不如未进入文明的西方吗？用东西异制的思维，这个现象就比较容易理解，大汶口的这个现象与前面讨论的东方人的特征是一致的，而仰韶则符合西方的特征。也就是说，在很早的时代，在文明诞生以前，东西方已经表现出了自身的文化性格，这种性格的形成与绝地天通没有关系。只不过，绝地天通对于文明的发展是有益的。《五帝德》讲帝喾执中，中的概念对中国文明影响很深，这恐与绝地天通是联系在一起的。

从与萨满主义的关系看，东西方的表现不同。我们既不能将东西方与绝地天通简单对应，也不能简单地将西方通天界定为西方人重巫统，而东方人重地、重先王就是重血统的表现。按照前面的论述，重德性的儒家文化是从西方来的，并且，西方人并非不重祖宗；东方人重地、重先王，但并非不尊帝，射天只是凡俗主义发展到极端的表现；并且，东方人除了重先王，还重先妣，他们虽不通

① 这个意见没有正式发表，原本是想将巫统血统与具体历史结合起来，现在看来，这个研究路径有问题。因为不能将存在两种文化理解为是绝地天通的结果，相反，绝地天通是颛顼向北方已存在巫师分化的族群学习后实现的。《山海经·大荒东经》："东海之外大壑，少昊之国，少昊孺帝颛顼于此弃其琴瑟。"这段文字过去不太懂，现在看来，应该是指的绝地天通。弃琴瑟是抛弃音乐，而音乐是通天的媒介。前文提到不少东西方文化的差异，绝地天通在实践中最初可能仅限于东方。后来尧时代也实现过人神分离，但似乎没有完全断绝天地往来。西方的中国理念始终承认天地可以交通的，只不过可以通天的人是有限制的。

天，但献祭也可以成神，所谓七献神。简单地判分东西方属于巫统与血统同样是不可取的。更何况，有巫统血统划分是来自北方的族群的特征，他们与中原文化发生接触是五千年前的事情，此前，东西方已经有了自己的文化性格。

那么，东西方的文化是不是就与萨满主义没有关系了呢？这也不是，无论西方还是东方，笔者以为都存在萨满主义的文化基质，即所谓气生主义，只不过，东西方的侧重有差异。用东周以后的文献表述，东西方有重魂与重魄的差异。西方人通天讲德性，是重魂的体现；东方人重地，按照文献上的记载，魄归地，东方人重魄。而所谓玄德，笔者判断，正是与魄联系在一起的。[①] 关于魂魄，学者讨论很多，笔者也多次论述，它们都是精气，用东周时代人的理解，一为阳之精，一为阴之精。

墨子讲明鬼，是东方人的宗教文化。殷人有人牲、人殉，笔者理解，也是这种文化观念的产物。东方人虽倾向于凡俗主义，强调理性取中，但并没有完全摆脱精气主义。古代神秘主义有求中之衷的讲法(《管子·白心》)，理性计算取中，也可以找到萨满主义的基础。

西方人重魂，也就是重德性。这种文化对神有较多关注，理想的有德典范是圣人，而圣人是半神半人。儒家是人文化的学派，重人不重神，自身的实践也以人生践履为主，不讲神秘主义。但要追溯它的来源，不能不说这种文化也有萨满主义的背景。西方人的通天，是他们的典范人格的根基，不通天，人神之中就无法出来。事实上，一直到孟子讲四端，还有一点神秘文化的色彩。

西方哲学，柏拉图的哲人王也有神秘主义的背景，可以认为，没有神秘主义，无法出现哲人王。当然，柏拉图没有固执于哲人王的理想，而是选择了法律治国。这里不展开。不过，要说明的是，柏拉图的哲人王是纯粹的理性，是神，这与儒家讲的圣人是综合神人而成的存在是不一样的。

可以认为，无论是尊德性，还是重礼义，都可以找到萨满主义的根基。就好像柏拉图的哲人王治国也好，法律治国也好，都可以找到神的根基。柏拉图的法律是以人的神性为基础的，东方人的礼义是以神之中为基础的，都有理性计算的问题。所不同者，在柏拉图那，哲人王与法律的根基是一致的，都是神，所

---

① 参拙文《灵知主义与道家哲学》，收入拙著《神秘主义与中国古代哲学研究论稿》。

谓神是万物的尺度。中国古代的德性与礼义虽说都是以精气为根基，但所据的精气是不同的：前者是阳之精，主上升；后者是阴之精，主下降。这种基础的不统一，事实上决定了早期中国的历史必然是以交替演进形式呈现出来，因为，任何一种文化都有他的优点与缺陷，行之既久必然会出现问题。尧舜禹禅让，笔者理解为是古代中国人理性地看待文化差异，并有意识向对方学习的开始，此不详论。

这里有一个问题必须说明，东西方文明的交替演进，并不是说讲中国文明的起源可以以东西方的融合的时间为开始，那样的话，中国文明只能从尧舜时代开始说起。在引论部分，笔者曾经提到古代文明经历了从宗教文化向世俗文化变迁的问题，尧舜时代，已经是政治影响比较大的时代了，东西方已经可以说是一个文明共同体，但此前是否就不是一个文明共同体，这是值得讨论的。从甲骨文的材料看，上帝有五臣正与五工正，笔者将东西方两种类型的政治命名为工正型与臣正型。也就是说，现实历史中我们看到东西方文明交替演进，但在宗教上，两种文明早已经合为一体了。当然，我们很难考订合工正与臣正的上帝信仰具体开端是何时，传说中少昊氏的官名中已经包含了两种类型的职官（昭十七年《左传》），这种合东西方文明精神于一体的信仰是否可以早到少昊的时代，是值得深入研究的。如果这个判断可以成立，中国文明起源从颛顼绝地天通讲起，就有其合理性。因为少昊氏早于颛顼，《山海经》有少昊孺帝颛顼的讲法。在少昊氏时代，东西方文化开始出现了融合的趋势，颛顼绝地天通，就不是其本部族的行为，名义上应是针对整个天下的，中华文明作为一个共同体，其雏形已经出现，[①]只不过，这种共同体更多的是在信仰意义上，很难说已经具有实质意义。具有实质意义，恐怕要到尧舜时代，划定九州，确定贡纳，才可以说是具有世俗意义的共同体。

① 中华文明的共同体的出现以黄河流域文明为基础。以今天的国土范围为限，多元模式当然有其合理性。如所周知，中国历史上有华夷之辨，但夷是否具有共同体成员的地位，本身是不确定的，帝国模式下，他们是，中国模式下则不是。但帝国模式的构建本身有一个发展过程，而文化融合的进程则更缓慢。以早期中国而论，从考古学提供的材料看，商文明的影响力要大于周，但商代的政治制度的发展远不足以构建帝国，中国文明的核心区应该以《诗经》十五国风为限。这是视东西异制为早期中国研究新范式的根据，以与一元及多元模式相区分。

综上所述，尊德性、重礼仪的中国文明，是早期中国东西方两种不同文化性格的文明相结合的产物，早期中国的历史进程是在东西方族群文明交替演进中展开的，在不断的相互碰撞、交流中，中国文明的性格得以生成发展。东西交替演进，早期不甚清晰，但从商到周，再到春秋战国以至秦，这三段看得比较清晰。商周之为东西不用多说，春秋五霸、战国诸雄，都是东方所谓工正型政治文化流行的地区。从宇宙论到国家模式，再到不同的礼文化，包括宗法制度的差异，东西方的区别很清晰。东西方两种文化都存在萨满主义的根基，只是根基不完全相同。

第二章　从天地相分到天人合一：试论宇宙观对于上古史研究的重要性

上古史研究，以其资料之零碎，向来被视为艰难，以目前的研究状况论，其对于考古学有高度依赖，饶宗颐先生谓上古研究已进入考古学年代，洵为定论。考古学为重建上古史提供了很多传统典籍之外的考古材料，基于此，李学勤先生提出了重估中国古代文明、走出疑古时代等重要学术主张，不过，从清晰认识历史的需求的角度看，能够揭示上古文明演进的脉络的成果依然有限。[①] 笔者近年关注早期宇宙论的变迁与上古文明演进之关系，提出了若干观点，窃以为有助于从宏观上认识上古历史，认识中国文明与文化性格的形成。

在文明的早期阶段，限于先民的知性能力，宗教、政治与宇宙观的联系，表现得比后世要紧密，欲改变不同社会力量的相对地位，发展以民事为中心的政治，需要改变人们对宇宙的认识，对人神关系的认识，从而影响人们的心理认知习惯与行为习惯。这意味着，透过古代宇宙观的变迁，可以观察不同阶段的政治宗教状况。古代宇宙观的从天地相分到天人合一的变迁，对于理解古代文明演进过程中发生的种种现象有很大帮助，其对于上古史研究有一定启发意义。

① 学者的讨论主要集中在早期国家形态的演进上，如苏秉琦先生基于考古材料提出的古文化、古城古国、方国、帝国的线索，古史学界还有其他不同的讲法。

一、绝地天通与文明发生

中国文明之于西方文明,其特异之处在于政治在文明进程中起着相当重要的作用,政治很大程度上决定了这个文明的特质与方向。中国政治的发生,笔者以为是从绝地天通开始的,而文明的突破也可以以这个事件为起点。[①] 关于绝地天通的实质,《国语·楚语下》所载楚国观射父的解释大体上应该是可靠的,它解决的是民事与神事的分化问题,这个分化为民事的独立开展提供了可能,也为独立的政治演进创造了条件。

文明虽已发生,但文明的性格在颛顼氏时代并未完全确定下来,《尚书》独载尧以来,儒家特别重视尧舜之道,《论语》所见古帝王最早即为尧,说明这个文明性格的确立当是在尧时代。据观射父的叙述,尧时代同样有一次厘定民事与神事的行为,也就是说,颛顼氏首先分离了民事与神事,但这个成果并未得到有效巩固,所以又发生了三苗乱德之事。具体的过程,难以详知,但可以确定的是,文明的发生与其性格的确立都与宇宙论联系在一起。并且,可以认为,文明性格的确立具有巩固文明成果的意义。也就是说,尚文的文明特性,对于先民倾精力于神事具有抵制效应。一个质朴的人,其对于宗教的偏好,往往会重于追求人间文化的人。举个简单的例子,古希腊服装清一色的白色长袍(chiton),某种程度上是与他们好神敬神联系在一起的。而中国古代的服装,华美的纹饰颜色,则与他们偏好人间文化联系在一起。尧时代发展起来的崇尚文道的文化,应当是有意识的创造,或者说,先民在宗教问题上已经意识到,发展人间文化是对于偏好神事倾向的最好的抵制。

就早期文明的演进而言,人在宇宙中的地位,并不像后来人认为的人生天

① Mircea Eliade(埃利亚德)指出,根据许多传统,在神话时代,所有人(原词用 men)都有飞行的能力,所有人都可以上天。见其 *Shamanism:Archaic Techniques of Ecstasy*(《萨满主义:古代的神游技艺》),Princeton:Princeton University Press(普林斯顿大学出版社),1972 年,第 478 页。中国上古的绝地天通也可以放在这个大的背景中去观察。

地之中,可以有独立于天地并参天地之化育的能力。在绝地天通的框架中,人属于地,地事与民事具有同一性。笔者以为,甲骨文中商人以河、岳为祖先,是这种框架中的观念。而天子的观念,则是希望合天地为一的认识。商王武丁曾用过天子之号,《易经·大有》九三爻辞有"公用享于天子",这个天子,笔者理解指的即是商王武丁。[①] 也就是说,尧以来的政治宇宙观从武丁时代又开始发生变化。[②] 我们知道甲骨文中有东室、南室、西室、中室、大室等名称,研究明堂的学者已指出,这应该是类似《礼记·月令》五室明堂结构的建筑,五室中南室最为常见,这与明堂中南方之室名为明堂也是相应的。这意味着,商代武丁时期,作为祖庙的五室建筑已经具备了后来明堂的功能。明堂本为祭天之所,在国之南;五室建筑为祖庙,武丁为天子;五室中南室最为重要,后人名之为明堂,据此,甲骨文中的告于南室即相当于告于天。[③]

如所周知,后世有天地人三才的观念,这个观念是与中的观念的出现联系在一起的。春秋时代人讲,人得天地之中而生(成十三年《左传》),也就是说,人已不再是依附于地的存在,有了独立的地位。而中的观念,按《论语·尧曰》首章的讲法,是从尧开始的,尧传舜,舜又传禹。后人谈道统,将中理解为所传之道。清华简《保训》提到前王传保,其保应就是后面论说的中。《大戴礼记·虞戴德》有"德保"的概念,《保训》之中,其实也是一种德。这种德帮助上甲微打败有易,笔者以前不太理解中德何以可以助战,现在将其置于宇宙论框架中,就比较容易理解。[④] 中当是指一种神秘的能力,这种能力特指的是沟通天地上下的能力。甲骨文中"余一人"出现的语境中,常有"自上下"的文辞,其中暗含的实际是余一人具有沟通上下的能力的意思。余一人是古帝王的另一种称呼。尧舜禹的传中,同时又是余一人地位的传承。在绝地天通的框架中,能够合法沟

① 关于大有卦爻辞的解释,参拙著《周易新解:萨满主义的视角》,杭州:浙江大学出版社 2015 年版。

② 这个变化应该从夏禹开始,而盘庚据墨家讲,与禹道近似,武丁的天子之号的来历当如此理解。

③ 关于明堂的讨论,参拙文《明堂考论:以上古宗教、宇宙论的变迁为背景》,载《浙大史学精粹》(中国古代史卷),杭州:浙江大学出版社 2013 年版。已收入本书。

④ 笔者对于《保训》的解读,参《清华简〈保训〉浅识》,该文系提交给清华大学"出土文献与中国古代文明国际学术研讨会"(2013 年 6 月 17—18 日)的论文,收入会议论文集《出土文献与中国古代文明——李学勤先生八十寿诞纪念论文集》,上海:中西书局 2016 年版。

通上下的只有这个余一人。后来中道的理念的最初意涵，应该就是协调天地上下民神两极而求其中。这样理解对于理解《保训》中的神秘能力有帮助，上甲微获得中德，具有了沟通上下的能力，其打败有易就是情理之中的事情了。《保训》中上甲微的中德来自其祖先河，儒家所言之中在尧舜禹之间传递，也就是说，中是人之德，或来自祖先，或来自先王，其与巫师的沟通天地能力的来源（明神降之）并不相同；后来民得天地之中以生的观念，应该是从上古流传下来的。只不过，上古有中德的人只有一人，而到了春秋时期，这个认识扩及整个人群。其时，中的内涵与上古也不完全相同，已经发生人文化哲学化的转变，中相当于性（《中庸》“喜怒哀乐之未发，谓之中”），而人性概念的提出，意味着人的自觉。

尧传中，与尧重新厘定民事神事是相应的，在天地混融的状态下本无所谓中德，中德存在的前提是天地不通，民神分离，这样中德才有意义。中德的传承即意味着政治权力的传承，这支持了政治的发生是与天地分离的宇宙观联系在一起的判断。这里有一个问题值得注意，中德的意义并不意味着人间的政治是与天道混合在一起的，从上甲微的例子看，中德的获得带有偶发性，如果没有与有易的战争，上甲微不一定会假中于河，而事情结束后，他又归中于河，尽管笔者从告祖的角度来理解归中，但其间未必没有归还的意思。也就是说，对于政治领袖来说，是否自始至终都能保有中德，是一个问题。那样意味着政治领袖始终是一个沟通天地的角色，是一个巫，这未必符合古代的实际。沟通天地应该只是在情势危急的情况下偶尔用之，这是《保训》给我们提供的新认识。而政治领袖欲时时假天命为说，就需要使自己成为天子，使天地重合。

天子名号至迟在西周已正式使用，这个使用喻示着天地重新结合在一起，民事与神事再次结合在一起。但这次结合，是在尧以来的文明发展了一千年之后发生的，孔子讲“郁郁乎文哉，吾从周”，西周的人间文化，已有了相当程度的发展，此时的结合，并不会导致文明的衰退。事实上，经过商后期的宗教斗争，巫师阶层作为从事神事的主要力量，受到了沉重打击，在西周，他们已不可能左右文明的方向。相反，与天的结合，对于宣扬文明的天命背景、促进尚德文明的发展是有帮助的。后来儒家的天降伦常的观念，就是借助天命来维护社会秩序。并且，西周以后宇宙观的改变，也没有影响到上古以来政治不涉天道的大原则，政治秉持中道的精神并没有改变，这是由古代宇宙观孕育的精神价值。

而从字面意思上看，中与正是相通的，此点笔者已有讨论，[①]此略。子产讲的"天道远，人道迩"，荀子讲的"天行有常，不为尧存，不为桀亡"，都是对于政治的理性看法，这种认识所秉承的是绝地天通以来的对于政治的一贯认识。以后的世代，除了汉代是以楚文化为基础建立的，巫数之术又影响及政治（某种程度上又是一次苗黎乱德），其他时代，政治大多是独立于天道而展开的，理性的政治人物都有意识地排斥或禁止图谶、天文之学。独立的天道之学，由巫术又衍生出数术，虽有时参与到政治中，但对于政治的主体已无决定性的影响。天道主要用于阐述基于人道所发展出的文明教化的神圣性，在意识形态的层面上服务于社会。

宇宙观中的天地分离，对于文明发生发展具有关键意义，但当文明发展到一定程度，自身具有了不可颠覆的力量后，宇宙观的改变又为文明的进一步发展提供了助力。

二、宇宙观的变迁与巫统与血统的分合

宇宙观的变迁，除了对早期政治发生发展起着关键性作用，对于古代信仰的变迁也有很大的影响，这主要体现在古代萨满主义特质的宗教中巫统与血统两系的分合上。[②]

关于古代文化中的萨满主义的特质，张光直先生有很多具体的研究，笔者在其基础上，接受萨满主义研究中承认存在巫统与血统分疏的观点，对古代中国的历史文化进行了若干新的考察。笔者以为，这个分疏对于认识中国文明的特质有重要价值。这个分疏与再结合与宇宙观的变迁也是联系在一起的。

简单地讲，巫统文化以自然崇拜为核心，血统文化以祖先崇拜为核心。巫

---

① 参拙著《斯文及其转型研究》第一章，杭州：浙江大学出版社2012年版。

② 萨满主义文化中存在巫统、血统的分疏，不限于中国境内，据埃利亚德所述，Yukagir、Koryak、Chukchee等部族也有所谓"家萨满"的存在（前揭书第246—247页），这意味着这些地方的萨满主义文化中也存在巫统、血统的问题。

统文化强调巫师的超能力，这种文化具有宰制性的特征；而血统文化强调对于祖先以及神明的孝顺。后世中国文明的主要价值在血统文化中养成，文明进展的重要阶段则与巫统文化有很大关联，古代中国文明是由这两种文化精神共同铸成的。但在古代历史长河中，这两种文化并非齐头并进，而是交替发挥主要影响，尤其是在文明的早期阶段，在文明性格的养成阶段。

在先民的早期阶段，并不存在萨满，也不存在巫统与血统的分疏，萨满主义文化本是先民文化发展到一定阶段后的产物，有了对宇宙的基本认识，比如有了弥漫式的宇宙观之后才有可能出现。而巫统、血统的发生应该更晚。绝地天通是对弥漫式宇宙观的一次否定，弥漫式的宇宙观，天地一体，绝地天通则是要限制基于此宇宙观而出现的无节制的通天、无节制的事神。当然，绝地天通本身并不彻底，毕竟政治领袖在必要的时候还可以通天。[①] 限制通天，是针对大巫的。观射父讲的绝地天通前的九黎乱德导致的家为巫史，其家应该是以部族为基础，那个时代社会还不可能以小家庭为单元。每一个部族都会有自己的大巫，绝地天通迫使这些大巫向所谓家萨满转变。所谓巫统、血统之分，与这个事件当有关联。也就是说，血统文化最早是从统一的萨满主义文化中分化出来的。笔者考察古代传说，在巫统的方位帝中，北方也有两位，一是玄冥，一是禺强，[②]这种分化对应的是权力的分化，这其实就是早期萨满主义中巫师自身的分化，而其中玄冥应就是最早的家萨满。

从历史发展的一般规律看，血统文化在绝地天通之初，其势力还不可能很大，唯其如此，才有了尧前的三苗乱德。但这种文化发展到商周之际时，其势力已经有了相当的根基，而巫统文化的势力则被进一步削弱。据笔者对于《易经》的解读，损卦、艮卦是限制巫师活动的卦，所谓三人行则损一人，一人行则得其友，是对巫师行使巫术人数的限制；而巫师擅长的通神之术，也受到了限制。西

① 按照东西异制的观念，早期东方绝地天通，不存在通天的问题，只是他们在必要时，别有通天的方法，祖先宾于帝是一种，前文讨论的假中也是一种。关于甲骨文的带缀旒的“中”字，论者多谓是测风向用，不一定准确，缀旒指示风在“中”上，风者，凤也，本为天使，天使在“中”，意味着可以与天帝交往。当然，这种交往并不见真实的凤鸟，而当是以某种神秘的形式进行的。风(凤)在中，当即后来神秘主义文本“中之衷”的原初背景。

② 关于上古北方存在两位方位帝的认识，参拙著《巫统、血统与古帝传说》上编《五帝构成论》，杭州：浙江古籍出版社 2010 年版。

周以后,除了汉代又一次的苗黎乱德,巫师很少能在政治舞台上显其神通了。尽管西周将天地重新结合在一起,但此时的结合的基础已经发生了变化,不再是依靠巫师的神媒沟通天命,而是依赖人自身的德行获得天命。天命不再依靠与天的沟通,而取决于自身的修为。如果说文明突破前的天地融合是以天为主要方面,西周以后的天地融合则是以地、以人为主要方面。这在某种意义上可以认为是血统文化对巫统文化的融合。

与此分合相关的一个问题是天神名称由帝向天的转变。如所周知,甲骨文中的帝具有很大的权威,但在西周的文化中,帝的权威对人事的影响要淡薄得多,相反,天更多地出现在人们对于至上力量的诉求话语中。天与帝的区别,前人多有论说。笔者以为帝是天之力量的集中表现,是承认天界对于人有较大影响力而运用的一个概念。古人有三天之说,《楚帛书》有"三天"一词,汉人则谓日月星为三天(《太平经·和三气兴帝王法》),帝字构形正如将三条光线集中于一束,光是智慧的象征,准此,帝就是天之智慧力量的集中体现;而天则是对于至上力量的泛称,这个名称体现的是人对于天界的疏离感,或者说,天帝频繁介入人间事务的状况发生了变化。笔者判断,帝应该是巫统文化塑造出的至上神之名,前文引《易经》讲限制巫师活动,提到三人行与一人行,三人对应的是三天,一人对应的就是帝。商后期巫统、血统两派发生激烈冲突,商王自己也称帝。[①] 天当是血统文化使用的至上之神的名称。从帝到天的转变,其实是在血统文化居于主导地位的情况下,人的凸显自身力量的诉求在宗教上的体现,反映的正是血统文化融合巫统文化的历史变迁。[②] 到春秋时期,天成了可知可言的人格化的存在,这应该是帝淡出之后人们习惯于用天来标识至上神的结果。

除至上的信仰对象名称的变化外,在现实中则是不同群体社会地位的变迁。这主要体现在女性地位的衰落。就性别与巫统、血统的对应关系看,女性

---

① 关于商后期的宗教斗争,参拙著《从巫术到数术:上古信仰的历史嬗变》第一章,济南:山东人民出版社2008年版。

② 天、帝之于血统、巫统的这种对应关系,本质上是重视道德德性还是理智德性的问题,详参拙文《小体向道》,已收入本书。

对应于巫统，男性对应于血统。[①] 祖宗崇拜的对象以男性为主。在巫统血统力量相对平衡的时期，女性的社会地位、女性祖先在宗教祭祀中的地位与男性相比，并无太大悬殊。商代甲骨文中对于妣的祭祀就是很好的例子，《易经·小过》有"过其祖，遇其妣"的爻辞，很显然妣的地位是相当高的；而从甲骨文看，女性在商代是参与政治的，《易经》中也有反映。这些材料说明，在西周以前，女性的社会地位是很高的，绝非西周以后所可比。《易经·大过》有一爻辞讲"枯杨生华，老妇得其士夫"，所谓"老妇得其士夫"，应该是有利于女性的一种婚姻形态。按笔者理解，这应该是西周初的事情，而周初的很多措施是对于商后期的政治社会发展的反动，"老妇得其士夫"是对前面"老夫得其女妻"的反动，也就是说，在早期社会中，女性在婚姻中并不居于弱势地位。而这种地位，应该是与巫统文化对社会的影响还比较大，而在此文化中女性更有优势的地位联系在一起的。从婚姻形态的角度看，如所周知，简狄生契、姜嫄生稷，一般解释为母系社会知母而不知父的结果，其实，除了母系社会外，还有其他可以产生知母而不知父的解释，比如在具有对偶性的族外群婚中，分居状态的男女互为配偶的婚姻形式也可以出现知母不知父的情况。只有这种婚姻形态，才有可能出现有利于女性的婚姻规则。[②]

西周以后，女性地位渐趋衰落，无论是在家庭还是在社会，包括政治舞台上。这种性别相对位置的变化，对应的就是巫统文化与血统文化的势力消长。因为巫统文化的衰落，其被逐渐融入血统文化，女性的地位也开始衰落，尽管周初曾有利于女性的婚姻，但那是革命带来的很短暂社会历史现象，长期看，女性逐渐成为依附于男性的社会群体。当然，这里并无否定经济生产方式变化对性别地位的变迁的影响作用的意思，但文化对于再分配的影响作用同样不应否定，尤其是在上古时期。

---

① 埃利亚德曾提到，新几内亚东面的 Dobu，巫术礼仪者与神游者的结构性差异默认的是基于性别的分界。见前揭其著第 363 页。

② 关于商周之际女性地位的讨论，详参拙文《〈周易〉所见商周之际的女性与婚姻》，见拙著《周易新解：萨满主义的视角》附录五，杭州：浙江大学出版社 2016 年版。

三、宇宙观的变迁与中国早期学术

中国学术与中国古代的宇宙观有密切关系，钱穆先生晚年论中国学术，认为其最大的价值在于天人合一。学者就此展开热烈讨论。① 天人合一是宇宙观问题，中国学术中贯彻了这种精神，宇宙论与中国学术有莫大关联，应无疑义。

然天人合一只是古代宇宙观之一种，还有一种与之相对的即天人相分。天人相分与绝地天通联系在一起，并且在早期文明中，这种宇宙观应居于主导地位；天人合一与天地融合联系在一起，其占据主流当是西周以来的事情。

宇宙观之于中国学术的影响，有诸多表现，首先一点，笔者以为在于其延缓了统一的自然观念的形成。在天地相分的框架中，天与地无法构成一个完整的自然。统一的自然观念的出现，目前所知，要到春秋时代。《老子》讲"人法地、地法天、天法道、道法自然"，这个表述序列中人与地联系在一起，这是天地相分框架下的认知。所谓地法天，笔者以为可以从数术文献中的相关概念看出来。睡虎地秦简《日书》甲种"土忌"中，有"地杓""招摇合日"的概念，这两个概念明显是法天的结果，地杓当是与天之北斗相应的，招摇也是天星的名称。《日书》是广义上的宗教文献，其时代就目前关于古代的知识看，都是战国时期出现的。地法天的表述，当是宗教哲学化的结果。不过，地法天倒是反映了地本具有其独立性，并不由天包含。

这里有一个问题，《老子》的表述中天地之于自然有远近关系的差异，并没有说天地都是自然，无所谓谁法谁的问题。笔者理解应该是宇宙观的变迁造成的认知结果。在天地相分的框架，地上虽然也有祭祀神明之事，但那个祭祀是为政治服务的，与可以向哲学转化的宗教之学当有不同。前举《日书》中的概

① 一般讨论的天人合一，应当分为天人一与天人合一两种模式。笔者另有阐述，此不展开，还是笼统地称为天人合一。

念,应是效仿天为地塑造神性而生的,应该是宗教意义上的地法天,经哲学化而有《老子》的叙述。具有至上特征的宗教与天联系在一起,所以当宗教向哲学转化,天与道的关系更近,天法道应该是指这个意思。自然概念的出现应该是天地重合之后,由于地的加入而出现的。当人的自主意识逐渐增强,意识到人得天地之中而生,人独立于天地而存在,并且可以参天地之化育,事实上需要一个更高的概念来描述与人相对的存在,"自然"应运而生。《老子》的表述省去中间环节,就是人效法自然。

"自然"概念的晚出,笔者以为,直接导致了中国古代自然哲学的不发达,某种程度上影响了中国古代所谓科学的性格,影响了中国古代自然之学的逻辑化。现在讨论古代自然哲学,离不开阴阳五行,而古代论述阴阳五行的文献,则不外于巫、数之书。这在某种程度上决定了中国早期科学,长期是与巫、数之术伴生。①

就具体学科看,古代地理之学明显落后于天文之学,应是与宇宙观联系在一起的。《山海经》虽然时代很早,但《山海经》与其说是地理之书,不如说是早期政书,古人将其与《禹贡》相提并论,是有道理的。《禹贡》首先是政书,然后才是今天意义上的地理之书。政治本于地,故早期政治会关注于人群的地理分布,也才有了《山海经》《禹贡》这样的书,但其所探求的并非地之理,与科学意义上的地理学还有不同,也许可以说是政治经济地理或人文地理。科学意义上的地理之学当是在赋予了大地以内在之理的观念之后出现的,②而这应该是在地

---

① 老子讲的"自然",强调的是精神上的自在独立,但其将天地人道合一,最终以自然为法,说明他看到了完整的自然存在。只是他关切的侧面与自然科学所关注的侧面不同。老子哲学同样是人性文明中人之精神觉醒的哲学表达,正是因为人性文明的总体精神取向,决定了先民观察自然界的取向,即从为人服务的角度去理解自然的统一,而忽略了自然界本身所具有的内在精神。对后者的探求通向现代科学,中国古人则发展为以民生日用、吉凶祸福为取向的学术形态,巫、数之学只是这种自然之学的一个组成部分,中医、农学等学科都有很多阴阳五行的内容。"自然"概念晚出,是天地分离的结果,其对自然之学的真正影响表现在,其前已经形成了关于天、地的分别的认知,这种基于直接观察所获得的分别认知,对形成统一的自然理性构成阻碍作用。

② "地理"一词最早出现在春秋战国时期的著作中,参唐锡仁、杨文衡主编:《中国科学技术史:地学卷》,北京:科学出版社 2000 年版,第 172 页。

法天后产生的,也就是说应该是在天地重合之后出现的。①

与自然之学发展迟缓相比,中国古代的人文之学因为天人相分的宇宙观,起步发展比较早。前面曾提到,尧时代的人间文化的发展,是与天人相分联系在一起的。人间文化主要表现为礼乐文化。中国古代礼乐文化之发达,在众多古文明中,可谓一枝独秀。礼乐文明是为人服务的,所以中国古代人的意识觉醒也比较早。《易经·比》中已经有了"比非人,凶"的爻辞,所谓非人,就是不讲礼的人,所谓"人而无仪,胡不遄死"(《诗·鄘·相鼠》)。并且,在《易经》中已经有了德行根植于人心的叙述,这说明人的自我意识已经很强。《尚书》中则已经有了"节生(性)"的观念,与此当也是相应的。人得天地之中的意识是与人的独立意识联系在一起的。这些文化观念的发展,笔者以为都与天地相分的框架联系在一起,这种宇宙论框架使人较早地与神保持一个理性的距离,对于神的意义也有理性的认识。

不过,进入西周以后,人的自我意识的觉醒步伐减慢了,笔者以为与宇宙观的变迁有很大关联。虽然原先的认识得到保留,但发展却很缓慢,一直到孟子才出现了仁义礼智根于心的认识。也就是说,天人合一的认识,某种意义上不利于人的自我意识的成长,不利于主体性的张扬。虽然西周人的天命观是以德为基础的,但既然承认天命的存在,对宗教进行祛魅就很难,人的独立性意识的发展便有困难。命定论是对人的自主意识发展的最大障碍。当然,我们不否认社会经济形态对于人的自主意识发展有基础性意义,但作为一种意识,自主意识首先是与社会文化观念联系在一起的。

孔子曾提出"天下一人"的主张(《礼记·表记》),这是儒家突破贵族社会的思想框架,在对人的认识上的一大贡献。这个观念强调的是人人都能成为人,而所成之人应是儒家关注的社会性的具有文化教养的人,并非自然人。孔子有教无类,就是希望帮助没有权利接受教育的人成为人。孟子讲仁政,则是希望为人人成为人提供一个基础性保障。而成人则是自己的事情,因为人固有四端,皆有成

① 其所以将认识地理的诉求判定为天地重合之后才会发生,是因为绝地天通框架下,人们对地的认识主要在生产上,其所形成的认知表现为具体的经验,而不会向形而上方向发展。相反,对天的认知,因为其本身带有精神活动的特征,其更容易激发对于理的追求。理本义是理玉,原先用于献祭神灵,从神灵喜欢理,很容易引申出理具有价值,并进而激发对理的探求。经验有助于理智成长,但对追求理性则会构成屏蔽作用。理之概念运用于地,应该比较晚。

圣的基础。但这种极具前瞻性的认识,在中国古代始终未得到充分发展,笔者理解为同样与天人合一的宇宙观联系在一起,尤其是经历了汉代的苗黎乱德。

中国早期学术还有一个现象,笔者以为也与宇宙论有关,即数术之学的兴起。数术源于巫术,并且主要在四夷发展起来,经过汉代的大发展,成为中国古代学术的重要组成部分。这种学术也以天人合一的宇宙观为背景。天人相分的宇宙观下,发展的主要是与人相关的礼学,①以及以礼学为基础的诸子百家之学。数术之学之所以在汉代大发展,应该是与汉代的宇宙观联系在一起。而传统礼学在汉代则几乎无发展,②从考古发现的实物看,西汉时代浙江地区的墓葬陪葬品犹有鼎盒等仿铜礼器组合,到了东汉,这种现象几乎消失,③这应该是与整个社会文化的变迁联系在一起的。而社会文化的变迁则与宇宙观的变迁有密切关系。与礼学衰退相应的就是数术之学的发展,《汉书·艺文志》数术略是一独立门类,可见西汉当时的学术面貌;东汉的数术文献较西汉有过之而无不及,只不过很多文献的名称没有能保留下来。④

四、宇宙观与华夷之辨

讨论古代宇宙观对于完整地认识中国历史与文化的重要性,还体现在对于

① 通常讲儒学也是天人合一论,但这个天并非真正的自然之天,而是"天形成人,与物斯理"(郭店简《语丛三》)意义上的天,是作为哲学、宗教信仰意义的天。这里严格讲应该是天人一,当然,其本以天人可以相通的宇宙观为背景。这里之所以讲礼学是基于天人相分的宇宙观,因为人一旦觉醒,其就会独立发展成人之学,就会意识到天自天,人自人,尽管在终极意义上他还会援引天,但实质上他已将天道推远,认为自己居天地之中,礼学应该是以此宇宙观为基础发展起来的。

② 西汉虽制礼,然始终不合周礼,至汉元帝始欲恢复古礼;王莽新朝欲复辟古制,结果天下大乱;东汉章帝时曹褒建言制礼,然不了了之。参向晋卫:《两汉时期的"制礼"运动》,《云南社会科学》2006年第3期。

③ 参刘波:《浙江地区西汉墓葬的分期》,《南方文物》2000年第1期;黎毓馨:《浙江两汉墓葬的发展轨迹》,《东方博物》第九辑,2003年。

④ 《汉志》数术略记录了一百零九家(中华书局标点本作"百九十家",衍"十"字),两千五百多卷书;东汉时代的数术典籍数量不明,据裴松之《三国志注》所引《(管)辂别传》,言其时"术数有百数十家,其书有数千卷"(中华书局标点本《三国志》第827页),数量较《汉志》有增加,具体情况难以详知。

华夷文化的认识上。有一点必须指出，这里谈的不是从天地相分到天人合一的问题，而是华夏的以天地相分为基本宇宙观，后来天人合一也成了其基本宇宙观，四夷文化则主要以天人合一的宇宙观为基础，两种文化存在着宇宙观上的差异。

早期宇宙观的突破并不具有普遍性，应该只是某一个族群首先实现了突破，然后成为主流的宇宙观，并奠定后来中国文明的基础。这个族群并没有也不可能要求其他族群都采用这个宇宙观。基于不同宇宙观生发出的文明，就形成了所谓华夏与四夷的区分。中国文明的演进，无论是早期，还是后期，始终存在华夷的交融。某种意义上可以认为，中华的历史与文明是由华夷共同塑造的，是两种宇宙观共同作用的产物。

早期历史中，观射父讲有两次苗黎乱德，笔者以为，进入有文字记录的历史后，依然有苗黎乱德现象，即通常认为奠定了汉文化基础的汉代。以后的中国历史中，主要是北方族群对于华夏的侵犯，但北方族群常常是主动华化，乱德现象并不十分明显。这里有一个很有趣的问题值得讨论，为什么南方文化会对中原造成所谓乱德，而北方则大多主动接受华夏文明。这或许与华夏文明的萨满主义基质原本是以北方的观念为基础有关，也就是说，华夏文明是以北方的文化为基础发展起来的，而不是以南方文化为基础，所以北方的族群对于华夏文明会有推崇之心。而南方则因其地理环境的因素，难以改变其单一的萨满主义文化结构。古人言，“江南卑湿，丈夫早夭”，地理环境决定了男性对于南方文化的创造性贡献并不突出，所以其社会地位、其对于社会的影响力不如女性。前面曾提到，巫统、血统某种程度上与性别存在着对应关系，所以早期的南方始终未能实现宇宙观的突破。男性在北方社会中则居于主导地位，早期社会的状况虽不甚明晰，但宇宙观的突破确实是在北方首先实现的，在红山文化中可以找到比较明显的体现天地分离的证据，[①]而在早期方位帝模式中，出现权力分化的也是北方。尽管这可能与最高权力居于北极有关，但北方早期文明中出现的证

① 参拙著《从巫术到数术》第五章。

据也是不容忽略的。[①] 南北方本是不同的文化，当南方文化流行时，自然会有乱德之事。

南方文化，笔者曾讨论吴越的单一的萨满主义文化的基质所孕育的文化，[②]早期的良渚，后来的吴越国文明，都具有对于某种价值的片面追求的问题。良渚事神，吴越尚武，都属于巫统文化的范畴，这与北方表现的民神并重、文武并重是不同的。在良渚，看不到类似颛顼绝地天通所带来的宇宙观的变化的证据，相反，基本是天地一体的特征。[③] 良渚一度十分强大，其范围曾向长江以北扩散，学者指出陶寺遗址中有良渚文化的影响，[④]从年代上看，大致相当于尧之前的时代。良渚也是南方，其向北扩散，是否形成了苗黎乱德，值得关注。尧之前的南方文化，还有屈家岭、石家河文化，同样很发达，其向北扩散的问题也很值得关注。[⑤] 至于汉代的苗黎乱德，从东周南方楚文化的发达，是不难推想南方的影响力的，当南方人执掌政权，出现乱德现象并不奇怪。

在关于萨满主义的讨论中，传统的认识以为其流行地域主要是在北方，随着研究的深入，始有学者提出南方像印度、希腊等地都存在萨满主义特质的文化。[⑥] 南北萨满主义的差异，笔者谫陋，少见有学者讨论。中国的南北文化基质

① 前述巫师中的玄冥与禺强的分化，在红山文化中可以找到一些痕迹，而这种痕迹在年代更早的北方就存在，也就是说，绝地天通前，北方民族就已经存在人神分离。这个北方民族应该就是通古斯人。后来的女真族建立的金，以及清，都是这个族源。而这两个族群又都好儒，这当与他们在文化上与中华具有同源性有关。

② 参拙文《萨满主义与吴越文化：理解吴越的一种方式》，《浙江社会科学》2013 年第 2 期。已收入本书。

③ 埃利亚德在论述 South Borneo 的 Ngadju Dyak 的宇宙观念时，提到了其一个特别的概念，尽管他们知道上面与下面的世界，但他们不认为自己的世界是第三个世界，而是上下两个世界的总和。见前揭其著第 284 页。这个宇宙观与良渚文化的宇宙观有相似之处。汉代董仲舒提出天人相应的模式，也是天地一体观念的体现，其当是合天地的结果，本身也合乎南方文化的内容。

④ 参朱乃诚：《良渚的蛇纹陶片和陶寺的彩绘龙盘——兼论良渚文化北上中原的性质》，《东南文化》1998 年第 2 期。

⑤ 参孟原召：《屈家岭文化的北渐》，《华夏考古》2011 年第 3 期；刘俊男：《石家河文化的北渐及其对豫中西地区的影响》，《中原文物》2013 年第 1 期。需要指出的是，长江中游的文化与下游的文化又有差异，还有待更具体深入的研究。

⑥ 参埃利亚德前揭书第 4—5 页。

的差异其实也可以置于全球背景中去讨论。[①]

中国上古宗教思想中，南方与北方确有差别，北方信仰对于所谓精气的概念运用广泛，这与通常讲的萨满主义弥漫式的宇宙观相吻合。南方则很少见到对于精气的关注，他们更关注灵的概念。[②] 精气是宇宙的基础，世间万物都得精气而生。灵则不具有这个意涵，灵强调的是对神性的关注。从这个概念的差异大致也可以看出南方与北方的文化基质的差异。[③] 强调神性显然是与单一的萨满主义相适应的，而对精气的重视凸显的则是对宇宙的完整把握。单一的萨满主义孕育的是同质的文化，而对宇宙的完整把握则为差异性的发现提供了可能。整体与差异的共存显然是中国文化的一大特色，从这个意义上讲，中国文化是以北方文化为基础形成的。

在后来的宗教文化发展中，南方依然保持了其特别之处。道教这个号称中国本土的宗教就是在南方形成的，并且是在一个以南方人为基础建立政权的时代即汉代出现的。研究者已经指出，道教的形成与原始巫教有很大关系，而汉代恰好是一个巫教盛行的时代，南方则又是巫教流行的地域。道教的教义核心是成仙，论者皆谓与早期方仙道有关。笔者以为这与单一的萨满主义属于相似的类型，[④]早期南方的墓葬，无论是悬棺墓还是土墩墓，一个共同的特点是往高处葬，而在萨满主义文化中神人是居于高处的。道教的成仙理想与早期南方文化之间恐怕也存在关联。从这个意义上讲，道教应该归到四夷宗教文化的范畴，而不属于华夏宗教。至于其对中国文化产生了很大的影响，并不难理解，历

---

① 据埃利亚德的叙述，北方与南方的萨满主义内容上的不同有些确实可以与中国联系起来，比如家萨满，其书中提到 Yukagir、Koryak、Chukchee 等部族都有存在（前揭书前 246－247 页），并且讲在 Yukagir 女性不可以充当家萨满。这些部族都属于北方。而其讨论印度尼西亚、大洋洲等地的萨满主义的宇宙观、神话，则强调了其女性的特征。这些内容上的差异在中国上古时期南北文化的差异中都存在。

② 这个差异置于南北萨满主义神学的差异背景中更容易理解，据埃利亚德所述，北方的萨满主义更强调萨满借助神灵的力量完成宗教行为，而南方凸显更多的是所谓神灵附体，即“possession”。尽管埃利亚德强调“possession”不要与萨满主义混淆（前揭书 346 页），但在笔者看来，南方的这种“possession”其实也是南方强调同一的体现，神灵与人的同一；北方虽强调萨满的神游能力，但人与神并未混淆，这或许是北方可以从神话时代走向文明时代、实现人神分离的基础。

③ 在《萨满主义与早期中国哲学中的神秘主义》（《学术月刊》2016 年第 9 期）中，笔者将南北神秘主义差异的基础诉诸阴精与阳精，灵应该就是阴精的结果，也是以精气为基础的。

④ 埃利亚德在讨论中国萨满主义时，注意到中国道教与印度尼西亚与波利尼西亚宗教文化中一些类似的现象，比如在神灵附体后自发的对萨满行为的模仿（前揭书第 456 页）。

史上的苗黎乱德于汉代再次上演，本身就说明这种文化在影响力方面并不缺乏。这种影响力，笔者理解就在于它对神的虔敬上，只不过它的神比较杂，从华夏文化的立场看，其会有过度事神即淫祀的问题。道教如此，早期南方的宗教亦如此。

曾有学者指出一个有趣现象，四大文明古国都在北回归线附近，在中国的南方，确实也发现了很早的考古学文化。四大文明古国只有中国延续下来，但所延续的中华文明并非南方人创造的，事实上中国早期的南方文明后来也中断了。某种意义上可以认为，北回归线附近最早出现的文明都中断了。对于中国吴越之地的文明，笔者分析其中断与其单一的萨满主义文化基质有关。整个中国文明之所以能延续下来，笔者以为是与北方文化的特性联系在一起的。但南方文化是否没有参与，本身也值得考虑。中国的地理环境使南北不同文化基质的人群很早就可以进行交流。古代传说中有一些很有意思的现象，说舜葬于苍梧、大禹葬于会稽，而颛顼则葬于北方。颛顼是南方人，舜、禹是北方人，为什么选择归宿时却跑到相反的方位。这也许可以从文化倾向上得到说明。颛顼是绝地天通的人，他的立场与南方文化不同，而与北方文化更契合。舜、禹，据笔者对上古文化特性变迁的判断，他们正是倾向于巫统文化的人，与南方文化特性契合，他们死后葬于南方，都可以找到解释。南北这种交流，在传统中国时代更加频繁，南方不断被华夏化。这种文化交流，使中国文化具有其他文明所不具有的韧性、包容与创新的特性，其能延续至今，并非没有基础。

综上所述，古代宇宙观及其变迁对于认识中国古代文明有重要意义，政治的发生，宗教的变迁，社会的发展，思想学术的变化，都可以与宇宙观的变迁建立起联系。中国南北文明的冲突与交融所引发的现象，也可以从宇宙观的角度得到解释。作为文明的基质，其对文明发生发展的影响，具有基础性的作用。

第三章　中国文明起源新论：思想史的视角

自现代考古学传入中国，文明起源的问题一直是考古学者的工作对象，古史工作者鲜能发表意见。这并不难理解，只有考古工作能为该问题的讨论提供材料，该问题的讨论成为他们的擅场，也是情理之中的事情。然就目前的文明起源研究工作看，其只能说明文明在中国发生的问题，却不能说明中国文明何时、如何发生的问题。文明在中国发生，比较容易判断，考古工作者早已确立了文明发生的标志物，城市、文字、青铜器、礼仪建筑等，只要发现这些遗存，大致就可以判断文明在中国已经发生了。但文明在中国发生，并不必然等于中国文明发生。这里有一个预设，即中国文明起源之后一直没有中断过，这样文明在中国发生就可以指向于中国文明的发生。考古工作通过器物类型的延续性，可以说明这个预设的成立，但这依然没有说清楚中国文明是如何发生的，因为世界各地的考古工作者界定文明发生的标志物大同小异。尽管中国学者强调礼仪建筑遗存在文明起源工作中的重要性，以显示文明的中国性，但其背后的真正能够界定文明特性的内涵并没有被揭示出来。这意味着，考古工作者虽为研究文明起源做了大量工作，提供了大量材料，对于重建中国上古史做出极大的贡献，然中国文明起源问题，还有很大的讨论空间。

中国文明作为人类文明的一支，有自身的特殊性，这个特殊性主要不是表现在具体器物上，比如西亚用红铜，古代中国用青铜，标识文明个性的主要在其精神价值。如所周知，文明有三个层面，物质的，社会组织的，精神的，按照摩尔根对早期人类经历蒙昧、野蛮、文明三阶段的划分，文明的主要指向是精神自觉。这意味着，要讨论中国文明起源，实际上是要找到能够体现中国文明精神自觉的最初的遗存。而这首先要界定什么是中国文明精神，然后才能去寻找体现这种精神自觉的遗存。本章标题特别强调思想史的视角，其意即在笔者与考古工作者在讨论文明起源问题关切点的不同，材料都是考古工作提供的，换个视角，或许能得出不同的认识。

一、中国文明的特性与精神

关于中国文明的特性与精神，学人有不少提法，农业文明、儒家文明、礼乐文明、人本或人性文明等等，[①]这些提法中，最准确的是人本文明的提法。除了发达的农业，中国古代手工业也很发达；除了儒家，道家对中国文明精神的影响也很大；礼乐为儒家所重，道家、法家都不重视礼乐；但人本文明是古代中国的共识，文明是服务于人的生存发展的，不论哪一家都这样看。

然人本文明本身需要进一步去界定，单纯讲人本文明会陷入与西方神本文明对照的窠臼，而无法真正认识到人本精神的全貌。另外一方面，人本文明当是好的文明，可中国文明史显示，中国文明史并不像想象的那样好，这也是需要深入反省的。鉴于本文的主题，这里只考察与中国文明起源相关的内容。

跟神本文明精神存在结构一样，人本文明精神也存在结构，只是二者表现形式不同。前者的精神以超越的形式存在，其传递到人世是由耶稣基督的死难与复活完成的。中国文明精神不具有超越性，尽管早期同样存在神，但这个神不超越于人，圣人可以与其交流。

中国文明精神的结构主要表现在它的二分性，因为是人本文明，而人天然具有性别二分格局，因此这种文明精神也具有二分性。一般认为，《老子》哲学具有女性特征，应该不是偶然的，而是人本文明精神二分性的具体体现，与之对照的儒家精神则是男性精神的体现。

① 人性文明是笔者对中国文明类型的概括，与古希腊理性文明对应，这里使用学界一般运用的人本文明。二者的差别在于，人本文明的提法没有注意到人性的二分性，没有注意到基于人性的道德是这个文明的主要精神价值追求。这是首先要说明的。

两种精神落实于人自身则是魂魄，魂之发扬为儒家精神，魄之安定则为道家精神。古人讲魂随气而变，魄随形而止，这是魂魄的自然特性，与建基于此二者的儒道精神不完全等同。此二者只是构成两种精神的人本基础，儒、道精神指向于文明建构，其境界高于魂魄的自然状态。

自然人的魂魄形成有先后之序，魄先魂后，从性别成熟的角度看，也是女性先于男性而成熟。从儒道精神的觉醒看，孔子问学老子，也指向于道家精神先觉醒，然后是儒家精神登场。这种先后觉醒之序，对于认识中国文明精神觉醒的过程有帮助。

从蒙昧到野蛮到文明，人本精神如何能够发生，这同样是必须讨论的。从根本上讲，人的精神是以社会生产为基础产生的，所谓存在决定意识，是唯物主义的基本纲领。基于这个基本立场，笔者认为，人本精神的产生与第一次社会大分工联系在一起，即农业与畜牧业的分离，在农业之外，有了新的社会财富的积累方式。

在早期文明阶段的考古发现中，随葬猪下颌骨是一个比较普遍的现象，笔者以为，猪下颌骨是财富的象征，其中所折射的是先民已经拥有了驯养猪的生产经验。这很容易让我们想到汉字的“家”。从文字结构上看，家与牢是同一类型，屋檐下有猪有牛，还有羊，从牛从羊，卜辞中都作为祭牲出现。有理由推想，“家”最初也是作为祭牲献给神的，只是后来有了社会组织的意义，就不再将其作为祭牲名词使用了。古代祭牲有太牢之说，所谓猪牛羊全备，具有类似的文字结构的也只有这三种动物，这有助于我们理解“家”之本义。[①]

这个判断对于认识人本精神的起源很有启发，意识的产生固然是在存在的基础上，但意识本身的出现，是以先塑造一个对照物的形式发生的，也就是神。西方学者有神庙是文明的中心的讲法，人类的文明精神首先是披着宗教的外衣呈现出来的，而精神自觉则需要文明的进一步发展。

将猪作为祭牲献给神，意味着文明觉醒的觉醒，其何以是指向人本文明则需要进一步阐释。这依然要结合具体的生产形式来说明。人类文明的精神具

① 研究伦理学的学者或认为“家”首先是祭祀共同体，如日本学者竹田纯郎在其《近代的光明与黑暗：“家”的衰落》（载陈少峰主编：《伦理学与文化》第一辑，郑州：河南人民出版社 1995 年版，第 23－34 页）中即曾指出这一点。从祭牲到祭祀共同体，其语义衍生是合乎逻辑的。

有理性的特征，这种理性的精神是在具体的生产实践中形成的，不同的生产形式产生具有不同的理性特征的精神。从事手工业生产与从事农业生产所获得的理性是不同的，前者更容易产生超越的神的意识，产生法的意识，后者则更重视顺应时令节气。从畜牧业生产中能产生什么精神呢？

从对放牧业的粗浅了解看，畜牧并不需要法，不需要顺应时令，通常是早晨带出去，晚上赶回家，其余时间，动物自己吃草，放牧人只是看着不让别人来偷抢牲口。这中间需要的理性意识不多，与道家哲学讲的无为很接近。与这种生产相关，放牧者有大量的闲暇，而这种闲暇也为精神的觉醒提供了可能。

放牧业处理的虽是动物成长问题，但对于人性自身的觉醒同样有促进作用。人有言语交流、结为群体的意识，动物也有；人繁殖后代，动物也繁殖后代，并且从生产的角度看，繁殖得越多越好。儒家讲仁民爱物，爱物的意识实际上是建立在人与物在一定层面上的同质性上的，所谓生之谓性。尽管孟子反诘告子牛之性犹羊之性，人之性亦犹是乎，书中没有给告子留下反驳的余地，但在众生平等的意义上，在皆为生命的层面上，人与动物确实是同质的。孟子与荀子所欲强调的是人与动物的区别性，这是强调构建社会的出发点的不同所致，其并不意味着人不可以从动物身上获得某种启示。人本文明的精神，其实是介于动物与神之间的形态，儒家强调的人禽之辨，是从伦理性的立场出发的，这与强调人本并无冲突。人之所以能脱离动物状态，也当是从放牧业中人对自身的反思中获得的，人只有在对动物的近距离的观察中，才能看到人与动物的区别。

道家老子讲复归，儒家也讲复性，复归或者复性，都是以人的天生完美为前提的，这个天生完美性认识的预设，也只有在与动物相比较的框架下才有可能成立。神是人自己塑造的，其根源应该就在畜牧业这样的生产实践中。当然，两种复归也有不同层面的问题，道家的复归是基于魄而生的精神状态，儒家复归基于魂而生的精神状态。这种层次性同样体现在文明精神觉醒的过程中。

二、红山牛河梁与文明精神的初醒

有祭祀意味着有了宗教精神，意味着有了文明意识，但这种文明意识未必算得上是中国文明精神的觉醒，中国的人本文明精神的觉醒需要在其基础上再次突破，这个突破就是人与神的分立。

有敬神意识不代表有中国文明，事实上孔子讲敬鬼神而远之，而这个观念背后是人本精神的彰显。早期考古发现的玉器中有很多动物（如红山文化、屈家岭文化），一般解释是萨满文化意识的体现。神弥漫地存在于世间，所谓万物有灵。这样的敬神意识显然不能算是人本文明意识，后世称此种敬神行为为淫祀。人本文明并不排斥承认世间弥漫着神灵，但人必须从这个弥漫着神灵的世间中挣脱出来，文明是以人为中心建构的，而不是弥漫着神灵的世间本身。人本文明的觉醒不是以告别彻底充满神灵而构建一神教的方式建立起来的，其不脱离这个充满神灵的世间，但高于这个神灵世界，并对这个神灵世界进行规约，从而构建既敬神而又以人本身为中心的文明。

笔者赞成张光直先生关于萨满主义基质的讲法，但反对将二者简单等同，讲中国文明有萨满主义的特质是对的，但说中国文明就是萨满主义文明是不对的。正是因为这样的关系，中国古代时常有淫祀之风的复苏，但结果又总是回到人本文明的轨道上。

中国文明精神的突破有一个标志性事件，就是屡屡为学者所谈到的颛顼氏绝地天通。绝地天通的实质一般认为就是观射父讲的人神分立，其问题意识是九黎乱德，家为巫史，说明其前已经有了宗教精神，但本身需要一次突破。这个时代，笔者理解，产生一神教的可能性很小，一神教是将世间的一切交给这个一神，这需要手工业的发达。前文讲，手工业生产具有法的意识，并且这个法贯通各个领域，与这种意识对应的就是为世间立法的一神，习惯称其为至上神，多神教是诸神各自立法。

按照对传说的梳理以及下文要谈到的颛顼与牛河梁的对应，绝地天通应该在五千年前。从考古发现看，当时的手工业还不是很发达，手工业的发达是在五千前到四千年前之间，快轮制陶，筑城，青铜器的出现，这些代表当时手工业水平的遗存，都在这个时期。这个时期也是传说中手工业代表的共工与古帝斗争最激烈的阶段，颛顼以前的古帝没有与共工斗争的传说，大禹之后的圣王也没有与共工斗争的传说，中国文明性格的酝酿与冲突就在这个时期。

传说讲共工与颛顼争为帝，说明当时手工业已有了一定积累，只是力量还很有限，不能按照他们的意识来决定文明的性格。而由他们的意识上升而成的一神教，也不可能在中国出现。尽管五百年后，中国文明迎来了龙山时代，而其时是手工业大发展的时期，但人本文明一经确立，其给世间带来的人性之光不是尚未获得理性突破的手工业精神所能战胜的，所以传说中的共工都是失败者，绝非偶然。从这中间可以看出，精神价值对于文明的引领作用不是简单的暴力所能抵挡的。

绝地天通所获得的人本意识的觉醒，是初步的觉醒，并且还依然披着宗教的外衣。所谓南正重司天以属神，北正黎司地以属民，习称的黎民当源于此。宗教框架上天地分离，人属于地，从人本精神发生的角度讲至关重要，没有与神的分离，人的自主意识建立不起来，根本上讲也就无所谓人本文明。但将人束缚于地，并与天隔绝，对于人性的进一步成长则形成障碍。一般讲，灵魂属天，形体属地，将人理解为属地，其精神指向层次一定不会高，《老子》书中讲对于民，要实其腹，虚其心，强其体，弱其智。后人认为是愚民。[①]

事实上，按照前文讨论的人本精神的二分性看，绝地天通所确立的人本精神是立足于魄的精神。基于魄的精神，前文讲其与女性联系一起。如此，绝地天通所获得人本精神的觉醒，首先是女性意识的觉醒。据论，闻一多先生曾有五帝皆为女性说，[②]现在看来，古帝的性别为女性的可能性不大，因为从野蛮时代过来，能够成为首领的恐怕大多为男性，但要说这些古帝的人本意识表现为

---

① 关于愚民，在今天中西文化的对照中，习作贬义理解。在中国早期哲学中，愚民不是坏事情，因为中国古人所谓的智与西方的理智不同，一直到今天为止，中国人所理解的智都是狭隘的谋求一己之福的知性能力，愚民的指向本是服务于共同体之治而提出的，并非是指向于故意让民愚昧无知，并且其中也包含了精神性，只是这种精神性在西方文化中找不到对应的东西。

② 闻一多：《〈高禖郊社祖庙通考〉跋》，《清华学报》十二卷三期。此据李衡眉：《古史传说中帝王的性别问题》，《历史研究》1994 年第 4 期。

女性精神则是有可能的，因为那个时代还没有基于魂之发扬而生的男性精神。人性的产生与发展不是天生的，它是基于社会生产与文明的进步而逐渐成长起来的。儒家哲学有“长性”的话题，人性本身也需要成长，对于整个文明来说，从历史看，其也需要一个过程。

基于这个判断，在考古遗存中有一个遗址特别符合这个人本精神突破节点的内涵，即红山文化的牛河梁遗址。

牛河梁有两样遗存值得特别关注，一是女神庙，一是方圆分立的祭祀坛。前者曾经轰动一时，苏秉琦先生据此断言中华有五千年文明史。不过到目前为止，考古工作者尚未真正阐释清楚女神庙对于中华文明的意义。按照前文论述，其意义是显而易见的，其意味着人本精神中女性精神的觉醒。将女性塑造为神，与后世将男性英雄塑造为神，本质是一样的，只是男性精神觉醒后，女性退居到文明的幕后，不再作为文明精神的标识。犹如习惯称中国文明为儒家文明，其实这是不全面的，道家同样重要，女性在中华文明历史进程中的作用同样重要。当然也没必要特别强调女性对于文明突破的贡献，女性精神先于男性精神觉醒，某种意义上是天定的，就是前文讲的，女性成熟早于男性，人本文明精神的觉醒次序同样遵循这个法则。

前文讲，人本精神的觉醒离不开人神分离的突破，牛河梁同样提供了可以反映绝地天通的遗存，即方圆分立的祭祀坛。天圆地方，人尽皆知。牛河梁的祭祀坛，方圆分立，意味着对天地的祭祀是分别进行的。后世祭天在国之南，祭地在国之北，所以《太史公自序》讲黎为北正，与南正重相对立，这是受后世礼制变化的影响所做的改动。牛河梁祭地与祭天都在遗址之南，火正与南正都是讲的南方，与其正吻合，这说明传说中确有真实素地。

传说关于颛顼的葬地有一种讲法很耐人寻味，《山海经·大荒北经》：“东北海之外，大荒之中，河水之间，附禺之山，帝颛顼与九嫔葬焉。”这个描述很容易令人将其与牛河梁联系起来。这个联想是否正确，还有待于更深入细致的考察，但这种可能性无法排除，因为红山文化并非是单一的考古学文化，而是与仰韶文化融合的结果。

三、玄　冥

牛河梁还有一样遗存也很值得关注，即北边距离女神庙不远的小丘上一位五十多岁男性的墓葬，其之所以值得关注，在于其墓中随葬了两只玉龟。这两只玉龟对于判断墓主的身份很重要。

葬于山丘顶，说明他的身份不同于常人。在萨满文化中，萨满死后葬于山顶，这位老者生前应是一位巫师。有了这个基本判断，玉龟对于进一步判定他的身份就有意义了。

据《山海经》记载，古代大巫师都有坐乘：

> 东方句芒，鸟身人面，乘两龙。（《海外东经》）
> 南方祝融，兽身人面，乘两龙。（《海外南经》）
> 西方蓐收，左耳有蛇，乘两龙。（《海外西经》）
> 北方禺强，人面鸟身，珥两青蛇，践两青蛇。（《海外北经》）

这里北方禺强与其他三方不同，不是乘两龙，而是践两青蛇。据红山文化考古报道，已经发现青蛇玉坠，这可与禺强联系起来。也就是说，《山海经》的这些记述曾是远古文化的实录，只是理解的时候要能透过表象看真实。这里的问题在于禺强为什么是践两青蛇，而不是乘两龙。

笔者判断，这是由北方的特殊性造成的。据笔者对五方配物规则的了解，北方都是配两位，五帝、五神、五色、四象等，北方都是两个。与这里的讨论相关的是四象，北方为玄武，是蛇龟合体，既然禺强践两青蛇，另外一位巫师玄冥就应该是践两青龟。如此，女神庙北边不远山丘上的老者当就是古代的玄冥。

这个身份的确定，对于将牛河梁确定为人本文明精神觉醒的地点，有了进一步的支撑。前文提到《老子》哲学带有女性哲学的特征，而今天的研究对于老子本人的认识，则指向于他是一位老者，“老”是一种身份，元老、三老都是，而他们讲的都是男性。为什么女性哲学由老年男性来表述，现在可以看得比较清楚，即前文讲的，人本文明精神具有二分性，其觉醒也有先后之别，女性精神最初是由男性来表述的。五帝虽有女性的特征，但他们依然是男性，这只是人本文明初始的表现。精神觉醒与被表述是两个问题，所谓思想，是要经过深入思考才能表述出来的，其本身需要的是理智能力。因此尽管女性精神先觉醒，但其却是由老年的男性即所谓智慧成熟的人来表述，并不奇怪。

牛河梁女神庙北边不远的这位老者，考古工作者理解为神庙的侍奉者，站在其墓葬位置，可以看到南边不远的女神庙。玄冥身份的推定，更可以将其界定为最早的老子哲学精神的觉醒者，玄与冥对于老子哲学来说是重要的概念及观念：玄之又玄，众妙之门，讲玄；恍兮惚兮，惚兮恍兮，讲冥。这是文明突破之初，先民对于存在所获得的不清晰的认识。准此，中国人本文明精神，五千年前在牛河梁确实取得了突破，先民获得了在魄的基础上的人性自觉。

《老子》书中关于文明的一些论述，与五千年前的文明水平也很吻合，比如第八十章：

> 小国寡民，使有什伯之器而不用，使民重死而不远徙。虽有舟舆，无所乘之；虽有甲兵，无所陈之；使人复结绳而用之。甘其食，美其服，安其居，乐其俗。邻国相望，鸡犬之声相闻，民至老死不相往来。

这里提到小国，五千年前，中华大地上已经有了城，如郑州西山，但很小，相当于一个足球场的面积，确实是小国。这里又提到结绳记事，五千年前还没有文字，但先民已经有了保存记忆的意识，只能结绳而记。文明初醒，告别野蛮不久，所以其主张老死不相往来。将其置于五千年前看，其反对野蛮战争的意识是很强烈的，其背后则是强烈的人本文明精神，只是其还不知道如何去往来而不发生战争。

问题到这里并没有结束，前文提到红山文化是融合的结果，颛顼氏有可能即是在与红山的融合中实施了绝地天通，从而使人本精神逐渐成长起来。从红山文化以及传说资料看，绝地天通是向红山人学习的结果。玄冥的墓葬不仅仅见于牛河梁，向北更远的胡头沟也有发现，红山文化遗址位置越北，年代越早，说明玄冥与禺强的分立，在绝地天通前就存在于红山文化中。而昭二十九年《左传》记蔡墨论五祀，提到少昊氏四叔实能金木及水：

> 少昊氏有四叔，曰重，曰该，曰修，曰熙，实能金、木及水。使重为句芒，该为蓐收，修及熙为玄冥，……颛顼氏有子曰犁，为祝融；共工氏有子曰句龙，为后土，此其二祀也。

这里“修及熙为玄冥”，以两人配北方，意味着少昊氏时代对于北方的玄冥与禺强的分立已有所了解，颛顼氏的北上，似乎是固其所求。

前文提到人本文明精神觉醒的产业基础是畜牧业，这里将这种精神的源头追溯到来自北方的族群，二者正相契合。北方族群畜牧业发达，人本意识最初从他们那里生发，是合乎情理的。

李济先生论中华文明源头时曾讲过一段令人遐想的话：

> 治中国古代史的学者，……大概都已感觉到，中国人应该多多注意北方，……忽略了历史的北方，我们的民族及文化的原始，仍沉没在“漆黑一团”的混沌境界。两千年来中国的史学家，上了秦始皇的一个大当，以为中国的文化及民族都是长城以南的事情。这是一件大大的错误，我们应该觉悟了。我们更老的老家——民族的兼文化的——除了中国本土以外，并在满洲、内蒙古、蒙古以及西伯利亚一带，这些都是中华民族的列祖列宗栖息坐卧的地方。到了秦始皇筑长城，才把这些地方永远断送给“异族”了。因此，现代人读到“相土烈烈，海外有截”一类的古史，反觉得新鲜，是出乎意料以外的事了。[①]

从人本文明的角度看中华文明的起源，李先生的这段话是很值得重视的。

---

① 李济：《记小屯出土之青铜器》中篇后记，载《台湾大学文史哲学报》，1953年，此据李光谟编《李济学术文化随笔》所收之《上了秦始皇的一个大当》，北京：中国青年出版社2000年版。

四、陶寺与儒家精神的觉醒

人本精神的初步觉醒所指向的文明状态，并不能适应文明发展的内在需求。前引《老子》第八十章对于交往的排斥，已足以说明这一点。文明本身向前发展，交往一定是日益频繁的。从这个意义上讲，人本文明精神本身在文明的成长过程中需要进一步觉醒。

从考古学上看，五千年前到四千年前，中华大地上不同地域文明之间的交往日趋扩大，考古学者用相互作用圈来描述不同文明之间的交往。在这个时期，实际上已经不只是相互作用圈的问题，龙山时代的出现，意味着不同地域的文明正在走向一个整体，这个整体性在器物层面上已明显呈现出来。

交往的频繁与扩大，必然呼唤文明交往规则的建构，野蛮无法构建文明，人性初步觉醒所指向的自我保护及其对交往的恐惧与排斥，同样无法服务于建构更高层次的文明。前文提到，这个时期共工与古帝的频繁冲突，基于手工业的工正型文明精神依然在寻求获得对于文明建构的主导地位，但结果都失败了，因为其还达不到理性。此时所需要的是如何将已经觉醒的人性精神进一步发展，以服务于交往的扩大，服务于具有整体性的共同体的建构。

据观射父论绝地天通，在尧之前还有一次三苗乱德，尧再次匡正了天地格局。三苗乱德，犹如九黎乱德刺激了绝地天通，笔者理解其是刺激人本文明精神进一步觉醒的推动力量。人类文明精神不止一种，中华大地上文明的初始成长，其精神价值也不止一种，满天星斗的文明发生，其背后还蕴含着不同文明精神价值的角逐。所谓乱德之德就是精神价值，三苗能够乱德，说明其文明同样有自己的精神价值，并且这种精神价值的号召力足够强大，否则乱德之说无从谈起。后来还有禹征三苗，三苗作为早期文明的一支，其力量不能小觑。

因为研究有限，今天很难讲清楚三苗所推崇的精神价值，不过，从宇宙论的角度讲，其应该是以整体性的宇宙论为基础的，否则不会置于绝地天通的语境中来谈。笔者曾经讨论过南方吴越文化的宇宙论，他们也是天地不别。天地不别，人性无法独立，只有在文明达到理性突破的基础上，人性才能被作为被考察的对象纳入整体关照的范围。相反，因为天地不别，其巫文化保持浓厚，而理性突破后，通过一神教实现对巫文化的祛魅。观察西方文明，其轨迹就是如此。

从东西方的文明历程看，人作为独立考察对象出现在世人的视野中，是在所谓轴心时代。古代中国明确提出人得天地之中而生的讲法，而在西方就是理性突破之后对人自身的关切，西方学者将其置于人文主义传统中描述。古代中国的人性精神直接服务于文明建构，与西方运用理性建构文明并不相同。一直到今天，中国人也没有意识到要运用理性来建构文明。东西文明差异很明显。

文明交往的扩大，本身需要人性精神进一步发展，以准备新文明形态的出现。三苗乱德刺激了这种精神的进一步成长，但这个成长不是在绝地天通的框架下实现的，绝地天通的框架无法为人性进一步成长提供宇宙论支撑。这似乎与前面的论述有矛盾。但事实不然，放弃绝地天通并不意味着天地重新浑融无间，而是说允许少数圣人可以通天，对绝大多数人来说，天地依然不通。精神的成长必须向上，眼光向下，为欲望所困，精神成长不起来。少数可以通天的圣人，就成为先知先觉者，而因为有人性初步觉醒的基础，他们通天所获得的知觉依然是服务于人本身，只不过，此时的对人本身的服务已不仅是个别群体的自在的存在，而且指向于社会共同体的构建。而要使此共同体的构建依然保持人性文明的特色，人性精神必须要进一步成长，必须要有天作为宇宙论的基础。这个精神就是后来儒家文明的精神。

这里有必要提到东西异制的古代文明认识框架，在这个框架下，东方宇宙论重地，西方宇宙论重天，儒家文明精神的成长是在黄河中上游文明的基础上实现的。这与前文的论述似乎又有冲突，文明交往的整体性是以龙山文化为基础获得的，而文明精神的成长则是在西方文明基础上实现的。这其实正是中国文明的特色。晚近中西交通一百多年，中国人有中体西用论，这其实也是一个背离，全球化的科技物质基础是西方文明提供的，但中国人认为文明之体是自己的，或者说要维护自己的文明之体，所以倡言国学。如何看今天是另外一个问题，此不论。就古代而言，中国文明的形成不是以单一文明为基础成长起来的，应该是可以断言的。但必须承认，这个多元接力的文明是连续向前发展的，这个贯穿不同文明体之间的一根连线，就是人性精神。

考古发现的陶寺遗址，可以视为积极人性精神已经成长起来的标志。儒家将自己的学术最早追溯到尧，而陶寺作为尧都的看法则得到越来越多的考古学者与古史学者的认可。陶寺也正有可以与前论文明精神切合的遗存，最典型的是观象台。

前面讲人性精神的成长需要有天作为宇宙论的背景，《论语·泰伯》也讲“唯天为大，唯尧则之”，《尚书·尧典》讲到四仲中星，尧重视天应无疑义。儒家讲天命之谓性，讲性自命出，人性的本源就在天。当然，这里的人性是积极的人性，是蕴含着积极的道德根源与构建以人性文明为特色的共同体所需要的精神价值的人性，不完全是自然人性。人性中的欲望部分被理解为属地，《老子》讲实其腹，解决吃饭问题，这同样是人性关切，只是停留在此基础上，无法解决共同体构建的问题。人性精神从属地到属天的转移，是文明演进的必然。而这种属天的精神，就是男性的基于魂之发扬的精神。孔子讲君子谋道，孟子讲大丈夫担当天下，都是男性担当精神的进一步提升。

可以认为，到了陶寺时代，中国文明的人本精神已经成熟了。这里需要说明的是，人本精神的成熟，依然脱离不了社会生产的基础。陶寺属于笔者讲的西方文明，而据考古发现看，很早的时候，早期中国东西方就存在着东方以农耕为主，而西方以游牧与农耕相结合的生产形态为主的区分。西方在东方绝地天通的基础上进一步发展人本精神，并非偶然。

五、东西异制与国家构建

马克思主义认为，国家是文明的概括，尧奠定了中国文明的性格，但这种文明精神如何指导国家构建，还是一个问题。在交往频繁的时代，陶寺所代表的儒家精神对于化解文明交流中的冲突、促进和谐，显然更具价值。对于维系交往松散的共同体而言，这种人性精神自然是足够了。但对于世俗国家来说，这种精神就显得带有乌托邦的色彩。这种精神能够紧密维系的社会组织，只能是家，因为天然真诚的人性只有在家中可以实现。作为社会组织名称的“家”的选择，也说明这种人性精神能够促成的社会组织化的形式。前文讲，“家”是献给神的祭牲，人性的初步觉醒与这种敬神意识有关，因为共同的敬神意识，社会组织也得以凝聚，而作为凝聚社会组织的精神价值，就包含在献给神的祭牲中。“家”是人驯养的猪，在这种生产中所萌发的人性精神也自然成为维系社会组织的核心价值，由此精神价值所结成的社会组织后来也被称为家。

在人性初步觉醒的状态下，这种精神价值可以结成国。在人性的基础层面，人受家的束缚不大，中国人讲远亲不如近邻，讲安土重迁，初步人性对于地域有更强的依附性。但依赖这种精神价值构建的国家只能是小国。当地域大到超过日常交往范围时，交往就不再遵循这种价值引导，而是遵循公共性原则(不考虑野蛮与关系延伸)。《老子》的小国寡民有其理论与实践依据。

文明进步需要构建更大的共同体，人性精神必须突破家与小国的藩篱，而突破家与小国的藩篱，其指向必然是天下。人性进一步扩展，就是人人皆是人。初步人性觉醒指向家与小国的和谐，而积极人性的觉醒则指向天下和谐。《中庸》讲“为天下国家有九经，所以行之者一也”，一般理解，“一”就是诚。所谓以诚待天下，就是以真实的人性对待天下。在整体文明发展不充分的情况下，这只能是一种理想。基于这种理想结成的共同体，只能称为天下共同体，还不能算是世俗意义上的国家。

然中国文明从夏代开始，已经进入早期国家阶段，只是这个国家的建立不完全是在人性精神进一步发展的基础上建立的，其中还交织了另外一种精神，即前文提到的屡与古帝冲突的共工的精神。在早期文明中，共工精神似乎并非一直都是非主流，尧禅让给舜，其实就是主导精神的一次转移，舜——据《大戴礼记·五帝德》——为天下工。这次转移对于早期国家的建立至关重要。《五帝德》讲禹虽不是天下工，但他也是执规矩治天下，他习得了工的治理天下的方式。而其有尧向舜的转移，应该是洪水所致。洪水刺激了天下向更紧密的共同体形式转换。

积极的人性精神不能将天下转变为国家，在于这种精神对于构建国家来说有两个缺陷。国家是在社会矛盾无法调和情况下所形成的公共权力，这个公共权力要想运行正常，本身要求建立在公共性与理性的基础上。积极人性精神不能说不具备公共性，人人都是人，就是公共性的体现。但其同时具有自我中心性,因为人性要到达视人人都是人的境界,要求自我非常强大,自我强大,其人性之光才能光披天下。而自我强大的人一定是自我中心的,尽管这个自我未必指向于私心。儒家的圣王都是这种人物。对于建构国家来讲,依据此精神是危险的,因为圣王毕竟是少数。在早期国家未形成前,笔者相信禅让的真实性,然国家一经建立,圣王便不能再依据公天下的原则处理公共权力,因为这个权力同时意味着极大的利益。这是人性精神之于国家建构的一个缺陷。

更重要的一个缺陷是,积极人性具有遮蔽性,因为立足于自身来促进交往和谐,所以这种精神要求在出现不和谐的情况先作自我反省,只有在确信自身无过错的情况下,才会考虑是不是对方有问题的情况。而面对对方有问题,其选择首先是不交往。作为个人的日常交往,这无可厚非,也值得提倡。但对于公共权力的运行,这是更严重的缺陷,其不符合公共权力设计的初衷。只有在矛盾不可调和的情况下才需要公共权力,而不可调和的矛盾是不能用谅解来解决的,要么是强力惩罚过错一方,要么双方一起作出妥协让步,这样,共同体才能正常运行下去。所谓谅解只能导致恶的不断积累,最后则是矛盾总爆发,共同体瓦解。积极人性所导致的自我中心性运用于国家上的结果,通常都是掩饰矛盾,最后崩溃。这里不展开。

尽管孔子讲唯仁者能爱人,能恶人,似乎具有对于恶的清晰认识,但其判别善恶的标准是在积极人性的认识背景下确立的,可以认为,基于积极人性的精神,其所认识的公共性不是反映国家本质需求的公共性。作为早期国家的夏商周时代,其本质依然是天下共同体,而不是一般认为的世俗国家。

这与国家形成的契机有很大关系,是洪水,而不是社会自身矛盾的激化,促使公共权力的形成,当洪水退去,主导公共权力的精神依然要回到原先积极人性的立场上。而所谓国家的进程总是先修礼,后修刑,这与传统中国王朝建立总是先制定刑律,然后考虑制礼,正形成对反。不过,要说明的是,洪水促使天下共同体向早期国家过渡,并不意味着魏特夫对中国的治水国家的判断是正确的,治水国家对应于东方专制主义,而早期中国,主导公共权力的精神依然是积极的人性精神,与专制没有关联,相反,其具有反专制的特点。

国家一经形成,其就开始依据自身的逻辑向前发展,从天下万国,到一统帝国,国与国之间的兼并从未停歇。最后胜出的不是依据积极人性精神构建的国家，而是以初步人性与共工精神相结合并以之为价值引导的秦国。这是中国文明进程的第二次重要接力，是东方族群精神跃居文明主导精神的新阶段。积极人性精神主导的共同体只能算是早期国家，其与传统中国严格讲不属同一类型共同体，传统中国一般认为是世俗意义的国家。

这与前面讲的初步人性觉醒不能建立大的共同体并不矛盾，因为这里又有共工精神的参与。相反，就共工精神更适合建构国家来讲，初步人性与其配合，对于建构人本文明的国家形态更有优势。初步人性更接近自然，更接近共工精神所强调的公共法制意识。其不容易产生积极人性因为强调人性成长所导致的公共性理解的偏移。从共工精神的角度看，经历了人本文明的长期的洗练，此时的共工精神除了获得自身的精神觉醒外，也融合进了人本文明的精神，墨子讲兼爱，商鞅讲法所以爱民，都是这种融合的体现。

六、农业文明

行文至此，必须交代的是，文中强调了畜牧业与手工业对于中国文明精神的基础作用，与农业对文明的基础作用的一般认识似乎有别，这并不代表笔者忽略农业对于中国文明的基础地位，问题是应该如何认识农业生产对于文明建构的作用。

今天看来，农业是整个产业体系中的基础行业，而世界早期各大文明都有农业，农业是文明产生的基础，而未必能够作为构成文明特征的基础。这样讲并非要否认农业生产对中国文明特征的塑造作用，如所周知，其他早期文明后来都中断，而中国古代文明一直延续下来。在这支长期延续的文明中，农业生产不可能不对其文明特征产生影响，问题是要搞清楚这种产业特征是如何参与塑造这个文明的。

存在决定意识，作为最基础的产业，农业同样对先民的认知产生影响，只是这个影响未必像畜牧业与手工业那样直接作用于人的精神世界。但文明存在不完全是精神世界的问题，还有行为方式的问题，精神价值的引领作用固然很关键,但以什么方式推进精神价值的传播则是行为方式的问题。

面对谷物生长,人无法激起人性自觉,当然农业也无法像手工业生产那样能激起对于尺度之法的超越的意识。但农业对这两个方面都有关切的需要。植物不能让人产生血气心知的生命自觉意识,但作为一种生命现象,其对人、对自身生命行为规范的认识发生作用。孟子有揠苗助长的寓言,其讲善性也有一个成长过程,不能如告子那样以义袭之。这个过程性认识的获得,就这个寓言而论,其来自农业生产。

为了服务于人性的成长,儒家构建了整套的人生礼仪,而这个意识同样与农业生产类似。谷物生产不完全是谷物自己生长,其还需要外力辅助,所谓日常田间管理。这种管理与畜牧业与手工业都不同,畜牧业管理是无为,手工业管理是对产品直接立法,唯农业管理是为其生长创造良好环境,关键是合乎时节。中国古代人对自身的管理,更近于农业管理模式,不同节点的人生礼仪,社会群体的广泛参与,重视舆论与风气,这些智慧与意识都从农业生产经验中来。

畜牧业生产谈不上尺度,手工业生产尺度意识最强,农业对于尺度也有关切,但其理解与手工业不相同。农业的尺度,表现在其整个生产过程中,其对产品好坏的判断,建立在对整个过程的评价上。对于农夫而言,在谷物未落地前,已大致可以判断年成的好坏,这个判断是建立在过程监控的基础上的。儒家讲诚者终始,是对人是否得道的判断,其也是将整个人生过程作为一个整体来判断。道是人的尺度,其落实在整个人生的日常中,所谓道不可须臾离也。这与手工业尺度指向于只要刊落多余的部分就成产品的意识不同。手工业产品千篇一律,欲改进产品,先调整尺度。人尽管也受制于尺度,但其关系本质却是人弘尺度,而非尺度弘人。农业生产与尺度的关系类似于此。农业生产不是千篇一律的,尽管其也受制于天时地利等基本尺度,但其依然存在制天命而用之的问题。从农业生产技术的革新进程看,农业产品并没有变化,技术革新的目的只是服务于其更好地生长。尺度要随产品生长的需要作调整,而不是相反。农业生产与人的成长的模式的相似性,其实不难理解,因为二者都是有生命之物,与手工业处理的是无生命之物,有本质的区别。

这对于理解为什么古代中国不能接受以手工业为基础的法治文明有帮助,根本上讲,这恐怕与文明特性及其对尺度的适应性有关。人性文明成长起来以后，手工业的尺度意识不符合这种文明的要求。积极的人性要求，人本身是目的，而不是产品。只是要实现作为人的目的，其本身需要一些尺度，以助其成长。手工业的尺度意识是高效地生产产品，其对象永远都是物。社会意识会影响国家建构，所以秦在为文明过渡到传统中国打下基础后，很快退出了历史舞台。当然，秦本身也不是纯粹的不讲人性的文明，只是不能适应积极人性文明对尺度的要求。这种积极的人性文明所需要的尺度，当是准拟于农业生产的尺度。

基于农业生产的尺度建构的文明，其竞争性不如手工业的尺度强，对于建构国家也不充分。这个道理也不难理解，因为强调辅助意识，其对于危害系统之物的处理，也是无效的。中国古代农业事实上没有发展出有效的消除害虫的技术方法，虽强调优化系统，但不能脱离靠天吃饭的根本属性。害虫的出现也被视为系统自身的必然，这种意识不适合建构国家。国家是公共权力，而不是有害无害并存的熔炉。害虫虽不能说本质就是害虫，但也不是通过转化能解决的问题。作为公共权力的国家，其本质任务是保护共同体不受侵害，而不是转化害虫。历史上看，没有哪个时代能真正实现对害虫的转化，就像农业生产不能消灭虫灾一样。畜牧业有清除害群之马的讲法，手工业有报废不合格产品的要求，唯农业生产，没有这样的类似提法。这或许是初步人性能够与手工业的法治精神相结合而成秦帝国的产业根源吧。而转向积极人性诉求的传统中国，始终无法真正解决这个问题，其运用的即是农业生产的尺度意识。

但这种尺度意识对于建构好的社会，无疑有很高的价值。因为社会不同于国家，其之于个体生命的关系，如水之于鱼。之于养鱼来说，水环境很重要，自由开放都是能为社会之水带来活力的因素，在这样的环境中，积极的人性才有生长的空间。得到生长的人性，对于社群的其乐融融，所谓和谐社会的建构，具有实质性的作用。自由开放这些因素类似于谷物生长所需要的辅助环境。国家的任务则是将社会中出现的有害的鱼及时处理。

当然，这并不是说，手工业的尺度意识不符合人本文明要求，其在文明进程中就不再发挥作用。事实上，如前所论，单纯的人性文明构建不了好国家，必须有以手工业为基础的法治精神的参与，才能建构国家。只是在传统中国，这种综合思维没有结出好的文明果实，相反文明日益凋零。从产业基础的角度观察，其实有其必然性。

传统中国事实接受了两种尺度意识：一种是准拟于农业的尺度，重礼教；一种是准拟于手工业的尺度，重法制。但两种尺度精神因为综合，都没有得到完全呈现，并且被抽离的部分都是各自好的部分。手工业尺度追求千篇一律，但这个精神不能用在权贵上，权贵有法外特权。农业尺度重视整体过程评价，而传统中国政治的展开过程不受监督，导致贪官污吏横行。

这样看，三种产业对于古代中国文明的生成，发挥的作用各不相同，农业生产作用于中国文明的因子，主要体现在社会构建的层面上，而不是在精神价值的规定上，也不是在国家建构的层面上。人性精神导源于畜牧业，国家意识导源于手工业。按照前论东西异制的格局，初步的人性意识对应于国家建构意识，积极的人性精神对应于社会建构意识。这里，传统中国的所谓中国特色，就可以得到解释，国家与社会不分，精神价值日趋衰落，都与这种分离有关。

过去，论者批判中国文明，将家长制作风、专制统治归诸农业生产，这其实不对。将其与畜牧业联系起来或许更合理，家长相当于领头羊，这是动物习性的体现，人原本是从动物进化而来的。汉代州官称州牧，《管子》有《牧民》篇，都是这种政治形态与畜牧业相关联的证据。所谓民本观念，其实也从畜牧业中来，与农业的关联性并不很大。至于魏特夫讲的农业需要灌溉，需要修建水利工程，进而形成专制主义，这种理解也有问题。征调民夫修建水利工程，表面上有强制性，与专制主义可以联系起来，但论者显然忽略了修建水利工程原是农业生产的集体需要，农夫不是意识不到二者间的关联性，所谓的强制，其实是对权力以集中的形式显示出来的误解，跟专制主义不能等同。专制主义是从家长制而来，从畜牧业与手工业生产相结合而来。因为，单纯的畜牧业是无为而治，领头羊并不需要通过种种手段达到使其他羊跟随自己的目的。用手段来控制是手工业的特征，如果领头羊任意变换手段，那就是专制。农业虽然也强调运用手段，但其指向于营造环境，以为辅助，而不是直接作用于对象本身。

综上所述，从思想史的角度看中国文明的起源，可以突破考古学只能回答文明在中国何时发生的问题意识，对于进一步认识具有自身特质的中国人本文明的起源，具有无法替代的价值。人本文明的发生需要两个条件，一是人神分离，一是人性自觉，红山牛河梁遗址同时具有满足这两个条件的遗存，即方圆分立的祭祀遗址与女神庙。从社会生产的条件看，人性的自觉当是以畜牧业生产为基础实现的，而从人神分离的前期形态已存在于红山胡头沟遗址中来看，中国的人本文明精神的源头当去遥远的北方寻找。

人本精神具有二分性，所谓女性与男性，具有男性特征的人本精神的觉醒，一般认为是当在尧都的陶寺的时空场景下实现的。只是这种精神对于构建国家并不充分，同时需要东方的舜所代表的共工精神的加入，才有了早期国家的夏的出现，不过，在早期国家阶段，其本质依然是天下共同体。只有共工精神进一步自觉，而积极的人性精神退回初步的人性意识，世俗意义上的国家才获得其相对成熟的形态，即秦帝国的出现。

中国文明是多元共建的文明，这种多元共建特征，只有在引领文明精神价值的层面上，才可以看得更真切。基于畜牧业，产生了人本精神；基于手工业，产生了法治精神。基于农业，产生了国家辅佐构建社会的尺度意识，这种尺度意识铸成了国家不能有效清除害群之马的文明现实。从产业的地区分布看，北方以畜牧业为主，东方农业与手工业强，西方畜牧业与农业并重，中国古代文明就是在多元共建、异地接力的模式下，不断向前演进，并因此而形成既连续又断裂的文明面貌。

第四章　东西异制与五千年中国文明史的成立

五千年文明史成立的基础——“炎黄子孙”，在学理上已不能成立，其是周政权框架下的塑造族群认同的结果，早已被古史辨打破。到今天为止，五千年文明史在学理上的基础尚未构建。最流行的文明起源理论，满天星斗说，其实只能讲清楚文明在中国发生的问题，而不能说清楚中国文明如何发生，其与中华文明基于黄河、长江流域之文明成长起来的事实，也不完全契合。

近年，海外出现以秦作为中国文明的发端的讲法，一种理据是秦的大一统奠定了后来中国文明的基本疆域范围，如日本的冈田英弘《中国文明的历史：非汉中心史观的建构》(陈心慧译，台湾八旗文化 2017 年版)①，另一种理据是秦奠定了中华帝国政体，如加拿大的卜正民主编的哈佛中国史(六卷本)②。这种史观与邓之诚《中华二千年史》对中国文明史格局的理解相似，但却是建立在承认夏商周也有文明的史实基础上的，过去邓著是建立在抹杀论的基础上的。

对于中国学者来说，这种讲法很可笑，但一个基本事实是他们的讲法有他们的理据，而中国学者的五千年文明的认同是建立在事实基础上。并且即便承认考古学者提出的陶寺为尧都、为最早的中国的讲法，中国文明史也不能到五千年。基于考古学所获得的丰硕成果，抹杀论肯定说不通，但要使五千年文明史成立，靠终结疑古的论调同样也走不通。要回应这种新版中国二千年文明史的论调，中国学者应该提出自己的五千年文明史观成立的理据。

① 此据“台湾人文与学术”公众号 2017 年 11 月 10 日发布消息知。

② 卜正民主编：《早期中华帝国：秦与汉》，陆威仪著、王兴亮译，北京：中信出版社 2016 年版。

一、文化大传统与中国文明史

首先要说明的是，“中国”之名不是界定中国文明史的基础，宋代人讲的“中国”，是文化意义上的共同体称呼，周初青铜器何尊“宅兹中国”，同样也是文化意义上的称呼，只是当时政治与文化区分不严格，其同时还具有政体主张，但“中国”本身不具有政权意义。要使五千年文明史观成立，需要作一些理论思考。

两种新版的中国二千年文明史观，有他们的理论思考，尤其是后一种讲法，将帝国政体视为界定中国文明的基础，显然经过很慎重的思考。这种思考与中国文明的关联性宇宙论基础产生于战国秦汉的新观点，正相呼应，从一种文明应该有其宇宙论的基础的认识出发，其在理论上的自洽特征是不能忽视的。

我们知道，今天看到的历史事实只是先民活动的陈迹，在这些陈迹背后，存在着思想理论的支撑。进入文明阶段，意味着告别了混沌，告别了野蛮，尽管文明史中仍然存在野蛮与疯癫，但文明的整体背后存在着基本的理性。文明背后的理性，就是今天讲的理论。哈佛中国史有它的理论支撑，对此应有清醒认识。与其相比，我们的五千年文明史观并没有理论支撑。

当然，哈佛中国史的理论基础并非没有问题，所谓关联性宇宙论兴起于战国秦汉时期，还只是一种新观点，还不能说就是真实意见，本身的真理性有待考量。根据笔者的研究，这个意见并不正确。战国秦汉时期确实关联性宇宙论盛行，但不能说这种宇宙论在早期中国不存在。早期中国文明的发生发展，与绝地天通的宇宙观关联在一起，但早期中国文明不是只有这一种宇宙论。今天的考古工作已经证明，早期的黄河流域有东西两大文明系统，按照前述不同文明有不同的理论，古代黄河流域文明的宇宙观至少也有两种。

既然至少是两种文明，就不能说是一种中国文明，这里就有什么是中国文明的问题。中国文明是基于某一种文明成长壮大起来的，还是多种文明交融混合发展起来的？如果是前者，五千年文明确实不好讲，事实上找不到这样一支文明，可以成为后世中国文明的源头。并且，后世的中国文明是否能成为中国文明，也要打问号，元明清三代，汉族建立的政权只有明代，否认元与清为中国文明的声音事实上始终存在。不仅五千年有问题，两千年也有问题。这种意见虽然只是皮相之论，但这也从另一角度说明中国文明史缺乏成立的理论基础。

按照笔者的研究，中国文明不是以某一种单一文明为基础发展起来的，从古到今，一直是如此，夏商周如此，辽金元亦如此。过去史学上关注的正统论，用今天的人类学的观点看，其实不如说是文化大传统的问题，尽管其间涉及政权合法性、道统与政统如何分疏等问题。正是因为有文化大传统的存在，中国文明方能成立。不管是分裂状态，还是民族冲突，这个文化大传统并没有中断，只是时明时晦，其一直未断是事实。所谓“南夷与北狄交，中国不绝若线”，这里的“中国”，代表的就是文化大传统。南宋陈亮讲的“中国”，也是文化大传统。

如此，五千年文明史的成立问题，就成了是否存在一个文化大传统的发生发展维系衰落即所谓生成住灭的问题。这样看，五千年文明史的成立问题要简单很多，从孔子开始讲尧舜禹、讲文武周公，到宋明理学讲以斯文为己任，确立所谓道统、道学的延续关系，中国文明的文化大传统至少可以追溯到尧的时代，这与考古学者将陶寺定为最早的中国一致。但文化大传统的形成本身也需要一个过程，这样在尧之前应该存在一个中国文明的酝酿发育阶段，其也应该算是中国文明史的一部分。这样，中国文明史就应该从五千年前颛顼氏的绝地天通开始讲起，从那个时代开始，中国文明精神开始发育成长，而到尧的时代，这种文明精神已经形成。夏商周是这种文明精神发展逐渐趋向成熟趋向自觉的时代，秦汉到隋唐是维系阶段，宋元明清是衰落阶段。今天则面临一个如何转化、创新、再继承的问题。五千年文明史的成立，应该问题不大。

不过，问题没有这样简单，哈佛中国史观所赖以成立的帝国政体如何回应，文明的精神不应该只存在于精神层面，政治层面也应该有体现。前面讲的文化大传统本身对于这种政体也有迎合的一面，只是我们将这种迎合视为文化大传统的维系与衰落的阶段。但这种政体本身显然不应该排除在整体文明的连续性之外去考虑。再者，将绝地天通视为中国文明的发端，从宇宙论的角度看，其与关联性宇宙论也存在一个如何调和的问题，否则，即便承认有一个文化大传统存在，这个文化大传统依然缺乏理论根基。这里，不能不引申到东西异制的问题上。

二、东西异制与五千年文明

所谓东西异制，是对基于东西宇宙论的差异提出的上古黄河流域存在两种文明两种制度精神的概括。中国文明是在两种文明交替演进、相互借鉴与融合中向前发展的。这两种文明一长于制度，一长于精神[①]。

所谓文化大传统，其本身也不是单纯的精神传统，就像体用论中，除了涉及精神层面，还包括制度层面。如果视中国文明是基于某一种文明发生发展起来的，哈佛中国史的二千年文明史观就是合理的。帝制中国以郡县制为基础，春秋战国是从分封转向郡县的时期，这是两种不同的制度，背后的精神义旨也不相同，这种截然不同的精神旨趣与制度安排，出现在某一种文明中，可能性很小。尽管按照唯物史观社会形态理论，从古到今基于生产力生产关系的变迁，社会共同体会经历多种形态，但就西方文明看，从古到今对自由精神的追求一直未断，而所谓上层建筑中也始终贯穿了自由精神。从分封到郡县则不属于同一种精神旨趣。分封强调独立，郡县强调控制。讲后世中国文明史，郡县是基本制度。而且文化大传统在传统中国也要迎合权力控制意识，作出调整，从董仲舒开始的新儒学，已不同于孔孟之道。制度与精神虽不完全契合，但突出君权是共同指向。不考虑多元文明，二千年文明史观，从理论上可以讲通。学术

① 参拙文《东西异制：早期中国研究新范式论纲》，载牛鹏涛、苏辉编：《中国古代文明研究论集》，北京：科学出版社 2018 年版。已收入本书。

界的一些理论，如王权主义[①]、制度儒家[②]，都是对二千年文明史中现象的概括。如果不考虑中国文明的多源特性，这些提法在某种意义上都可以成为二千年文明史观的有力支撑。

只是，我们知道，这种史观本身有不完善的地方，帝制中国时代，分封制的阴魂始终未散，汉代郡国并行，晋代分封诸王，唐代则有融郡县与分封为一炉的想法，至明代犹行分封。也就是说，二千年文明史观下的文明实况，并非完全建立在郡县制基础上，或者说对于郡县制的认同并非始终都很坚定。再看传统中国的新儒家，尽管董仲舒新儒学与宋明新儒学都不能等同于孔孟之道，均以三纲为中心，但董仲舒讲的圣人之学，宋儒讲的以斯文为己任，指向的都是孔子，说他们是文化大传统的维系变型衰落可，但说他们另外开出了一个大传统则不可。儒学与郡县本不相侔，帝制最典范的秦帝国对儒学有抵制便是证明，郡县制的基础不是伦理关系，而是契约关系。儒家伦理政治能够服务于帝国形态的政治的，只是重君臣，而其他方面的关切则指向于好的社会文明。二千年文明史中的意识形态与制度安排同样不属于一体关系，立足于一种文明来观察，也不妥当。中国二千年文明史观貌似可以成立，实质不能成立。

引入多元文明观，主要是早期黄河流域东西两大系文明，上述对古代文明的阐释困境就可以避免。按这种史观，不仅传统中国说不清楚的地方可以说清楚，中国五千年文明史也可以成立。

以郡县、分封之别为论，其实并不存在从分封到郡县的截然分界。上古分封有两种，一种是授土授民的分封，一种是指定服役的分封，后者成立的基础也不是伦理关系，而是契约关系。也就是说，后一种分封与郡县制在精神实质上并无不同，只是文明发展程度有限情况下的一种表现。反过来，传统中国之有分封也就完全可以得到解释。因为是两种文明、两种制度，其始终会有两种制度的纠缠，就很合理。

---

① 王权主义是以刘泽华先生为首的一派学者讨论中国传统政治文化的核心概念，关于该学派具体情况，参李振宏《中国政治思想史研究中的王权主义学派》，《文史哲》2013 年第 4 期，此据“叙拉古之惑”公众号 2018 年 4 月 12 日发布文。

② 制度儒家是干春松先生对于传统中国儒家的一种概括，见其《制度儒学》，北京：中央编译出版社 2017 年版。

不过要说明的是，尽管中国文明史中始终有两种制度精神的纠缠，但基于文明发展程度的差异，中国文明史可以划分为两个大的阶段，青铜时代，以方国联盟及分封制为主，铁器时代则以郡县制、中央集权制为主。从政治精神上讲，前一阶段强调正，后一阶段强调治。

还有一点要特别说明的，因为是两种政治精神的结合，两种制度的纠缠，具体的历史进程中事实上很少有纯粹的基于某一种精神的制度。根据笔者对工正与臣正两种类型的政治文化所作的分疏，从传说材料看，试图将两种类型政治文化结合起来，最早可以追溯到少昊氏（昭十七年《左传》），相当于黄帝时代。而据笔者对《大戴礼记·五帝德》的分析，合两种政治文化（文道与质道）于一身的是黄帝。讲少昊的那段材料出自郯子之口，《五帝德》当与孔子有关，是周人文化的体现。不管是谁，试图将后世中国文明合两种文明精神的源头追溯到颛顼之前一代则是相同的。其后颛顼氏实现绝地天通，取得文明精神的突破，恐怕不是偶然的。精神的觉醒晚于社会实践，符合人类文明实践的一般规律，所谓密涅瓦的猫头鹰总要等到黄昏才起飞。五千年文明史应该没有问题。

只是，这两种精神与两种制度的综合，在家天下的基本框架下，对于文明不是起积极的生成作用，而是使其每况愈下。传统中国，文化大传统表面上看得以维系甚至发展，南北朝时的礼学，宋明时期的理学，都在试图维系或发展这个文化大传统，事实上则是走向了衰落甚至反面。人本文明，最后以以理杀人告终，这是今天谈文明传承必须面对的事实。

三、宇宙论与文化大传统

中国文明不仅制度上有两种不同精神的制度纠缠，学术上同样分不清理还乱，而学术与文化大传统的关系一般认为要更近一些。这里尝试回答前面提出的文明的发端以绝地天通开始，而传统中国文明的宇宙论却是关联性宇宙观的问题。

今天讲的文化大传统的核心其实是人，尊德性、重礼仪，是中国文明区别于其他文明的最主要的地方，这二者都是从人自身生发出来的。但这种传统的形成有一个过程，尽管西方文明重精神，但重精神在文明突破前意味着宗教，因此笔者认为颛顼绝地天通才是中国人本文明的开端。神人分离使得人自身的精神与文化得以培育生长，以神为中心的文化，人的精神与文明很难发展出来。也就是说，只有在天地分离的宇宙论下，中国文明才可以突破。这样也可以理解，西方文明中的尧，文献中讲他再次厘定了神人关系(《国语·楚语》)，只有这样，人本文明才可能得以确立。这与西方宇宙论没有绝地天通并不绝对矛盾，厘定神人关系并不完全等同于绝地天通。厘定神人关系，用孔子的话讲就是敬鬼神而远之，不能事人、焉能事鬼等诸如此类的话，但这并不意味着孔子对宇宙的认识是绝地天通式的。事实上，儒家的圣人原本就是连接天地的人，只是在人的自主精神完全觉醒后，才有与天地而为叁的地位。而儒家对于精神的追求，只有保留天才可能得到解释。天命之谓性，尽心、知性、知天，没有天，就没有儒家。

人的精神成长其结果一定指向于天，绝地天通只是天地分司，人神分离，不承认有可以代天立言的人存在，但并不意味着不再讲精神，相反，其应该是人的精神的第一次觉醒，只不过，这个觉醒还很浅。笔者判断巫师中玄冥与禺强的分离是绝地天通的基础，后来道家重玄冥，道家哲学也讲人的精神性，但非常淡薄，此当与绝地天通有关。笔者认为道家精神的基础是精神构成中的魄，而儒家是魂。人的成长是先生魄，再有魂，中国文明的精神觉醒则是先道家精神，后儒家精神。

绝地天通所获得的精神觉醒很浅，与文明初始有关，真正的问题是绝地天通同时限制了这种精神性的成长。因为绝地天通，东方文明中司天与司地两派之间处于相互排斥的状态。在物质文明进步的同时，司天即作为后来道家源头这一派，发展出戒的修炼，老、庄都有贬黜欲望的主张；而司地这一派则出现纵欲、尚侈靡的生活风尚，《管子·侈靡》是其证。这对于精神性完整健康地发展是有害的。西方因为不存在绝地天通，则使其精神文明随着物质文明的进步在同步发展，以孔子为例，他讲精神，但不排斥欲望，只是要立足于道义，所谓不义之富贵如浮云。

今天谈中国文明的文化大传统，虽是立足于儒家，但在整个文明史中，道家从未退场，当儒家精神在维系过程中被视为虚伪时，是道家在维系中国古人的精神健康。制度上有纠缠，精神上也有纠缠。因此不能忘了绝地天通对于文明发生的意义。

这里要特别指出，学者倾向于将道家精神理解为基于天人合一的宇宙论，这种理解恐怕用在庄子身上更贴切一些。庄子是南方道家，那里没有绝地天通，天地与我并生，万物与我为一，浑融一体的宇宙论清晰可见，人本身也被消融于其中。从这个意义上讲，其实又无所谓天人合一，因为没有人。老子虽也讲人法地、地法天、天法道、道法自然，似乎也是整体宇宙观，但要注意的是他的其他主张，与属地的派别格格不入。从宇宙论属性上看，他是属天的①。

传统中国关联性宇宙论的兴起，并不影响文化大传统发端于绝地天通，或者说，绝地天通并不排斥关联性宇宙论可以成为文化大传统的宇宙论基础。精神的魂魄二级分离，与制度上的东西异制是相应的，文化大传统的形成离不开两种文明中精神与制度的交互作用。人的精神的觉醒，离不开绝地天通，而要成为文化大传统，又不能停留在淡薄的精神层面。西方文明虽然接受神人的基本分界，但西方宇宙观从未实现绝地天通。当南方浑融一体的宇宙论影响到华夏文明，原先神人的相对理性的界分很容易发生倒退。

更进一步讲，如果承认东西异制是中国文明的基本格局，这个文明的宇宙论基础也不可能只是一种。事实上，通常讲的天人合一，其实存在不同的形式。儒家的诚则明、明则诚的天人合一，是高级文明状态的天人合一，庄子的天人合一是无文明状态的天人合一，这两种形式，笔者认为，准确地讲应称为天人一，前者拔高了天的内涵，后者降低了人的标准。除这两种天人一的宇宙论，董仲舒的天人合一，可谓真正意义上的天人合一，它是在天地分离的宇宙论框架下作新的综合的结果，也就是说，它不是某一种文明的原生的宇宙观，而是两种文明混融的复合型的宇宙观，并且融入了南方文化的宇宙论元素。

这意味着，文化大传统的开端是一种宇宙观，文化大传统的成立又是一种宇宙观，而这种宇宙观已经融合了两种宇宙观。当文化大传统进入维系阶段，又是一种宇宙观，这一次融合达到一个新境界，并且增加了新元素。当进入衰

---

① 参陶磊：《宇宙论与古代学术》，《浙江社会科学》2018 年第 5 期。

落阶段，又有新的元素融入。宇宙论的不断融合转变，本身即说明，存在着一个超越多元文明的中国文明。只不过，在中国文明逐渐走向一体的过程中，其多元性特征也越来越浅，以致讲中国文明史，忘记了它本是多元文明整合的结果。

四、萨满主义的因素

最后谈一点萨满主义与五千年文明史成立的关系。鉴于有些问题还不能看得很清晰，这里的讨论深度很有限。

过去谈历史人物评价，岳飞算不算民族英雄常引起关注；今天新清史的讨论同样引来不少关注。这些问题，在笔者看来，都属于如何看待中国文明史性质的问题。古人讲以物观物，用其他文明的观点看中国文明必然会有一些讲不清楚的地方，只有回到中国文明本身，这些问题才能真正说清楚。中国文明的特质是什么呢？

前文讲中国文明是多元整合的结果，然多元整合何以可能？为什么今天的多元文明的美国，其整合就很难？这里就有文明特质的问题。

尽管美国是多元文明，但其文明特质是讲自由，这种文明融合起来不太容易，无论是其文明的整体框架，还是不同来源的文明，都不太容易被融合。自由精神一方面要求捍卫自由的框架很强，另一方面则意味着不同族群的文化保存也受到保护，前提是不妨碍别人的自由。今天看，其宇宙论根基还是古希腊的原子论。

中国则是另外一回事，基于最初东西两种文明精神发展出来的儒道哲学，都重视和的价值。和的价值，其宇宙论根基笔者判断是萨满主义的浑融一体的宇宙观。这种宇宙观中，如何转化是文化的核心关切，萨满讲幻化，圣人讲教化，道家讲天机造化，儒家讲人格转化。至于其他文化领域，如对自然现象的关注和兴趣，进而饮食、养生等等，都讲化。因为化，才能和。文明也一样，今天，以亨廷顿为代表的西方学者讲文明冲突，有儒学背景的学者则讲文明对话。《易传》讲观乎人文，以化成天下，天下何以成，在化。为什么后世中国文明的多元性特征不清晰，因为已经被化了。为什么满族征服了大明，最后满族几乎消亡，因为他自己被化了。满族何以能被化，因为他也是萨满主义文化。后人讲金亡于儒，何以金会接受儒，因为他也是萨满主义文化。包括辽、元这些后发的民族，其文化中都带有萨满主义的特征，这也是这些少数族裔多多少少都能接受中国文明的大传统的原因。

这里要说明的是，中国文明有萨满主义基质，并不意味着中国文明是单一文明，准确的说法，应该是反过来讲，正是因为存在萨满主义特质，中国文明才能出现，五千年文明史才能成立。

萨满主义并非只有一种表现形态，据研究满族萨满文化的学者讲，满族萨满文化有巫统、血统的分别[①]，建立金国的女真与满族属同一族群，推想其萨满教也应该存在巫统血统之别，这两个不同时代建立的女真政权，都融入了中国文明的大传统，应该不是偶然，而有其民族文化的必然。金世宗即曾讲，他们的旧俗与礼书所云礼俗很相似[②]，这意味着，女真文化礼俗与早期中国文明的礼俗具有同源性。笔者讨论中国文明起源，将颛顼绝地天通视为是受到来自北方的红山文化的影响而作出的，而红山文化则来自更北的北方。其与后来女真族群的关系很值得关注。

巫统、血统的划分，在文明演进发展的过程中，有可能演化出不同的宇宙论与哲学。一般意义上的萨满主义的浑融的气生主义的宇宙观，与道家哲学更近一些，庄子哲学可以被视为与之对应的哲学形态。老子哲学虽然有了人的自我独立意识，但他讲的不可道之道、玄之又玄、恍兮惚兮等话语，笔者判断也与这种宇宙观相关，所以在他的哲学中还讲道生之、德畜之、道生一等，道应是对萨满主义宇宙的哲学提升。当人文精神进一步觉醒，在儒家哲学中德就成了关键的概念。尽管《论语》中讲天下有道，君子忧道、谋道，笔者判断这是孔子晚年思想进一步发展的结果。道对于儒家来讲，相当于西方哲人讲的外在善，其本非

---

① 参宋和平、孟慧英：《满族萨满文本研究》，台北：五南图书出版有限公司 1997 年版；孟慧英：《中国北方民族的萨满教》，北京：社会科学文献出版社 2000 年版；孟慧英：《尘封的偶像——萨满教观念研究》，北京：北京出版社 2000 年版；等等。

② 《续资治通鉴》卷一百四十五记其言曰："女直旧风，最为纯直，虽不知书，然其察天地，敬亲戚，尊耆老，接宾客，信朋友，礼义款曲，皆出自然，其善与古书所载无异。"（《续资治通鉴》，上海：上海古籍出版社 1987 年版，第 797 页）

儒家擅长。荀子一般被认为是讲外在善比较多的思想家,但荀子从宇宙论背景看,属于东方属地的学说,而同为东方属地学说的法家,外在善讲得更好。儒家的道,包括荀子的礼法,更多的是讲秩序、讲规范,本身不具有生成作用,具有生成性的是德(荀子对德的理解有不同)。这与老子哲学在宇宙论上已有不同,其实现了从以自然为本向以人为本的转变,《中庸》所谓"中也者,天下之大本",体现的即是宇宙论的转变。

血统的歧出,也是人的自我意识觉醒的结果,因此笔者判断,儒家文明的兴起可以追溯到早期萨满文化中这种分裂。只不过,如果没有东西异制,这种文明未必一定发展起来。前文提到,绝地天通基于早期巫统、血统的分裂,但这种分裂所获得的人的自我觉醒还很浅,并且因为处于分裂状态,其当随文明演进而进一步觉醒的空间事实上被阻断。没有西方重天的文明,人的精神的进一步自觉恐怕很难。也就是说,不能脱离东西异制讨论中国文明的起源与发展,中国文明显然也不属于某一种文明,而是多种文明相互接力前行的结果。

早期中国有一种现象很值得注意,所谓黎苗乱德,笔者将其理解为南方的巫文化对中原文化的非理性影响。尧之前有一次,秦及汉代也是。问题是,既然人的意识已经觉醒,乱德何以可能?但如果联系到尧之前是龙山文化鼎盛之时,秦及汉代是法制盛行时代,这或许可以得到解释。龙山文化是东方文明,其存在绝地天通的宇宙论框架,东方文化重地尚法,龙山时代也正是陶器礼制化的时期。穆公之后的秦转向东方文化,商鞅变法之后的秦则近于法治国家。也就是说,两次黎苗乱德,都是属地尚法精神盛行的时期,属地虽不能说没有精神性,但就人的精神性而言,其只能接收绝地天通背景下属天一派主魄的精神。并且,因为属地文化很容易发展出纵欲主义,这种淡薄的精神性也未必一定能得到保障,反而对属天的精神性产生排斥,秦之拒儒便是明证。因为人的自觉的精神性淡薄甚或没有,巫师文化自然会流行起来,东方文化中固有的萨满主义因素原本并没有得到清理,在南方则保存得更完整。黎苗乱德有其历史必然性。

乱德之后往往会有儒家意识的发扬,尧启其端,商后期纵欲主义盛行后,便是周的兴起,秦及汉初黄老盛行后便有儒家的登场。而独尊儒术后,又有纬书谶纬的盛行,只能说明所独尊的儒术不是基于西方重天重灵魂的儒学,而是东方重秩序的儒学(《春秋》公羊学)。董仲舒新儒学虽然吸收了孔孟之道,但那只是维系而已,在现实制度环境中并不具有根基。

可以看出,中国文明的这种进程,不是基于一种文明的生成发展能够演绎出来的,事实上必须考虑多种文明因素的接力才能说清楚,最基本的则是黄河流域的两种文明,当然还要考虑南方与北方。今天,中国文明想要实现转化、创新、再继承,则必须接西方文明之力,如马克思主义、法治精神等,这本是中国文明的生成发展之道。

综上所述,中国文明不是基于某单一文明生成发展起来的,而是多种文明接力前行的结果。其所以存在着一个高于地方文明的中国文明,是因为在多种文明接力的过程中,事实上形成了一个文化的大传统。这个大传统经历了发端、成长、成熟、维系、衰落诸阶段,前后不下五千年,中国五千年文明史可以成立。因为中国文明是一种高于地方文明的高一级的文明形态,其宇宙论基础在其发端、成长、成熟、维系、衰落诸阶段,内涵也一直在变化,不是某单一文明的宇宙论可比拟的。演绎中国文明的诸地方文明,最主要的是黄河流域的两支文明,在具体历史进程中,两支文明的制度与学术始终纠缠在一起。至于何以在多种地方文明基础上能够形成中国文明,应该与该地域存在萨满主义文化基质相关,因为强调转化生成,当中国文明发展成熟,原先的地域文明特征被逐渐消融,最后无法识别。萨满主义中的巫统、血统之别,则是中国文明生成发展的重要端口。

第五章　文明类型与社会形态：东西异制视角下的中国古代社会形态新论

社会形态研究是社会科学的重要组成部分，其对于揭示文明真相，把握文明轨迹，以至如何走向更好的文明都有重要意义。马克思主义史学一直重视社会形态研究，其对于深入认识中国文明，发挥了极其重要的作用。然现实研究状况并不理想，意见之多，分歧之大，恐怕超过任何一个具体学术问题的讨论。个中缘由，笔者以为在于对中国文明本身的研究尚不够深入。中国文明不同于欧洲文明，也不是简单的东方社会之一支，中国文明本身有多个来源，其中黄河中上游与下游的两支是其最重要的来源，中国文明是基于此两种文明交替向前演进的。这两种文明，宇宙论基础不同，社会制度不同，学说思想不同，构建上层建筑的旨趣不同，笔者称为东西异制、异学[①]，其实是两个不同的文明体，只是都不够健全罢了。考察中国古代社会形态，从古代文明这个基本事实出发，庶几可得其真相。

一、考察社会形态需要先考察文明类型

按照马克思主义的理解，社会形态是对包括从经济基础到上层建筑的完整

① 参拙文《东西异制：早期中国研究新范式论纲》，载牛鹏涛、苏辉主编：《中国古代文明研究论集》，北京：科学出版社2018年版，已收入本书；拙文《宇宙论与古代学术》，《浙江社会科学》2018年第5期。

统一体之形态的高度概括，其建立在对该统一体最具决定意义的力量即生产力与生产方式的认识上，奴隶制的、农奴制的、雇佣劳动制的生产方式就成为马克思讲的古代的、封建的、资本主义的社会形态最关键的决定因素。马克思处理的对象是古代希腊罗马、西欧、英国几个典型案例，并在此基础上提出三种社会形态类型。从学术理论的建立的角度讲，这是最有效的方法，从自然科学方法讲，就是实验标本比较单纯，更容易获得对事物真相的准确认识。正因为如此，此后的马克思主义史学大多是在此基础上提出关于人类历史的社会形态学说。

在此之外，马克思还提到一种社会形态，而后来自己很少讨论，即亚细亚生产方式。为什么讨论不多，不少学者以为马克思早年掌握的材料不够丰富，这固然是一个解释，但笔者理解，这恐不是最关键因素，因为马克思后来写《资本论》还提到了这种生产方式，可依然没有清晰阐释。如果我们只把马克思视为伟大的社会科学家，而不是伟大导师、绝对真理的化身，其实可以认为，这个问题马克思可能不太容易处理，因为基于亚细亚生产方式所构建的社会形态，其最具决定意义的力量不是他自己理解的经济基础决定上层建筑，至少不是像其他三种形态那样清晰。这种形态的特征是没有私有制，土地公有，同时国家专制。这种社会形态不具有马克思讲的其他三种形态所具有的市民社会决定国家的内在逻辑，而这个内在逻辑是后来唯物史观的最重要的基础。土地公有有可能出现国家专制，但却不必然导致国家专制，要将两者联系起来，必须要有国家承担大型灌溉工程建设，然后才能出现国家专制，但如果不需要承担灌溉工程建设呢？社会科学理论的建立需要将或然性问题排除在外，马克思当然很清楚这一点，所以他将这种方式安排在古代的之前的最早期的阶段，而在经常的论述中则尽可能少说。这是马克思作为学者与思想家的谨慎之处。

亚细亚生产方式是研究中国古代社会形态最常见的词之一，在中国学者中具有广泛影响。很多学者指出，经济基础在中国古代并不能对上层建筑起决定作用，至少可以见到的影响很小，几千年来，生产力一直在进步，但专制统治愈演愈烈，所以有中国社会长期停滞的讲法。对于这种讲法，笔者认为是没有很好去理解马克思理论的结果，是简单套用理论而产生的判断。如前所论，马克思对于亚细亚生产方式持谨慎态度,对于这种社会如何适用唯物史观他没有讲得很透彻。中国学者的研究有过度发挥之嫌。

在笔者看来,无论是用亚细亚生产方式,还是用五种社会形态学说来解释中国文明的进程,都不完全符合马克思主义实事求是的精神。唯物史观的成立是立足于市民社会决定国家的基本判断,没有市民社会这个中间环节,生产力的进步力量很难最终传递到上层建筑,导致上层建筑的变革。上层建筑不是直接建筑于生产方式的基础上,而首先建立在市民社会的基础上。在古代希腊罗马,社会先于国家而成立,因此才有经济基础决定上层建筑的论断。封建社会虽有专制,但社会仍然是独立的,尤其是存在一批自治城市,当资本主义兴起,专制很快被推翻。因此,欧洲的社会形态演进呈现出很清晰的脉络。

亚细亚生产方式针对的是东方社会。就中国而论,中国古代基本没有成型的市民社会,能够与国家专制相抗衡的力量来自贵族,而古代中国贵族在国家社会占主导地位时,事实上国家并不专制。就可按验的历史看,西周春秋是贵族社会,当时的国家并不专制,相反,政治权威却在逐渐下移,即孔子讲的陪臣执国命。真正的专制国家是从汉代开始的,但两汉又开始出现豪族,魏晋南北朝出现士家大族,隋唐犹有存续,从东汉到隋唐,国家专制的色彩也不明显,东汉有士人抗议,从西晋开始出现至隋唐成熟的三省制,则被认为具有限制君权的功能。专制的强化其实是在宋以后,其时大族消亡,而专制也渐趋达到顶峰。

古代中国庶民对于土地则可以认为没有土地所有权,国家直接授田给个体小农。这样的社会谈不上决定国家,如果中国古代都是这样的社会,用亚细亚生产方式来描述或许是合适的。但事实上传统中国纯粹的庶民社会时代很少,不是贵族地主,就是官僚地主。贵族与庶民,严格讲分属于两种社会构成类型,二者不同的利益诉求,导致二者无法构成一个针对国家的共同的社会基础。贵族时代,贵族控制大量依附民,故有与国家抗衡的力量。庶民时代,庶民需要的是国家的法律保护,庶民自身则无力抗衡国家。中国古代社会其实是一个混合型社会,用亚细亚生产方式描述中国古代显然将问题简单化了。

事实上,土地私有现象在中国古代一直存在,只是其法律权利是有限的,无法与欧洲的神圣不可侵犯的、绝对的、永久的土地所有权观念相比。简单套用亚细亚生产方式看中国古代社会,也是不准确的。

笔者赞成唯物史观,只是认为在运用其解释具体的文明个案时,首先要对该文明做深入全面的考察。就中国古代文明而论,唯物史观同样适用,生产力同样能带来上层建筑的变革。没有青铜时代的到来,很难想象会出现夏。没有铁器时代的到来,很难想象会有秦的统一。传统中国没有市民社会,但有可以决定国家的贵族社会。庶民社会虽不能说决定国家向前发展,但国家要回应这样的社会,这同样是需要认定的,这在一定意义上也是一种决定作用,只不过是被动的,而不是积极主动的。这决定了中国古代社会不可能表现出类似欧洲社会形态清晰的演进脉络。同样,因为有贵族社会问题,简单的亚细亚生产方式也不能把中国古代社会讲清楚。这是运用马克思社会形态学说解释中国文明时首先需要注意的。

如何更好地运用唯物史观解释中国文明,笔者以为要考虑文明类型问题。中国文明与欧洲文明在类型上具有明显差异,一般讲的人本文明与神本文明,就是中西文明类型的不同。笔者考察中国古代文明时,提出工正型政治与臣正型政治的不同[①],将其视为不同文明类型的概括,运用到中西文明的比较研究中,也是切实可行的。臣正型对应于人本,工正型对应于神本。就政治结构来说,臣正型文明承认君主的权威存在,国家机器的存在是为君主服务,只不过早期中国与传统中国存在着是致君尧舜还是帮助治理的差别,也就是笔者讲的政治核心价值的正与治的不同[②];而工正型政治承认有更高的神或天存在。

欧洲封建社会虽也有专制,但欧洲人并不认为君主就是最高权威,还有更高的上帝存在,君主只能管理世俗事务,并且要按照法律管理世俗事务。这是其文明类型决定的。在古希腊人看来,世间一切都是由工匠大神德穆革创造的,所有的创造都依据于法。这种类型的文明,在其国家诞生前,法已经存在。罗马法中,城邦之法(law)外还有一种法(ius),两种法相互干预、混合,最终趋向于制度上的统一。这种法(ius)不仅表现为市民法,而且也表现为"城邦自己的

① 参拙著《德礼·道法·斯文重建:中国古代政治文化变迁之研究》第一章。

② 关于古代政治存在核心价值的差异,参拙著《斯文及其转型研究》第一章、第三章。

法"[①]。也就是说,在其国家形成过程中,原先存在的社会之法成为构建国家之法的基础,这是马克思讲的市民社会决定国家的历史根据。

对于中国古代文明来说,也曾有过出现工正型文明的契机,事实上墨子即可以视为受工正型文明影响的思想家。而在文明的早期,古代圣王常见与共工发生冲突[②],每次都是共工失败。共工可以理解为供工,是专门为神制作器物以做贡献的群体,秦汉时代专门为皇帝服务的少府,王莽将其改为共工,可以支持这个判断。今天看来,这种群体的出现应是第二次社会分工的结果,所谓手工业从农业中分离出来,造就了一批专门从事手工业劳动的人。社会存在决定社会意识,因为从事不同的生产方式,对于社会的理解与要求也不相同。手工业与畜牧业、农业相比,显然更重视规矩法则的重要性,没有规矩不成方圆,也就不会有好的产品与好的效率。农业虽也讲法则,强调合乎天时,但这与手工业要求的法则不同。畜牧业则基本上依赖自然,法则意识更薄弱。落实到政治上,与手工业对应的是墨家、法家讲法治的工正型政治,与畜牧业、农业对应的则是儒家《月令》顺时布政的臣正型政治[③]。

古希腊文明的兴起离不开海外贸易,以手工业为基础的文明精神成为这种文明的主导精神[④],因此其文明更强调法治,这成为今天整个西方文明的传统。中国古代虽也有手工业的分工,这个群体也曾提出主导文明走向的诉求,但结果都不成功。这事实上形成了与西方不同类型的文明。

---

① 朱塞佩·格罗索:《罗马法史》,黄风译,北京:中国政法大学出版社1994年版,第98页。

② 有关传说均见于颛顼与禹之间,这是文明突破到早期国家形成前的一段时间,也是决定文明性格的一段时间。其间《尚书·舜典》舜与共工的冲突不可信,据《大戴礼记·五帝德》,舜本为天下工。

③ 关于人本文明包括臣正型政治发生的产业基础的讨论,详参拙稿《中国文明起源新论:思想史的视角》,已收入本书。

④ 有学者对此看法有异议,比如黄洋《希腊城邦社会的农业特征》(《历史研究》1996年第4期),认为"无论是从社会地位,还是在经济结构中所占的位置来看,手工业和商业都处于次要的位置"。这里作者似乎没有找到文明精神与产业基础之间的关联性。城邦公民由具有土地所有权的农民构成,以及手工业生产者不是自由民,不影响城邦制度精神是从手工业生产中获得的。古希腊神话中的创世大神是工匠神德穆革,由此可以看出希腊文明精神的产业基础不是农业,而是手工业。绎读《王制》的学者以为,"城邦代表着统治者、辅助者以及工匠之间的一种妥协",城邦真正的社会基础是工匠。伯纳德特:《苏格拉底的再次起航——柏拉图〈王制〉疏证》,黄敏译,上海:华东师范大学出版社2015年版,第99—100页。

不同的产业决定了不同的生产方式与社会意识，而不同的生产方式与社会意识又决定了不同的上层建筑。不仅政治模式中西存在明显差异，古代哲学同样如此。古希腊哲学家喜欢用工匠作类比，中国古代的墨家、法家也喜欢用规矩来类比法，但孔孟不喜欢，而受法家影响的荀子则接受，传统中国的儒家也接受这种类比。这当是与特定产业所奠定的特定的文明精神联系在一起的，由此文明精神所生发出的学说也受其影响。这里，唯物史观同样有效。

有了文明类型的观念，对于理解中西社会形态的差异，就有了理性的前提。正是因为工正型的文明精神，才有法治社会的形成，才有了西方人的所有权观念，才有了市民社会决定国家的逻辑，于是有了经济基础决定上层建筑的清晰的历史进程。

因为文明产生的产业基础的差异，中国古代的文明精神不同于西方工正型文明，其社会构成、国家出现方式也不同于西方。其社会不是遵循自由人的联合的精神结成的，其国家也不是社会意识到需要在社会之上有一个能体现社会整体意志的暴力存在而出现的。很多学者指出中国古代社会形成的血缘法则、亲疏远近是一直到今天中国人理解社会构成的最基本的规则，所谓熟人社会。国家也不是单纯的社会意识到在其之上需要一个体现集体意志的暴力存在而出现的，但也不仅仅是因为治水需要而出现。这里，中国早期国家的出现，集体意志与现实需要不是内在统一在一起的。集体意志是讲血缘，讲亲疏远近，而治水只是作为整体生存的现实需要，作为特定时间的集体需求，其刺激了早期国家的形成。

这种集体意志与现实需要的疏离始终交织在中国古代文明的进程中，其本质依然是政治的正与治的价值疏离。如果与古代学术挂钩，基于族群的集体意志产生了儒学，基于共同体的现实需要产生了法家，而在现实的历史进程中，纯粹的儒家与法家都不存在，中国古代文明一直试图寻找平衡。

这样的文明进程，其社会形态的演进不可能遵循类似欧洲的，从古代的到日耳曼的，到资本主义的清晰的社会形态路径前进。先进的生产力并不必然带来社会构成法则的变化，中国人的这种集体意志，很难形成类似欧洲的自由人的联合的社会观念。自由人的联合的社会要求人人在法律面前平等，欧洲的国家也始终将此作为一个目标来追求。中国古代只有贯彻法家主张最彻底的秦国接近于这个目标，而绝大多数时间，根本不存在这样的追求。这样的社会不可能积极有效地决定国家，推动上层建筑随经济基础的变化而发生变化。绝大多数时代，国家都是回应这种集体意志，但现实需要则要求这种集体意志也向国家做出让步，传统中国中儒学之蜕变为意识形态，就是这种让步的反映。这种回应与让步，带来的不是文明的进步，而是文明的倒退。尽管生产力也在发展，但上层建筑的专制倾向却愈演愈烈。

这样的文明显然不是亚细亚生产方式所能完全概括的，因为它并不单纯是一个农业文明的问题。尽管共工在与圣王的斗争中失败了，但共工所体现的文明精神并没有完全消失，相反却被融进了这种文明，因此才可能有后来墨家、法家的兴起。事实上，没有法家的高效政治，秦不可能统一六国，秦的胜利本质上讲是工正型文明精神的胜利。秦的统一不是靠简单的专制统治实现的，今天，大量秦律的发现，给我们展示的是一个法治政治模式。传统中国的历史进程，其上层建筑的特征是儒法结合，这与亚细亚生产方式所对应的上层建筑也不完全等同，这是考察中国古代社会形态需要特别注意的。

二、东西异制视角下的土地所有权制度

马克思根据欧洲历史以及他对东方社会的认识所给出的诸种社会形态，均不适合描述中国古代社会，而唯物史观在中国则依然有效，那么，该如何描述中国古代的社会历史进程？仅仅界定中国文明是以人为本的臣正型文明，并不足以讲清楚古代的社会形态。亚细亚生产方式，本质上讲是与农业文明联系在一起的，作为连接专制与土地公有的中间环节，治水与灌溉都是农业生产所需。这里，似乎与古代中国有很多可关联的东西。事实上还是要回到中国古代文明的实际来讨论。

中国文明与欧洲文明的一个很大不同，在于中国文明从一开始就不是基于单一的文明体发展起来的，其来源从今天的考古工作看，重要的至少有三支，黄河流域中上游与下游两支，再加上长江流域。基于后来的中国历史，其中又主

要是以黄河流域的两支文明为基础发展起来的。基于这个基本事实，笔者提出东西异制以解析早期中国文明的进程。因为这个模式不仅仅关乎制度问题，还关乎学术、宗教等方面。早期中国的这两支文明，除了在最基本的萨满主义的文化基质上相通外，其他很难找到相似的旨趣，可以用两个不同的文明体来表述。了解这一点，对于中国古代社会形态研究非常关键。

就目前已有的对于中国古代社会形态的讨论看，可谓异见纷陈，分歧之多之大，是足以令人惊异的。社会形态理论本身并不复杂，为什么对于古代中国个案的研究却极其复杂？其中原因，笔者以为，在于中国学者过于急切地想将马克思的学说运用到中国个案研究上，而忘记了具体问题具体分析的马克思主义活的灵魂。

东西异制之所以重要，在于不同类型的文明，对于结成什么样的共同活动方式有不同的理解，对于结成什么样的上层建筑也有不同理解。也就是说，早期中国的两支主要文明，对于如何生产，如何进行国家治理，有不同追求。

据笔者初步考察，古代文明进程，这两种不同旨趣的文明精神呈交替演进之势，这对社会形态变迁会有什么样的影响，其实应该认真考虑。就目前的研究看，有人讲西周封建说，有人讲魏晋封建说，有人讲战国封建说，竟都能各自找到一些根据。且不论究竟如何理解封建，仅凭这种诡异景象，就足以引起对整个研究工作做整体反思，是不是在研究工作开始之前疏忽了什么问题，有没有满足于只要找到材料验证理论就可立说的研究倾向。这里没有否定前贤工作成绩的意思，不管怎么讲，把能够说明某一方面问题的材料找出来就是贡献，只是立说似乎不够慎重。严格地讲，从事中国古代社会形态研究，是中国文明的理论工作，承认马克思主义是真理，不等于可以将他研究欧洲个案得出的具体结论直接套用到其他文明体上，这是马克思所反对的工作方式。理论工作不纯粹是思辨问题，其必须立足于具体的材料基础上，马克思从未脱离具体的材料谈社会形态问题，材料不够，他就很谨慎。中国古代社会形态研究，原本就应该立足于本土材料上，只有能将所有这些看似矛盾的材料都解释通，这样的学说才能成立，否则就成了在马克思主义旗帜下的公说公有理，婆说婆有理，这意味着我们离将马克思主义原理运用到中国研究还很远很远，因为真理只有一个。东西异制之重要，就在于东西异制可以解释这些看似诡异的现象。

下面就讨论东西异制视角下的古代社会形态问题。鉴于笔者能力有限，这里只能谈自己熟悉的方面。

首先来看一则众所周知的材料，孟子有夏商周分行贡助彻的不同租税法的讲法。这背后就存在东西不同的共同生产方式的选择。夏周属于西方族群，商是东方族群，商人选择劳役地租的方式安排生产，夏、周选择征收实物地租的方式安排生产。这个不同可以得到甲骨文所记录的商代生产方式的验证。甲骨文有籍田的材料，有王大令众人曰协田的材料。过去主张众人为奴隶，现在看来明显不妥，籍者借也，协者协助，奴隶为主人生产不能叫协助，强制奴隶劳动不能说是借奴隶之力生产，逻辑上讲不通。周行彻法则有《论语·颜渊》记鲁哀公讲的"二，吾犹不足，如之何其彻也"为证，尽管鲁哀公没有用十一税法，但征收实物地租则一。

依照这个不同，大致可以理解东西文明对社会构成观念的基本差异。实物地租的存在，说明各生产单位（氏族、宗族）独自生产，各自占有自己的土地，国家的成立是建立在若干家庭或宗族的基础上的。劳役地租似乎并不必然排斥各家独立生产，如孟子设计的井田制，八家各私百亩，共同耕作百亩公田，但他这种制度设计逻辑上不成立，既允许私田，私心既生，公田很难耕作好。《诗经·小雅·大田》的"雨我公田，遂及我私"，这个私是宗族或家族之私，不是个人之私。笔者更倾向于认为古代东方与籍田相对应的社会制度应是农村公社制度，接近于马克思讲的亚细亚生产方式。在生产力落后的情况下，这种制度更适合组织生产。西方的以氏族或宗族为单位，同样也是大生产，但其以血缘为纽带结成大的生产单位，与东方以村社组织为基础结成大的生产单位，区别很明显。早期村社材料很难寻找，春秋时期，东方有所谓"书社"①，这种社，笔者判断就是自愿结成的聚落共同体，共同生产，共同起居作息②。

---

① "书社"之书，当类秦法律"弃妻不书"之书，登记之义。关于"书社"的材料，学者多有征引，如张金光的《战国秦时期"邑"的社会政治经济实体性——官社国野体制新说》（《史学月刊》2010年第11期），此略。

② 论者通常引用《汉书·食货志》的一段文字来说明古代村社的生产生活情况，"春，将出民，里胥平旦坐于右塾，邻长坐于左塾，毕出然后归，夕亦如之。入者必持薪樵，轻重相分，班白不提挈。冬，民既入，妇人同巷，相从夜绩，女工一月得四十五日。必相从者，所以省费燎火，同巧拙而合习俗也。男女有不得其所者，因相与歌咏，各言其伤"（第1121页）。宣十五年《公羊传》何休注也有类似表述，不具引。

由这种共同生产方式的不同，可以引申出土地所有权观念差异。基于村社组织的生产，土地属于村社或国家所有，不存在私有权，这也合乎亚细亚生产方式特征。而西方以血缘为纽带的共同生产方式，更倾向于土地私有。《礼记·大学》讲“有德此有人，有人此有土，有土此有财”，土地财富与德性联系在一起，潜在的逻辑就是有德者是有权利拥有土地与财富的。这本是所有权观念的基础。即便西方人讲私人财产神圣不可侵犯，也是将所有权与某种神圣的东西联系在一起而得以确立的。真正的问题在于，早期中国的这种作为所有权根基的德性基础，是不平等的，是与圣人或天子联系在一起的，而不具有普世性。这种根基既确定又不确定，因为天命无常，惟德是亲，德也在转移之中，并不固定在某一群人身上。土地的所有权也会随政权转移而发生流转。这与亚细亚生产方式没有关系，而是中国文明来源之一的西方文明的对于土地财富所有权观念的体现。这种所有权制度，德性是其实质要素。

如果以德性作为土地所有权的基础，东方文明的村社土地公有的观念也有必要作更深入的分析。按照东西异制、异学的分疏，东方文明也讲德性，只是他们的德性不是来自天，而是来自地。这种来自地的德性与来自天的德性的差异，就在于它是人人均有的，来自天的德性是以圣人或天子为中心扩散的，而来自地的德性则等同。所谓公有观念中事实上蕴含着人人享有一份权利的观念在其中。在个体生产能力不高的情况下，大家结成村社组织，共同生产生活。当铁器时代来临，个体生产力提高，个人有独立生产能力情况下，就会出现基于小农的土地所有制[①]。秦始皇的令天下黔首自实田，笔者理解是承认黔首作为个体生产者对于土地享有所有权。只是这个所有权同时又属于国家。来自地的德性，在根本意义上是与国家联系在一起的，领土是国家成立的第一要素，来自土地也就意味着来自国家，甲骨文中社写作“土”，国

① 林甘泉先生论古代土地私有权的起源，其中之一即从村社民集体所有转化为小农个体私有。见其《中国古代土地私有化的具体途径》，载《文物与考古论集——文物出版社成立三十周年纪念》，北京：文物出版社1986年版，收入《林甘泉文集》，上海：上海辞书出版社2005年版。

家就是土地[①]。

来自国家与来自圣人或天子，不是同一回事。过去的研究显然将这两个问题混淆了。来自国家，对应的是天下是天下人之天下的观念；来自天子，对应的则是朕即国家的观念，只是这个国家的关键要素是礼乐文化。前者对于国家构建，指向于法治国家，而后者则是人治国家。

过去对于土地所有权的讨论也是众说纷纭，或说国有，或说地主所有，或说小农所有，所有这些说法都可以找到材料来支撑，这样的讨论永远都是各说各话。但如果考虑到中国古代有这样两种所有权观念，传统中国历史的进程就是两种观念混合的结果，那么，中国古代社会土地所有权所呈现出的复杂形态并不难理解。

从青铜时代到铁器时代的变迁，同时带来了社会形态的变迁。但这个变迁不能简单地用欧洲模式来观察，也不能停留在亚细亚生产方式上，而要考虑早期中国两种文明来源的事实。

从整体文明精神看，这个时期东方文明的精神开始抬头，生产力的发展必然带来社会产品的丰富，带来社会矛盾的加剧，所以有了政治上从正到治的转变，法治意识开始流行。从具体的社会治理看，管仲于齐国的变革可谓拉开了

① 这里有一个难以讲清楚的问题，学者讨论也难以达成一致，即国家授田看起来是国有制，但学者或承认其有二重性，或认为其具有向私有制转化的特征。笔者以为，所有权的本质是国家对个人占有物排他权利的认可，与土地的初始获得是从国家授予，还是自然占有，没有太多关系，真正的问题是社会相对于国家的关系，决定了国家对于土地所有权的干预能力。贵族社会，虽然西周后期也有普天之下莫非王土的声音，但周天子并不能轻易剥夺诸侯贵族的土地，春秋时代有天子与许易田的记录，其所以如此，在于贵族社会中，社会能决定国家。同样，小农社会，国家能响应小农意志，实行法治，国家同样不能剥夺小农的土地。只是，小农社会不能决定国家，法治的推行取决于君主的个人意志，而这是不可靠的。小农获得土地所有权，恐怕只有在秦国存在过，而秦自商鞅变法至统一，事实上也没有土地兼并的发生，说明小农的土地权利得到法律保护。即便秦始皇也宣称“六合之内，皇帝之土”（琅琊刻石），但他也不能剥夺小农的土地。只不过，这种来自国家授田的土地，其所有权是有限的，不是神圣的、永久的，这主要是指若犯罪，土地要被没收，因为他们对土地的所有权成立的基础不是高于国家的存在，而就是国家。西方文明的神圣永久的财产权利，其根源是自然权利，这种权利高于国家，而他们的国家又为社会所决定，其所有权的表现形式与中国古代便不同。中国古代西方的贵族的土地所有权与西方类似，这应该是来自天与来自地的土地所有权观念的差别。来自天，具有天赋特征，自然有神圣性永久性；来自地，地即国家，而国家又表现为法，触犯法律，同时即要丧失土地所有权。学者举睡虎地秦简《封诊式》的“封守”，认为没提到土地，因此说是土地国有制，这其实没有看到秦小农土地所有权的实质。因为犯法，土地所有权同时丧失，查封财产之时本不需要再提土地。这种所有权与来自天的所有权不一样。关于战国授田制讨论的述评，参考晋文：《睡虎地秦简与授田制研究的若干问题》，《历史研究》2018 年第 1 期。

这个时段社会变迁的序幕。首先是四民分治，这是东方讲德性注重才能的具体表现。所谓共同生产方式，主要指向于分工协作，四民分治本质是以国家为单位进行整体的分工协作。这不是自然形成的分工协作，而是古代中国东方文明精神的具体体现。才能作为德性也是来自地，天下万物皆生长于地，所谓“地道敏树”（《礼记·中庸》），以及“地势坤，君子以厚德载物”（《周易·大象传》），都是讲人的才能之德是从地来的。来自天的是道德德性。土地作为构成的国家的第一要素，由土地生长出来的才能也要服从国家分配。四民分治就是国家主导的不同才能的重新配置。

管仲的另一个重要变革是相地衰征，因为史料有限，我们不能准确知道当时齐国的主要的生产单位是个体小农，还是村社，或者是宗族组织，但有一点是确定的，其已经改用实物地租了。不过，与西方周人用彻法不同，相地衰征的精神是根据不同的土地制定不同的租率，如果是统一的十一税率，就不叫相地衰征了。这种精神在后来的秦国也有体现，据学者研究，秦人的程租，就是根据不同的田地制定不同的租率[①]。这样显然更公平，彻法只是表面公平，实质不公平。彻法之下，同样百亩土地，产出的不同决定了劳动者最后所得不同。相地衰征则可以解决这个问题，土地肥沃的租率高一点，土地贫瘠的租率低一点，这样可以保证同样的劳动最后所得大致平均。这也是属地的东方文明精神所关切的，是追求人人平等享有权利的具体实践。鲁哀公虽取十分之二，但齐一租率则不变。

随着铁器时代的到来，到了战国时代，原先东方的村社制度也开始走向解体，《管子》的《海王》《轻重乙》等篇中都讲民有一套生产工具，就可以独立从事生产，可以脱离原先的村社组织，远离政治中心。在西方的文明观念中，这意味着国家的衰落，因为国家直接控制的人口与土地，并不能随人口的扩散而自然扩散。土地与人口都是基于德性授予，不具有自然扩张性。东方文明精神与之不同，国家随土地的自然开垦而获得自然扩张，春秋战国时代郡县制度材料，均

① 参杨振红：《出土简牍与秦汉社会》（续编）第五章，桂林：广西师范大学出版社 2015 年版；又参前揭晋文：《睡虎地秦简与授田制研究的若干问题》，《历史研究》2018 年第 1 期。

见于实践东方政治文化的地区[①]。这不是偶然的。县制所体现的是哪里有土地，哪里就有国家权力的精神，并不能简单理解为对于财富的嗜好。

生产力的发展，村社组织的解体，亚细亚生产方式也会随之终结，继之而起的是国家对小农的直接授田以及小农土地所有制的出现。今天讨论战国土地所有制，习惯将国家授田制与小农所有制对立起来理解，笔者以为这是不必要的。前文讲过，国家所有制同时意味着全民所有制，小农有权利享有土地转让的权利，国家授田并不排斥民得买卖土地。只是因为国家有坚强法制保障小农权利，而土地又是小农的生存基础，今天很难看到秦人买卖土地的材料。后人讲的商鞅变法，废置井田[②]，设置阡陌，民得买卖应该是可信的。

不过，需要注意的是，小农所有制与国有制可以重合的前提，是国家坚强的法制，法制是这种所有权制度的实质要素。只有在特定的上层建筑之下，这种经济基础方得稳固。这种模式下，经济基础与上层建筑相结合会达到一个稳定的形态。商鞅变法之后的秦国应该就是这样一种形态。

这里要注意，汉以后的小农占有土地不能成为小农土地所有制，但汉以后的土地所有制也不能成为土地国有制。小农土地所有制与国有制是一对孪生兄弟，没有这一个同时也就没有另一个。这对孪生兄弟只是汉以后传统中国的土地所有制形态的一个来源。

传统中国土地所有制还有另一个来源，即西方的以天子为中心的贵族所有制。只不过，进入传统中国，贵族群体发生了转型，用权贵地主土地所有制或许更恰当一些。东方社会因为生产力的发展出现农村公社的解体，西方的贵族社会在生产力的演进中也解体了，但贵族社会的基础所谓宗族形态并没有消失，消失的只是其中上层建筑部分。

前文讲过，贵族是专制的抵制力量，建立在贵族社会基础上的上层建筑本也不倾向于专制，或者说贵族社会具有决定国家的力量。构成贵族社会的要

---

① 齐国本是东方文明的地域；秦是从东方迁到西方；晋是实行夏政的地区，夏政是综合东方文明的结果，是墨学所本；楚在政治文化上也与早期东方文明一致，绝地天通的颛顼氏本是楚人先祖。

② 废井田之"废"，不是废除，而当理解为其相反的词义置的意思，与开的意思一致。井地本是规划土地、设置阡陌疆界的意思，孟子讲的井田制是他的发明。废训为置，见《广雅·释诂四》、《小尔雅·广言》、《公羊传》宣公八年等。

素，除了土地所有制的经济基础外，还包括德性与礼仪，所谓上层建筑的一部分。在贵族社会中，这些东西的重要性有时超过土地财富。春秋时代的一些事例，比如孔子论器与名不可轻授予人的事例（成二年《左传》），足以说明这一点。孔子堕三都，大贵族都同意，反对的是陪臣。西周到春秋政治演变的结果是所谓陪臣执国命，说明贵族的兴趣点不是土地财富，而是孔子讲的器与名。以这种礼乐文化为核心构建的上层建筑，不可能出现专制，如果搞专制，就有被推翻的危险，典型事例是周厉王专制导致国人暴动，出现共和行政。这种文化在生产力低下的时代可以存在，在生产力极高的年代也可以存在，在生产力不高也不低的年代，其必然瓦解。进入铁器时代，它确实就消亡了，顾炎武论周末风俗的著名札记[①]，已把这种文化消亡的事实讲得很清晰。

作为上层建筑构成部分的文化的消亡，并不代表这种社会的骨架也随之消亡，在这种文化基础上发展出的儒学，作为一种学说还在社会上传播。血缘的天然吸引力仍然是维系社会的一支力量。虽然东方文明精神日渐占据主导地位，但即便是商鞅变法运用国家力量限制家庭的膨胀，鼓励小家庭，结果也并不像想象的那样理想。学者指出，新出材料所见秦代家庭形态，并不均是核心家庭与主干家庭，还存在联合家庭[②]。另有学者指出宗族在战国秦汉则始终延续[③]。可以推想，东方六国，周文化的精神传统延续保留得比较多，尽管他们也开始转向运用东方文明的精神来治理国家。孟子讲，为政在不得罪巨室，又讲“说大人则藐之”，藐之是因为这些大人已不再是具有文化内涵的贵族，而告诫国君不要得罪他们，则是因为这些人掌握了巨大的实力，在国家社会生活中具有重要的作用。这样的国家中，土地不可能归国家所有，否则国家为什么不能得罪这些巨室呢？这些巨室对于土地的所有权是从春秋时代的贵族土地所有权延续下来的。

春秋时期，时见某人以某邑奔某国的记载[④]，这意味着这些人对其邑是享有

① 顾炎武：《日知录》卷十三“周末风俗”，石家庄：花山文艺出版社 1990 年版，第 585 页。

② 陈絜：《里耶“户籍简”与战国末期的基层社会》，《历史研究》2009 年第 5 期。

③ 邢义田：《从战国至西汉的族居、族葬、世业论中国古代宗族社会的延续》，载黄宽重、刘增贵主编：《家族与社会》，北京：中国大百科全书出版社 2005 年版。

④ 如《春秋》襄公二十一年“邾庶其以漆、闾丘来奔”，昭公五年“夏，莒牟夷以牟娄及防、兹来奔”，昭公三十一年“冬，黑肱以滥来奔”。

所有权的，否则其如何能将土地人口全部带往别国？与之对应的，以土地为国有的国家，则遵循出其人留其地的处理原则。[①] 这两种现象反映的是那个时代两种土地所有权观念并存的事实。

当然，贵族社会在生产力发展后本身也会逐渐解体，即居主导的生产单位变为小农，大的宗族固然有留存，但已不占主导地位，这个时代已不能再称为贵族或宗族社会。不过，这个社会形态下的小农并不享有土地所有权，这个社会中的所有权观念本以德性为根基，尽管从大族分离出来的小家庭在生产力允许的情况下可以独立生产，但这个社会并没有赋予他们可以永久享有他们所耕种的土地的权利。这个社会没有类似东方社会的地可以生德的观念。

所有权的本质本就是对占有物的观念，如果社会文化不赋予占有者全权支配占有物的观念，占有者自己也不会形成对占有物的所有权观念。东方文化因为有地生德，其即赋予占有土地、使用土地的小农以土地所有权，所谓国家所有制是基于国家法律框架下的观念，小农犯法，土地要没收。享有土地与遵守法律是这种社会对于土地所有权规定的一体两面。西方文化没有这个观念，生产力发展所带来的庶民社会，并不能说其中小农享有土地所有权。

这里自然产生一个问题，这样的小农与土地的结合，该如何界定他们的权属与社会形态。理论上讲，这种社会形态与原先的贵族社会形态已不是同一种社会形态，这与东方从亚细亚生产方式演进到小农土地所有制，其间具有连续性不同。如果不考虑东方文明精神日益占据主导地位，仅考虑西方贵族社会在生产力演进的情况下的自然变化，其很可能接近魏晋时代的小农依附士家大族的社会形态，当然不会完全相同，因为魏晋是经历了秦的转变之后的回归，其间上层建筑发生了质的转变。

这样的社会形态中，小农对于土地的权利实质是处于待定状态。社会变革，国家也在变革，秦的统一确认了他们对于土地的所有权，所谓自实田，实与名相对，实是实际享有，国家承认小农对于土地的所有权。名田的权属则可以变更，王莽改天下田为王田就是证明。然秦因为自身的问题政权很快崩溃，小

① 典型的事例是晋文公出阳人，见《国语·晋语四》，上海：上海古籍出版社 1988 年版，第 374—375 页。

农对土地的权利又成为问题。

汉的政治与秦政治不是一个类型，但汉也不是西方类型的政治文明，用汉宣帝的话讲，汉家杂霸王道用之，是一个综合形态。其经济基础，其对于土地所有制的认识也是一个综合形态。其依然行国家授田，汉初法律《二年律令》依爵位授田的规定很明确，从关内侯到庶民，都有受田权利。这种模式既不同于西方，也不同于东方，而是将东西方统一于一体。其授田明显偏向于高爵，差距悬殊，这是贵族社会模式的延续。但也照顾庶民所谓小农，保证他们有田耕作。在均有考虑的同时，又同等剥夺了他们对土地拥有所有权的观念，汉人称其为名田，土地只是暂时登记在占有者的名下。学者或认为这是土地国有制，这未为不可，然其同时又是以皇帝为中心的统治阶级土地所有制。这原本不是一回事，但经过朕即国家的关联，事实上形成了一而二、二而一的关系，所谓国有制等同于权贵所有制，国有是名义上的，权贵所有是实质上的。真正的国有与全民所有是对等的，其需要坚强的法制为保障。汉人从一开始就将授田的天平偏向于高爵，而在实践中又废除了秦保障小农的法律，所以到汉武帝时，贫者已无立锥之地。此后豪强大族迅速形成，到魏晋时代更是发展到封山占水。这种土地所有制与早期西方文明的贵族土地所有制的区别，只在于其名义上有一个国有制的外壳。强势的君主可以利用这个外壳打击个别豪强大族，但想改变大的格局则基本无可能，道理很简单，因为他本人是这个群体中的一员。光武度田的失败，某种意义上反映的就是这个问题。

在上层建筑方面，魏晋南朝时期，有所谓礼仪复兴的趋势，某种意义上是对早期西方文明的回归。这种文化的重新兴起，固然不能在根本上决定国家，但在一定程度上塑造了国家，此时又出现了士家大族与君主共治的政治局面，上层建筑中出现了新的制度，如九品中正制、三省制等。

这种社会形态无法套用亚细亚生产方式，也无法套用欧洲的社会形态的演进模式中的任何一种。看起来很像封建制度，然与欧洲的封建制度相去甚远，只能回到中国自身的文明轨迹中来讨论。

当然，唯物史观在这里依然有效，只是因为所有权观念的复杂，导致综合之后的实际制度名实脱节，这跟欧洲的所有权观念受到法律的坚强维护完全不能相比。但在实践中，其实际表现依然符合唯物史观的原则，不能因为国家可以打击个别豪强大族,就以为其一定是国有制,这未免是上了古代人的当。这里,简单的逻辑法则说不清楚问题,只有依据理性,看穿表面的所谓名的虚假,才能得到对此一阶段社会形态的真实意见。

三、东西异制视角下的人的自由

这里有一个问题要提出来讨论,即中国古代这种社会形态的变迁,具不具有马克思讲的文明演进的意义。马克思讲的社会形态的演进历程,同时也是文明的发展进程,正是因为这个进程蕴含着内在进步性,马克思才预言将来会有完美的社会形态的出现。尽管我们可以讲这是马克思运用了历史的辩证逻辑作出的预言,然历史本身也证明,虽然资本主义没有像他讲的那样快消亡,但社会主义在西方已经有一点萌芽,尽管还不能说就是社会主义,但说其已经发端,则没有问题。

马克思用人获得解放获得自由的程度来界定进步性,与其社会形态学说相对应,马克思提出人的自由的三阶段:人的依赖性关系,以物的依赖性为基础的人的独立性社会,人的自由全面发展社会。前者是原始社会,后者是理想社会,中间是阶级社会。中间的以物的依赖性为基础的社会,实质就是具有所有权制度的社会,最早的社会与理想社会均不具有所有权制度。这意味着,在阶级社会,社会形态演进的内在进步性体现在所有权制度的变革中。奴隶社会,奴隶主不仅享有对物的所有权,还享有对生产者奴隶的所有权;封建社会,作为生产者的农奴不再为封建主所有,而是依附于封建主;资本主义社会,生产者工人对于资本家,依附关系也消失了,而是自由雇佣关系。在这个演进系列中,人的自由度越来越大,这是文明进步的体现。到理想社会,没有人宣称对物的所有权,人人都是自由的生产者,雇佣关系也消失了。

在考察中国社会形态演进的时候,同样应该运用马克思对于文明进步性的界定,这是马克思学说的核心理念。尽管具体的理论是生产力与生产关系、经济基础与上层建筑的两对矛盾构成社会形态演进的内在动力,但演进的指向则是人的全面自由。分析中国古代社会形态变迁,同样要分析生产力与生产关系、经济基础与上层建筑,但考察中国古代社会形态变迁时,更不应该忘了马克思的核心理念。学者或认为五种社会形态学说不成立,这不妥,五种社会形态学说符合马克思的核心理念,只是不能简单套用,想当然地认为人类各地域文明都能循此路径演进。历史事实证明不是如此,要想将社会形态理论运用到实践中,首先得了解自身是一种什么样的文明。

前文讲过,马克思对东方社会持谨慎态度,论述不多。他也没有讲如何将他的核心理念运用到对东方社会的考察上。事实上东方社会也不是一种模式,中国古代社会不能简单等同于马克思讲的东方社会。在考察中国古代社会形态研究时,一方面要紧紧围绕唯物史观,另一方面则要牢牢记住马克思讨论社会形态的初衷,即通过社会实践以获得人的全面自由,唯物史观是指导实践的一把尺子。任何简单援引马克思所获得的对有限地域的既有社会形态的具体判断,粗暴解释自身文明的做法,都不符合马克思主义的精神实质。因为有的文明,在孤立状态下可能永远不能跃升到高级形态。

用马克思的核心理念鉴别中国古代社会形态是否具有进步性,其结论恐怕不难得出。我们凭什么说五种社会形态适用于中国古代社会呢?从亚细亚生产方式的角度看中国古代人的自由发展的问题,则会归结到封建社会长期停滞,按照这个核心理念,这其实是必然结果。这或许是很多学者接受亚细亚生产方式的理据。

前文已经讨论,中国古代并不一直都是专制,专制主要是在汉以后的传统中国,而即便在这两千年中,还有三省制度,还有所谓封驳。当然,可以认为这些能够体现理性的制度设计,并不能达到整个上层建筑的理性,但总可以提醒我们简单的专制主义解释不了古代中国。

讨论人的自由发展问题,同样要考虑东西异制的问题,前文讨论所有权问题讲到东西不同的德性观念会导致不同的所有权观念,而马克思的人的发展线索则是从所有权制度的变革出发考察的,简单地讲,人首先要从人身依附关系中摆脱出来,然后从对物的依赖中解放出来,而这只有消灭所有权制度才有可能实现。运用这个逻辑考察中国古代社会形态变迁中人的自由发展问题,则会遇到非常棘手的问题,因为中国古代文明与欧洲文明不属同一类型,其属于以人为本的臣正型文明。在欧洲工正型文明中,人的自由发展线索比较容易理清,在所有权制度的变革中可以清晰地看出人日趋自由的趋势。

欧洲文明中,所有权制度与社会建构密切相关,社会决定国家,人从所有权制度中摆脱出来,也就意味着人从国家中摆脱出来。古代中国的逻辑比这要复杂得多,尤其考虑到东西异制问题,讨论古代中国人的自由发展问题就特别不易。究竟何谓奴隶,中国古代有没有奴隶,事实上也说不清楚。

前文提到,早期中国西方文明遵循的是社会决定国家的逻辑,贵族社会重视德性礼仪的文明,这种集体意识决定了国家不能不讲德性礼仪,而这对专制是一种抵制。在这样的文化中,同样不能接受视人为奴隶的文化,从西周少见以人殉葬的事例,大致可以看出这种文化对人的看法。亚里士多德视奴隶为缺乏理性的人,中国文化并不强调理性对于人的重要,就西周文明重礼乐讲,其致力于人的情感转化升华,而谁人没有情感呢?所以后来孔子在这种文化基础上发展出儒家学说,对人的自身价值特别地重视,提出天下一人的观念。其不能接受以奴隶样式存在的人,是可以断言的。

是人并不一定就能养成德性,孔子自己也讲唯女子与小人为难养。而不能养成德性,意味着其不能拥有土地财富,也不能成为社会的成员。社会决定国家,这些人也不能享有参与政治的权利,所谓天下有道,庶人不议,其理据当在此处。不允许他们议政,不等于不承认他们为人,这是两个问题。如果这种社会独立发展,其最后会形成无德性之人对有德性之人的依附关系,更接近封建社会形态。问题是他不可能独立存在。其独立存在,国家都很难形成,仅有这样的集体意志是成不了国家的,其本质上不允许有高于社会的国家存在。孔子讲礼乐征伐,同时又讲远人不服则修文德以来之,礼乐是集体意志的体现,征伐则是针对不符合礼乐制度的人而设的,这是融入现实需要之后的设计,因为文德并不能真正令拥有不同文化认同的人服从,其若独立存在则没有这个问题,但独立存在又构建不了天下国家。

东方的文明与其有很大差别,西方属天重灵魂,东方属地重欲望,欲望也是人性的构成要素,所以,作为构建社会基础的人的基数,东方要大于西方。但是其对人的要求有特别之处,即不要求发展知识,所谓虚其心,实其腹。这样的社会其实不能积极地去决定国家,按照老子的讲法,民老死不相往来。指望其能独立发展也不现实。不过，在文明形成、国家出现以后，其中蕴含的智慧更有利于好国家的出现。因为其构建社会的基础面要大于西方，普通人可以独立存在于国家之中，而不是依附于有德性的人。这样的社会虽不能积极决定国家，但作为国家要回应这样的社会，就必须严格法制，保障这些小民的权利不受他人侵犯，包括皇帝也要接受法律的规约，秦便是如此。但在古代中国，这种国家上层建筑形态也不可能达到成熟。尽管秦人接受了综合东西的墨学的指导，仍不免二世而亡。

相较于工正型文明以超越理性为基础的人的自由观念，中国的以人为本的臣正型文明，对人获得自由的理解要求要高，其不完全是一个所有权制度问题，而是与上层建筑直接联系在一起。孔子讲，吾非斯人之徒与而谁与，他的志向则是老者安之，朋友信之，少者怀之。人的自由不仅仅是获得生存的物质基础就可以的，事实上要以社群是否和谐为条件。也就是说，人的自由不是个人的问题，其本身是一个群体问题。这个群体关系，孔子分疏为五达道，君臣、父子、夫妇、兄弟、朋友，自由体现在各种关系的和谐中。上层建筑直接构成了自由的条件。当然，这不是说西方人的自由跟上层建筑无关，而是说基于经济基础的上层建筑，其作用于人的自由的方式，仍服从于经济基础对人的自由的作用，所谓统治阶级是有产者，作为阶级统治的工具的上层建筑，其同样是为有产者服务。古代中国因为自身文明的特性，在社会运行的根本法则上虽同样符合唯物法则，基于财产占有形成统治者与被统治者，但上层建筑本身承担着使人获得基本生存基础的责任，所谓政治的民生导向。这是自由的基础，孔子讲不患寡而患不均，孟子讲井田，都是这个指向。另一方面，上层建筑同时有责任促进社群的和谐，《中庸》讲唯有德有位者可以制礼作乐，礼乐是促进社群和谐的必需，在此基础上的自由，是中国人所理解的自由。只是这种理解在理论上不够理性现实，在传统中国的实践中，文明并没有像欧洲呈现出随生产力进步而不断进步，人的自由不断扩大的历史进程。

古代中国是综合两种文明而生的，发展到传统时代，也可以分为两种形态：一是响应西方文明精神的，建立在士家大族构成的社会基础上，汉魏晋隋唐时期如此；一是响应小民关切，建立在小民构成的社会基础之上，宋元明清时期如此。前者，社会对国家还有一点决定作用，因此专制不是很明显，还有一些理性的制度；后者则渐趋走向专制极权，因为社会无法决定国家，反而是国家响应小民。这只是大致分疏,其间具体朝代又有不同,这里不能深入。

这里关注的是在这种社会形态变迁中,人的自由发展问题。早期西方文明中,国家不限制人的自由,但社会本身有限制,人的德性体现在伦埋关系中,而不是体现在人与神或真理的关系中。德性是自由的基础,中西文明是一样的,但德性内涵的规定不同,社会赋予他们的自由就不同。早期中国的西方文明,人只有在和谐社群中才有自由,所以孔子因女子与小人而不自由,因为他们近则不逊,远则怨,和谐比较困难。但脱离社群又不为他所取,所谓鸟兽不可与同群。所以他的自由理想很难实现。

早期东方文明对于自由的理解不是和谐社群,而是独处不受外界侵犯的自然,道家一直有退隐山林的修行。在国家体制中,独处不受外界侵犯与两点要求联系在一起:一是坚持法制,法保护每一个人不受侵犯;一是固着于土地,不允许自由流动。但这两点在古代只能在有限时空中即商鞅变法后的秦国实践,推广到全国并不现实,其本质是违反人性的。

可以看出,不管是哪一种文明,获得今天谈论的自由都不容易。如果将这两种自由观念综合在一起,其结果更加不自由。

前文讨论两种所有权观念综合的结果是名实分离,土地名义上是国家的,实质上是权贵官僚阶级的,基于这种所有权制度所产生的人的自由观念也同时被剥夺。就追求德性的西方观念来说,德性追求取决于个体内在所得,其获得的自由的程度也有不同,因为是取决于自身,虽然难度很大,但其本质并不违背人性。当土地名义上成为国有,国有制本是东方文明中的所有权制度,其对上层建筑同样有要求,也就是法制,当儒家学说得到国家认可,这种学说也要法制化,魏晋南朝的仪注都是法制。更甚者,德性也要以法来治,笔者界定法律儒家化是以法律管制人的心灵①,因为心灵是德性的根基。法制化的德性与礼仪根本上不是自由,而是统治。西方文明中法制与自由同样关联在一起,其结果是人越来越自由。传统中国法制与自由也关联在一起,但结果却是人越来越不自由。原因就在于其是两种文明错位综合的结果。

① 参拙著《德礼·道法·斯文重建:中国古代政治文化变迁之研究》第七章。

传统中国小民更不自由，名义上土地国有，但是实质是权贵官僚所有，脱离法律保护的小农对土地形不成所有权，所有权的排他性是以法律为基础的，没有法律也就没有所有权。传统中国小农虽有被分配土地的权利，但同时又有被豪强地主乡绅剥夺土地的机会，尽管豪强地主乡绅也有被他人剥夺的可能，但这个他人绝不会是小农，除非政权被颠覆。在这种所有权制度中，小民不可能获得原先东方文明所期望的不受侵犯自然独处的权利。他们的自由也被从根本上剥夺了。

自由是上层建筑中精神层面的内容，据笔者考察，古代中国东西方文明的自由精神是建立在人的魂魄基础之上的[①]。西方人将自由建立在对神、对真理、对理性的服从上，他们的精神基础超越于人性，而他们的法治也来自神，来自理性，因此自由与法一体两面。社会越进步，人的自由度就越大。古代中国以魂魄为基础追求自由，本不是问题，应该说其若能实现，比西方文明应该更有人性。但实践的结果却是相反，从早期中国到传统中国，原先的两种自由同时丧失，对人性两个层面的关切也同时丧失。

出现这样的结果，从唯物史观出发，根本上是经济基础有了问题，但又不仅仅是经济基础的事情，综合的不仅仅是所有权制度，还有上层建筑。经济基础与上层建筑的关系，在东西方文明中呈现出不同的模式，而任何一种单一的模式都不能独自成立，综合之后，就出现了根本上讲经济基础起决定作用，而在实践中上层建筑对于经济基础又有很大干预破坏的能力，名实分离的所有权制度事实上赋予上层建筑在实践中破坏经济基础的可能。

按照国有制的要求，权贵与小民同等享有对于土地的排他的所有权，但上层建筑的综合，导致法制被逐步取消，这就出现谁掌握权力，谁就享有在名义上的国有制下争夺土地的更大的机会。与这种变型的贵族土地所有制相配合，就是变型的儒家学说，而此时，其只能是一种意识形态了，而不再是带有真理性的学说。

① 参拙著《神秘主义与中国古代哲学研究论稿》第五章。

四、天下与国家

西方文明讲魂，所以社会能够决定国家，因为魂向上；东方文明讲魄，国家则要回应社会，因为魄向下。不同的精神基础导致不同的国家与社会的关系。前者追求天下人人有道德，后者追求国泰民安。这是对于国家的两种不同的期待，前者的本质是好社会，后者的本质是好国家，儒家将其表述为天下国家。西方人用自由统一国家与社会，所以社会总是可以决定国家，其社会形态的变迁呈现出清晰的脉络。中国古代社会形态的复杂，实际上也可以理解为不同精神原则在生产力不同阶段的交相辉映。即便是在综合之后，实际上也还存在交相辉映的问题。从更大的历史变迁场景看，秦之前可以理解为西方精神主导，天下精神凸显；秦之后，则是东方精神主导，国家精神凸显。但整个过程都在相互影响中，这是考察中国古代文明精神与社会形态变迁要注意的。

前文讲过，中国早期国家的形成是集体意志与现实需要相结合的结果，不是集体意志出于内在需求的自然延伸的结果。东西方有两种文明，而只有当生产力发展到一定程度时，东方的社会才有自觉的集体意志的出现。早期中国其实是西方强调个体德性的文化在水患的冲击下吸收东方强调整体的精神而出现的，尧舜禹禅让的传说应该就是对早期国家形成的具体过程的说明。舜是东方族群的首领，尧与禹都是西方族群的首领，舜是天下工(《大戴礼记·五帝德》)，天下经过舜的转换，就有了第一个国家政权。在一些文献中有四代之说，虞舜被称为独立一代。不过，笔者更倾向于认为，舜为后来的夏代的出现开辟了道路，类似于秦跟汉的关系。后来儒家讲天下，其学说最高目标是通过个体成德最终平天下(《礼记·大学》)，这与早期国家是立足于西方文明精神建立起来的有很大关系，然其能成立，离不开水患的刺激，离不开东方文明所重视的强调整体治理的工正型精神。然在生产力发展很有限的情况下，实现对天下的整体治理并不现实，天下的维系更多靠精神力量、德性力量，遂公盨特别讲到大禹对于德的重视，应该是有根据的。基于此，笔者提出早期政治核心关切是正，而不是后来的治。

铁器时代的来临，使小民的集体意志得以伸张，东方文明强调整体治理的精神得以抬头，结果就是秦的统一。遗憾的是东方社会不具有积极的决定国家的特点，法制一旦加重，很快就会民不聊生，二世恰恰加重了法制，今天的秦律材料已经可以提供证明，所以秦政权很快覆灭。

今天讲的传统中国其实应该从汉讲起，因为从汉代开始，消极的综合才开始上演，秦亡于法，法治不好几乎成为汉初人的共识，如何寻找新的治理之道就被提了出来。结果就是崇尚德性的西方文明精神与崇尚整体治理的东方文明精神再次融合，只是此时，因为小民作为社会基础已经形成，皇帝制度也已经建立，占据主导地位的不再是崇尚德性的精神，而是崇尚整体治理的秩序意识，二者相互妥协，共同推动传统中国向前演进。

这样的社会形态如何描述，其实是一个难题，两种文明孤立地看，都不能独立发展。夏代尽管可以视为早期国家的出现，但一直到今天为止，夏代依然不很清晰。文献讲其时天下万国，说起来已经是国家了，但万国的存在，意味着天下其实很松散，今天只能依据考古材料尽可能去复原当时的文明情景。这个时期如果考虑上层建筑的落后性，西方精神的主导性，笔者以为应该界定为国族社会，主导天下的是各族自己成立的小国。此时东西方的对照特征依然明显，西方固然可以用氏族或者贵族土地所有制，东方恐怕还是以村社所有制为主导，以一种所有制为基础描述当时的社会形态，不可能达到真实。只能运用浮离于各自社会的具体形态之上的名称来称呼这个时代。在西方精神的主导下，东方当然会受其影响，但从商后期的历史看，这种影响并不能真正改变东方文明的固有精神，商后期就是东方文明精神成长的时期，只是还不能挣脱落后生产力的桎梏，最后还是被西方族群颠覆了。

东方文明精神也不能独立支撑天下，小民社会对应于皇帝制度，但社会本身不能积极推动文明进展，秦及汉的社会文化可以用愚民文化来概括，巫术、数术在这个时代盛行，绝非偶然。东方文明精神成长的商后期，几乎无事不卜，也是这种落后社会文化的体现。黎民、黔首、氓、萌这些表述民的词，也反映了东方社会文化的不发达。这样的天下同样不能持久。汉代融合西方文明精神具有必然性。融合后,国家与社会形成错位综合,国家本是以小民社会为基础的皇帝制度,反而把保护小民的法制牺牲了。社会则日趋向儒家社会转型,但其已不能像早期西方社会那样决定国家。上层建筑的牺牲法制换来了儒学的意识形态化,皇帝成为任何人都不能挑战的绝对权威。这其实是国家与上层社会的妥协。这个时代的社会也是二分,权贵构成的社会与小民构成的社会,但这两个社会都不能决定国家,结果就是朕即国家。这种社会形态也很难用一个清晰的概念去描述,因为其不具有稳定的样子,勉强用一个词,可以用帝、国社会。帝代指的不仅仅是皇帝本人,还包括以他为中心的权贵官僚统治集团,即过去讲以皇帝为代表的地主阶级,国则代指小民。土地所有制的本质固然是权贵官僚地主所有制,但小民在政权初期享有一定权利,而政权末了,则由他们来颠覆政权。无论是早期天下时代的国族社会,还是传统国家时代的帝、国社会,都不符合马克思主义社会形态命名的原则,按照社会经济的角度去观察,中国古代社会出于东西综合的原因,具有混沌的特征。

需要说明的是,两种文明精神的汇合本质上不可能实现,尽管可以通过互补来构建国家,但不可能在理论上说清楚、在实践中实现从社会到国家的有益互动。这使得"生产力决定生产关系,生产关系要适应生产力的发展;经济基础决定上层建筑,上层建筑反作用于经济基础"这个唯物史观所认定的文明进步的内在动力机制,不能简单地用来解释中国文明进程。道理前面已经分析,两种不同集体意志的文明,综合出名实分离的土地所有权制度,综合出朕即国家的很坏的皇帝制度,以致生产力发展并不能带来传统中国生产关系的进步。国有制在名义上一直存在,实质上则是权贵官僚地主所有制,小农与这些地主的关系前期以依附关系为主,后期以租佃关系为主,这两种关系其实也是从两种文明精神发展出来的,谈不上什么进步。

经济基础与上层建筑同样不存在良性互动,马克思讲的市民社会决定国家的逻辑,在古代中国表现为两个方面,即贵族社会决定国家,但这个国家指向德礼,无法在生产力进入铁器时代而始终保持强大,因为主要的生产者为小农,这样的国家必然崩塌。而小农构建的社会对于国家的决定作用是呼唤法治,商鞅讲的以法治国,民之命也(《商君书·定分》),民之命就是小农社会的集体意志。但用法治国,贵族是反对的,商鞅在秦国与贵族甘龙、杜挚的论辩足以说明这个问题(《商君书·更法》),其本质上是两种社会集体意志的冲突。

研究者喜欢讲古代中国是国家支配社会,这个讲法其实不准确,表面上看确实如此,皇帝专制越来越厉害,但出现这种结果并不是说国家真的可以支配社会,而是中国古代社会是二分不统一的,并且是内含冲突的,无法在其基础上构建国家。国家既不能阻止权贵官僚不侵夺小农土地,也不能阻止自身被小农颠覆。支配只是表象,实质是国家浮离于分裂的社会之上,试图寻找其间的平衡,只是脱离人民的皇帝从来不能找到这个平衡。

当皇帝成为权贵的中心时,他其实已经不再代表国家,而成为分裂社会的另一个群体中的一员,所以古代中国严格意义上讲,很多时间是没有国家的,只是一群人对另一群人的统治。也因此,中国历史的阶级斗争显得特别惨烈,但斗来斗去,小民终究都是弱势的一边。政权初建时显得有点国家的样子,经过几代皇帝,马上走下坡。明清极权的出现,主要在于贵族社会的消亡,官僚阶级代替了原先的贵族阶级,而官僚本是皇帝权力的延伸,其并不能像贵族那样提出可以制约皇帝的东西。加之,三纲经过理学的发扬,成为国家与社会的精神支柱,极权主义很自然就出现了。

前文讲过,马克思讲的社会形态的变迁,不仅仅是构成唯物史观各要素的变迁,同时还有一根精神主线,即人的自由。魂与魄本不必然冲突,但当与所有权观念联系起来时,它们就会有冲突,两种社会的冲突其实也是两种所有权观念的冲突。冲突的结果,就是将所有权交给浮离于社会之上的国家,同时将魂魄也交给国家。古典时代的道家、儒家在传统中国都有复兴,所谓玄学、理学,然玄学、理学都要服从于名教,都成为国家意识形态。进入传统中国,中国人关切人性的精神主线其实已经断裂了。这里,再一次看到唯物史观的解释能力,经济基础决定上层建筑,精神文明是上层建筑的一部分,当国家剥夺了两个社会的所有权时,同时也要剥夺他们的精神自由。

西方文明之所以体现出比较好的路径,在于有一个超越的精神,国家永远剥夺不了,相反国家的合法性取决于是否对这个精神的服从。传统中国也有过试图构建超越精神的努力,董仲舒的天志、天意即带有超越性,但他的这个超越性,并不真正具有超越意义,与其说他是想构建超越精神,不如说他是将人间的伦理秩序绝对化。因为他最后还是要回到人间,要服从皇帝。皇帝不听天意告诚,他便不再出声,他不可能讲出现实不符合天意,现实便不合法的话[①]。当人性被理解为混沌,超越的天意失去了人的内在根据,这与西方虽讲超越但并不脱离人形成了对照,通过哲学、科学活动,人是可以接近这个超越存在的,并用获得的真理改变现实,推动文明的进步。传统中国后来的内在超越,则像一个牢笼将人牢牢地捆住,永远无法去认识这个超越的本质,只有接受与服从。

没有了精神主线,唯物史观所蕴含的文明的内在动力机制就不可能在文明常态下发挥作用。人的动力根本上来自精神,如果精神被阉割,动力就丧失了,剩下的只能是对于利益的兽性的追逐,推进文明进步根本无从谈起。

行文至此,大致可以看清楚中国古代文明为什么会呈现出那样的轨迹,也大致能发现,对于中国社会形态的考察何以呈现如此纷繁复杂的样子。其复杂性的根源在于它不是由单一文明独立发展起来,遵循唯物史观的法则一步一步从低级向高级迈进,而是由两支特征各异的文明汇合发展而来,两种文明蕴含了两种对立的集体意志。综合是这个文明最大的特征,而根本上的歧异决定了其不可能实现内在精神一致的融合,其样貌又必然表现出交替演进的特征。其交替演进的轨迹大致是清晰的,总是先西方,后东方。在天下时代,先是夏,然后是商,再是周,到春秋战国,东方精神再次成为主导力量。在国家时代,前一段以西方精神主导,后一段以东方精神主导。用具有内在进步性的五种形态,不能描述;简单的亚细亚生产方式同样不能描述。综合后的社会形态其实带有混沌色彩,从经济基础到上层建筑都是。这还没有考虑中国文明重血缘原则所造成的社会形态不清晰的影响。

当然,唯物史观所得出的社会形态演进脉络不能符合中国文明进程,还有一个重要原因,即唯物史观被自身遮蔽的精神力量的差异,其对文明进程同样具有重要影响。事实上,不能脱离超越精神的存在来理解欧洲文明进程,其清晰的演进脉络与这个超越精神的存在是联系在一起的。古代中国文明所追求的精神价值并不超越,亦非理性,而是由自身魂魄所焕发出的精神价值,其文明是人性文明。这事实上导致了唯物史观所揭示的历史真理在中国古代文明进

① 西汉后期的更受命观念的出现,实际是元帝开始的斯文重建的结果,儒家本有天命无常,有德者居之的讲法,无德意味着合法性的丧失。此观念与灾异说结合,便是更受命的观念。董仲舒本人讲天不变,道也不变,没有更受命的讲法。

程中发生扭曲。考察社会形态,首先要考虑其文明类型,唯物史观是对文明进程高度理性化的抽象,本身是依据理性得出的,将其运用于具体的文明体,应该对其进行全面考察,尤其是像中国这样的文明。

综上所述,中国古代文明与欧洲文明不属于同一类型,其社会形态的变迁不能套用欧洲文明的演进模式。亚细亚生产方式也不能完全解释中国古代文明的演进,因为中国文明的来源不只是一种社会文明类型。黄河流域中上游与下游的两种文明是中国文明的主要来源,文明的演进,国家的出现,是两种文明综合的结果。而整个文明进程中的社会形态的演变,也离不开两种文明的综合。两种文明,其实是两种不同的社会基础,两种不同的所有权观念,两种不同的上层建筑的设计,两种不同的关于人的自由的理念的综合体,孤立状态下,两者都无法独立成长,唯相互结合,才能不断向前走。然当生产力发展到铁器时代,原先的天下变成为国家,两种文明进行了全面的综合,结果出现了名实分离的土地所有制,出现了意识形态化的学说,出现了浮离于两种社会之上的国家,其结果是两种社会的冲突越来越激烈,国家越来越专制,人的精神越来越不自由。传统中国文明的演进同样可以用唯物史观来解释,但是其得出的结论,与欧洲文明所表现的结论是不同的。当两种文明中原先构成社会形态的具体要素的实质被抽离后,当这些内容统统被国家综合后,其实只能用混沌状态来描述综合后的新形态。国家实质并不能真正支配这样的社会,只能通过不断集权来解决问题,但依然摆脱不了不断循环的宿命。未综合前的早期中国,虽可以分析为两种主要社会形态,但要作整体判断,其实也是混沌。

第六章　萨满主义与吴越文化：理解吴越的一种方式

吴越文化有广义与狭义的不同理解，广义的吴越文化是吴地与越地自上古至今的文化，是一个地域的全部文化的总称；狭义的吴越文化是春秋战国时期的吴国与越国的文化，时代上至多可扩展到整个青铜时代。本章讨论的对象是先秦时期吴越之地的文化，这与前两种理解都有不同，是指为中原文化夺取主体地位前的源于吴越本地的文化，大致相当于20世纪30年代学者所讨论的吴越文化，[①]这是首先要说明的。

学者对于上古史前文化与春秋战国时期吴越文化之间的连续性，已有论证。[②] 尽管吴地与越地在考古学文化上存在着差异，吴地表现出的受中原文化更多的影响，有所谓宁镇地区与太湖地区的不同，在随葬器物上有有鬲与无鬲的差异，以及随葬品是否有青铜器的不同，然在古代文献中，古人对吴越文化的认知都是同质的，而共有的土墩墓的葬制也利于作这样的理解。古人的讲法，所谓“同音共律，上合星宿，下共一理”（《吴越春秋·夫差内传第五》）；现代学者归纳吴越的共同特征包括：(1)语言相通；(2)习俗相同；(3)共同的经济生活；(4)相似的民族性格。[③] 似乎可以这样认为，考古学上所表现出的差异固然是吴越文化不同的证据，但这种不同未必可以视为两种文化具有本质上差异的证

---

① 关于“吴越文化”概念的诸种内涵的讨论，可参考董楚平为《中华文化通志·地域文化典》之《吴越文化志》（董楚平、金永平等撰，上海：上海人民出版社1998年版）所撰写的“导言”。

② 比如李伯谦论证了良渚文化与马桥文化之间的连续性，见其《马桥文化的源流》，载《中国原始文化论集》，北京：文物出版社1989年版。曹峻论证了马桥文化的本土性，见其《马桥文化的再认识》，《考古》2010年第11期。马桥文化是越文化的源头。

③ 孟文镛：《越国史稿》，北京：中国社会科学出版社2010年版，第675—678页。

据。毋庸置疑，吴受到了中原周文化比较大的影响，毕竟他们所奉的政治首领是周人。历史上的太伯、仲雍奔吴而立吴国，其为吴地带来了周人的文化，是情理之中的事情。而上述考古发现的器物上的差异，正是受此影响的表现。除此之外，吴王有比较清楚的世系记录，越国的世系则不清楚，这也是受周文化影响所导致的差异。但这些差异并不能说明吴越在文化上存在着文与野的特征上的差异。太伯、仲雍奔吴，史载太伯尚且端委而治，至虞仲就开始断发文身，入乡随俗了，断发文身也是野。这里反映的其实是文化的碰撞与适应的问题，太伯是周人，其初抵吴地，仍保持周人之礼，是很自然的；但时间一长，其与土著文化发生冲突是必然的，结果是虞仲主动适应当地习俗，改变了自己的文化。这种改变不止于此，在江苏丹阳发现的一般认为是吴王余眜的墓中发现有人殉，应该也是适应当地文化的一种表现。如果将器物上保持周人的习惯与风俗上遵循当地的习惯相比较，很容易看出，周人到吴地并未带来当地文化上大的变革，相反是自身适应了当地的文化。从这个意义上讲，相对于中原文化来说，吴越文化之为同质的看法是可以成立的。

通常认为，相较于中原文化，吴越文化是一种边缘文化，这是中原中心论下的一种观察。今天看来，这种观察应该加以限制，即这种判断只适用于秦汉以后的中国历史。在上古时期，吴越之地也是文明的发生地点之一，进入三代时期，尽管有越为禹后之说，有太伯奔吴之事，但这些传说与历史并未将吴越带入中原文化的范围圈，春秋战国时期的吴与越似乎也没有真正成为华夏共同体的成员。吴王夫差黄池之会诸侯，征鲁以百牢，显然违背周礼，这实际上是对华夏共同体的基础的挑战。对于华夏族群来说，吴为太伯之后，是当然的华夏共同体成员，而吴自身似乎也为这种情绪所左右，去征讨齐国；然在吴国方面，其是否真正认同这种共同体成员的身份是很成问题的，其争霸行为与楚国其实没有太大差别，本质上是一种武力的炫耀，只不过它具有重叠的身份而已。其后的越王勾践也参与进了争霸的行列，并且还向周天子表示了尊敬，然其性质都是一样的。从吴越参与争霸的事实来看，这个地域文明的力量在当时是不容忽视的。如果将目光再向上追溯，良渚的文明于其时代同样显示出了不容忽视的辉煌。也就是说，这个地域文明在上古时期应该是有独立主体地位的文明,并不是边缘文化。[①] 只是到了秦汉以后,这个地区在政治上被真正纳入华夏共同体,并且在一定时期还是政治中心的所在地;而在文化上也不断被渗透,原本具有地域特色的吴越文化日趋被边缘化。新的吴越文化则是混融的文化,其中占据主体地位的是中原传来的文化。这是理解吴越文化首先应该树立的认识。

对于真正的吴越,我们知道得不多,只是考古学的发展,使我们理解了这个地区的文化是自成一体的,有着鲜明的个性与特色,比如分布于这一地区的土墩墓,与中原以及其他地区都不相同。[②] 这种特色如何去理解,是今人所无法回避的。此外,所谓"人"字形墓室,也是困扰学者的一个问题。这些还只是考古上所表现出的难以理解的内容。从整个地域文明的角度看,良渚文明为什么突然消逝,多年来一直是学者热衷讨论的话题。不仅良渚,春秋时期的吴、越的强盛,也显示出了昙花一现的特点,这一点,似乎尚未引起学者的足够注意。在笔者看来,这些现象其实都是可以从这个文明的总体特质去理解的。

一、吴越文化缺乏祖宗崇拜

运用萨满主义讨论吴越地区的文化,张光直先生已发其端。他曾经提出良渚玉琮是萨满巫师通天的法器,所谓神徽是巫师骑虎的形象描述,目的也是通天。这些见解尽管不能得到尽数的认同,但毕竟引起了学者无限的遐想,给人很深的启发。这些讨论目前看来还是非常有限的,张先生运用同样的理论去解释中原的器物与图像,容易给人吴越之地与中原没有差别的印象。张先生认为萨满主义堪为中国古代文明的基质,吴越之地的文明为古代文明之一支,自然

① 张家港市东山村崧泽文化遗址表现出的社会不平等的迹象,在时间上早于中原地区,说明此地的社会复杂化进程在较早时期就开始了,参李伯谦:《崧泽文化大型墓葬的启示》,《历史研究》2010年第6期。

② 李之龙在《从良渚文化社会组织形态分析其文化个性与文明进程》(《华夏考古》2003年第2期)一文中提出,核心家庭是良渚时期社会组织的基础,与同时期其他地域的文化不同。这与本章分析的吴越文化中存在男女平等的观念是相应的。

在此范畴运用范围之中，这样去运用自然也无可厚非，但问题是，既然同为萨满主义文明，吴越之地的文明为什么会表现出与中原如此鲜明的不同。中原的文明基本是连续发展的，而吴越给人的印象则是昙花一现。这个问题涉及文明的根本，是不容回避的。

笔者认可张先生的基本判断，即萨满主义是中国古代文明的基质，但萨满主义本身似乎还可以进行深入的梳理，同为萨满主义，不同地域可以表现出不同的性格，而这些不同的性格则可能会影响到文明的表现形式。吴越地区的文明与中原的不同，可能正在于其中所隐含的萨满主义的因子，与中原地区的萨满主义是不同的。事实对于这个判断是有利的。笔者近年一直致力于萨满主义中存在的巫统、血统分疏现象与中国古代文明的研究，就目前的工作情况看，这个路径是切实可行的，用这种二分框架理解古代文明中的一些现象是基本有效的。[①] 当然这只限于中原文明。这种二分框架突破了张先生所运用的阐释框架，这意味着有可能在此基础上考察吴越之地文明之与中原文明的差异的根源。

与中原文明相比，吴越之地似乎并不存在巫统与血统的分疏，前面提到越人早期的政治世系不清楚，这说明越人对于血统世系没有足够的重视。越人与中原接触很早，《史记·越王勾践世家》据传说认为越王为禹之苗裔，这种可能性不能说不存在，但越王为禹之后裔不等于越人都是禹族的后代，这是两个问题，就像吴王是周人，而吴地百姓则为土著。而据考古发现，崧泽文化中有中原二里头文化特征的遗物，[②]也就是说，夏人对吴越之地确有影响。越王家族与吴王家族似乎不同，他们一直到勾践之父允常，才有了明确的世系。这当然可以用吴王是尚文的周人的后代，所以重视血统来解释，但越王若真为夏人后裔，其似乎应该也有世系记录保留，毕竟夏人的世系在《夏本纪》中有保存。这个现象如何解释，笔者以为只能通过吴越之地的文化特征来说明，因为越地土著文化

① 笔者近年出版的《从巫术到数术：上古信仰的历史嬗变》（济南：山东人民出版社 2008 年版）、《巫统血统与古帝传说》（杭州：浙江古籍出版社 2010 年版）、《斯文及其转型研究》（杭州：浙江大学出版社 2012 年版）都是以萨满主义中巫统、血统相分疏的理论为基本线索的。

② 参李伯谦：《我国南方几何形印纹陶遗存的分区、分期及其有关问题》，《北京大学学报（哲学社会科学版）》1981 年第 1 期。

不尚血统,而夏人是尚质的文化,那么越王家族自然也不在意自己的世系的存续问题。相传禹入裸国,裸身而入,衣冠而出,这或许是夏人适应不同文化的方式,越王的无世系从这个角度看,或许可以讲通,它是完全遵照所在地文化习俗的结果。越地风俗后世有所谓"快菩萨,慢祖宗"的说法,尽管那是佛教兴起后的事情,但也可以看出越地之人血统观念的淡薄。清康熙《会稽县志·风俗志》讲"父母死,不以戚,乃反高会召客,如庆其所欢,事惑于堪舆家,则有数十年暴露其父母而不顾者",[①]这里折射出的则是受血统观念支配的礼俗远没有受巫统观念支配的风习强大。这虽然都是后世的风俗,但从文化观念上看,这与中原文化显然存在着质的差异。追溯到原初阶段,实际上就是这里讲的是否存在巫统、血统分疏的问题。在吴越早期的考古发掘中,并未发现类似中原反映祖先崇拜的所谓男根崇拜遗迹,这说明这里的文化确有其自身的特点。中原因为存在着巫统、血统的分疏,而在文明的演进中,血统的观念越来越强,后来成为中国文化区别于西方文化的一大特征。而吴越显然没有这个分疏,血统观念在后来的文化发展中始终不甚明显。

不重血统,意味着这里的萨满主义纯粹以巫为中心,建基于这样的文化特质之上的文明与文化,与中原自然是不同的。以良渚为例,其所表现出的文明与文化特征与中原确然不同。笔者经常举的一个例子就是方圆在良渚文化中是统一的,并未出现中原的天地分离、方圆分立这样的事情。这意味着在吴越之地并未出现类似绝地天通以限制民神杂糅的政治事件,也就是说,政治与宗教在吴越之地始终未得到相对彻底的厘清。不仅最高的政治领袖可以通天,一般的首领同样也可以通天。通常认为的具有通天法器性质的玉琮在良渚的诸多遗址中都有发现,而大型祭台也不限于一般认为是政治中心的莫角山遗址。这种文化与文明,其必然的结果就是社会资源无节制地投入到宗教活动中,并且这种社会的政治必然也是不稳定的政治,因为人皆可以通神,很难出现大家公认的具有绝对权力的政治权威,而这一点正是中原文明不断前进的制度基础。良渚为什么会骤然衰落,解释很多,其在文明的发端期即已衰落,固然有水灾之因素,但不合理的政治宗教体制与结构恐怕才是关键因素。中原也曾面临

① 此据台北成文出版社 1983 年影印《康熙会稽县志》。下同。

水灾，但中原的政治宗教结构可以保证大禹治水能够成功，片面强调自然灾害对良渚文明毁灭的作用恐怕是不妥当的。

不同的政治宗教结构与萨满主义的不同特征是联系在一起的，只有血统观念逐渐强化，才会提出限制他人权力的问题，有这样的问题意识，才会有体制上的创新。而缺乏这种观念，始终是用原始平等的观念看待他人，当然也就不可能实现制度上的突破与革新。在最近发掘的余杭玉架山聚落遗址中，最高等级的200号墓葬的主人是一位女性，[①]这很有意思，这说明这位女性于此聚落中地位最高，极有可能是政治首领。这与笔者的分析正相吻合，因为血统观念不强，巫师往往同时兼为政治领袖，而巫师以女性居多，其文明性质属于纯粹的巫统文明。而中原文明经过颛顼绝地天通，经过巫统与血统的博弈，到西周时期，基本确立了血统文明的性质。

东周时期，吴越的文明仍可用巫统文明来概括。尽管年代相对晚近，但关于吴国与越国的文献资料并不丰富，这本身也是其文化未像中原那样形成尚文的文化传统的反映，《诗经》有十五国风，吴越不在其列。这也是与不同的文化基质联系在一起的。尚文是血统文化的特征，这必以存在巫统、血统的分疏为基础。关于春秋时代的吴越记载都是与战争联系在一起的，并且两国都有全民动员的特点，从一些断片的记载中可以看出，这个时期的吴越人也存在人们常讲的轻死易发的特征。而吴越的青铜剑名闻天下，这都可以视为这里的尚武风气的证据。尚武是与尚质联系在一起的，是巫统文化的特征，吴越的尚武也是这里的文化基质中缺乏血统观念的很好的写照。

东周时期，吴越之地的政治宗教结构似乎也没有发生根本的改变。关于吴越的各种制度，我们知道得相当有限，描述他们的政治宗教结构不是一件容易的事情，但有一点可以帮助我们判断，该地区这个时期的政治宗教结构，与良渚时期相比，并未发生根本的改变。这就是考古发现的分布广泛的土墩墓。土墩墓往往建在山丘之上，这个习俗与萨满主义有很大关系。萨满巫师死后往往葬在山上，那里离天很近。有些葬在高山之巅的萨满甚至被认为是升天了。良渚

① 《浙江余杭玉架山遗址发现了由六个相邻的环壕组成的良渚文化完整聚落》，中国文物信息网2012年2月24日。

时期也有葬在高祭台上的情况,用意笔者以为是相同的,都是想离天近些,或者表示已经升天。[①] 而大量土墩墓的存在,意味着死后升天的权利并不为少数人独享,而是一个均布的权利。这就与前面分析的良渚的情况一样,宗教权力结构没有出现类似中原的限制与集中的态势。

除政治宗教结构可能没有发生变化外,政治首领同时兼为巫教领袖的角色的现象可能也没有发生变化。有关资料极少,我们同样要借助对考古发现的解释来说明这个问题。在吴越考古中,有一种特殊"人"字形的墓室结构,目前发现已有多处,[②]其中最具代表性的是印山的越王陵。墓室为什么要造成"人"字形,而且是王陵?笔者以为,这种形状是上古良渚神徽中"介"形冠在后世的延续。[③] 将"人"字形墓室与地面的椭圆形石床结合起来看,其形状与河南濮阳西水坡 45 号墓的墓圹形状有相似之处,都有象征天地的意思,只不过"人"字形与圆形的天穹难以直接联系起来罢了。这种墓室构造,意味着王同时又是具有神性的宗教领袖,是最大的巫,他们以天地为家。可以认为,从上古到秦汉,吴越之地的文化基质总体上没有发生变化,是比较单一的以巫为中心的萨满主义。

必须说明的是,单一的萨满主义并不绝对地排斥血统观念,事实上,王位在一个家族内传递,本身就是一种血统观念的表现。那么,单一的萨满主义与中原存在的巫统、血统分疏的萨满主义,关键的区别在哪里?表面上看,二者的区别是崇拜的对象不同,实质上,笔者以为,在于社会资源由谁来掌握。由侍奉神灵的人掌握资源,或者说掌握资源的人倾力侍奉神灵,这应该就是单一的萨满主义。如果并非由侍奉神灵的人掌握资源,或者掌握资源的人不倾力侍奉神灵,而是将相当资源投入到人事中,那就不能算是单一的萨满主义。更甚者,侍奉神灵的人以及神灵之事被排斥在社会资源的分配之外,那就是纯粹的世俗社会,就不能算是具有萨满主义的基质了。所以,王位在一个家族内传递,并不能说明整个社会就是血统、巫统并重。

---

① 陈元甫在《土墩墓与吴越文化》(《东南文化》1992 年第 6 期)一文中已提出土墩墓与良渚高台土冢的类似。

② 张玮在《"人"字顶木椁墓墓主族属的初步研究》(《东南文化》2011 年第 3 期)一文中对已发掘的"人"字顶木椁墓有比较完备的搜集。对于作者所认为的"人"字顶木椁墓是普遍采用的葬俗,笔者不敢苟同。

③ "介"形冠的提法是黄厚明于其博士论文《中国东南沿海地区史前文化中的鸟形象研究》(南京艺术学院,2004 年)中提出的。

二、从巫术到数术的文化链条

仅仅确认吴越文化具有萨满主义基质，对于认识吴越文化还不够，阅读吴越风俗史，不难发现，这个地区除了巫术盛行外，数术同样很受重视，前引《会稽县志·风俗志》讲的“堪舆家”就是所谓数术。巫术与数术，属同质文化，所不同的是其中所反映的理性发展水平有差异，二者都讲神，但数术中的神受宇宙法则的制约，数术实际上是巫术的发展形态。现在要讨论的是，吴越之地的数术之风，是传播的结果，还是独立发展起来的？这个问题又涉及古代宗教文化中从巫术到数术的发展在地域上的差异的问题。

笔者曾经专门从信仰嬗变的角度讨论过从巫术到数术的发展，但对于地区上的差异没有充分注意。关键在于，笔者并未意识到古代萨满主义的文化基质还存在着中原与周边的不同。而这一点现在看来，对于认识从巫术到数术进化过程中的地区差异，是很重要的。如所周知，目前发现的战国秦汉的数术文献都不在中原，而以秦楚之地为主要出土地。而在文献中，吴越也有不少数术实践的记载。这是一个值得关注的现象，在这个现象背后，笔者以为正是不同的文化基质在发挥着作用。相同时期，中原文化表现出的最突出的现象是对礼的重视。其所以如此，是因为中原文化在发展过程中基于血统观念的文化越来越发达，相应的表现就是礼学的兴盛。周边因为血统观念始终不发达，所以在文化的发展过程中，巫术得到了自然而充分的发展，即所谓数术盛行一时。从这个意义上讲，吴越之地的数术文化，当是独立发展起来的。

以风水为例，吴越之地可能很早就注意到了墓葬的风水问题。有学者曾对部分吴越贵族墓的墓地风水进行整理，发现大部分墓地是考虑到了这个问题的（见表6-1）。[①]

① 张敏：《吴越贵族墓葬的甄别研究》，《文物》2010年第1期。

表 6-1　吴越贵族墓风水

墓葬	墓地	封土	墓坑	墓室	墓道	墓室	墓向
北山顶	有风 有水	圆形 丘状	曲尺形	长方形	长方形	长方形	西(270°)
青龙山	有风 有水	圆形 丘状	“甲”字形	长方形	长方形	长方形	西(270°)
大真山	有风 无水	长方形馒斗状	“甲”字形	长条形	长条形?	长条形	东(93°)
印山	有风 无水	长方形覆斗状	“甲”字形	长条形	长条形	长条形	东(90°)
邱承墩	有风 无水	长方形覆斗状	“中”字形	长条形	长条形	长条形	东(110°)
鼻子山	有风 无水	长方形覆斗状	“甲”字形	长条形	长条形	长条形	东(100°)
龙山	无风 无水	长方形覆斗状	“甲”字形	长条形	长条形	长条形	东(105°)

这里的风水与后来讲的风水，内在的观念与评价标准并不相同。后世的风水术，强调的是给后人带来好的运气，墓地要能藏气。这里的墓地大多有风而无水，标准正好相反。这当是与不同的文化基质联系在一起的。后世风水的关键是希望祖先的尸骸与宇宙元气相接触，并将此元气传给自己的后人，[①]是与血统观念联系在一起的。而吴越的土墩墓多建于山丘之上，目的是与天更近，其所关切的不是自己的子孙的荣华富贵，而是逝者自己的灵魂可否升天的问题。严格意义上讲，它不是后世的风水术。但后世的风水不能说与其无关，区别只在于一个希望有风，一个希望有水。风与水，都与气联系在一起，但一隶属于天，一隶属于地，这种区隔正是两种文化的不同的体现。没有吴越墓葬对风的重视，恐怕未必会有后来墓葬对水的重视。同样是面对墓葬问题，不同的文化基质所发生的文化现象会有不同，本是很自然的事情。但谁是这种文化现象的创造者呢？无论是从时间上看，还是从这种文化现象的性质看，都应该是吴越。

因为是数术文化的发生地之一，数术对人的活动的规范，是比较全面的。人的活动，可以从个人生活与群体政治两个层面来把握，墓葬的风水问题是个人问题，在秦汉简《日书》中，其所规定的大多是个人层面的问题。就对人的活动的影响而论，数术在政治层面上的运用与表现可谓更加醒目。首先要说明的

① 参拙稿《上古墓葬所见之宇宙论：风水起源的一种考察》，待刊。

是，在中原文化中，数术是很难在政治层面上运用的，道理很简单，中原文化到西周以后，血统观念主导的文化愈来愈兴盛，这种文化同样对政治产生影响，即所谓礼在政治上的运用。但在吴越比较单一的萨满主义文化氛围中，政治更多的是与巫术、数术相结合，或者说是巫术、数术更多地运用于政治中。

关于吴越的文献不多，但巫术、数术运用于政治，却让人印象深刻。如《越绝书·越绝外传记地传》记载："江东中巫葬者，越神巫无杜子孙也。死，勾践于中江而葬之。巫神，欲使覆祸吴人船，去县三十里。"这是借助巫之神灵对抗吴国。南宋嘉泰《会稽志》卷十三载："旧经云：晋太元中，谢輶为郡守，掘郡厅柱下深八尺，得古铜罂。可容数斗，题作越王，字文甚分明……余不可识。以为范蠡压胜之术，遂埋之。"[①]压胜，当即厌胜，也是一种巫术。晋人的理解有一定道理，在王宫台殿之下埋铜罂，应该是出于厌胜的目的。

无论是吴国，还是越国，其筑城都有因天气之数以克制敌国的观念与实践，看下面两节文字：

> 阖闾曰："善。夫筑城郭，立仓库，因地制宜，岂有天气之数以威邻国者乎?"子胥曰："有。"阖闾曰："寡人委计于子。"子胥乃使相土尝水，象天法地，造筑大城。周回四十七里，陆门八，以象天八风，水门八，以法地八聪。筑小城，周十里，陵门三，不开东面者，欲以绝越明也。立阊门者，以象天门通阊阖风也。立蛇门者，以象地户也。阖闾欲西破楚，楚在西北，故立阊门以通天气，因复名之破楚门。欲东并大越，越在东南，故立蛇门以制敌国。吴在辰，其位龙也，故小城南门上反羽为两鲵鱙以象龙角。越在巳地，其位蛇也，故南大门上有木蛇，北向首内，示越属于吴也。(《吴越春秋·阖闾内传第四》)
>
> 越王曰："寡人之计未有决定。欲筑城立郭，分设里闾，欲委属于相国。"于是范蠡乃观天文，拟法于紫宫，筑作小城，周千一百二十二步，一圆三方。西北立龙飞翼之楼，以象天门，东南伏漏石窦，以象地户；陵门四达，以象八风。外郭筑城而缺西北，示服事吴也，不敢壅塞，

① 转引自孟文镛：《越国史稿》，中国社会科学出版社2010年版，第447页。

> 内以取吴,故缺西北,而吴不知也。北向称臣,委命吴国,左右易处,不得其位,明臣属也。(《吴越春秋·勾践归国外传第八》)

这里的法天而筑城的举措,体现的是数术观念在政治实践中的运用。有趣的是:越国筑城,一方面要显示服从于吴;另一方面又要显示志在取吴,并且要将这种目的掩盖起来,所谓"吴不知也"。这意味着吴越双方对于形势之术的理解有共同的基础,并非个体意志的自由体现。也就是说,这个时期,数术在吴越已经相对成熟。后来汉长安城的修建,也是取法于天,也是受数术观念支配的结果,但时间上明显要晚于吴越。东周时期的中原国家,就目前掌握的资料看,均无此观念与行为。《周礼·匠人》:"匠人营国。方九里,旁三门。国中九经、九纬,经涂九轨。左祖右社,面朝后市。市朝一夫。"从这些表述看,匠人所营之国是一个方方正正的城市,无所谓数术理念。从这个比较中,可以看出吴越的数术文化是自然发生并影响广泛的。

数术在政治上的运用除体现于具体的制作外,还被运用于对于政治行为得失的评议之中。《吴越春秋》中常出现《玉门》之术,如勾践被囚时,范蠡就曾有议论:"大王安心,事将有意,在玉门第一。今年十二月戊寅之日,时加日出。戊,囚日也;寅,阴后之辰也;合庚辰岁,后会也。夫以戊寅日闻喜,不以其罪,罚日也。时加卯而贼戊,功曹为腾蛇而临戊,谋利事在青龙。青龙在胜光而临。酉,死气也,而克寅。是时克其日,月又助之。所求之事,上下有忧,此岂非'天网四张,万物尽伤'者乎？王何喜焉?"(《勾践入臣外传第七》)越灭吴后,文种在被清除前,也提到了《玉门》,他说:"吾见王时,正犯玉门之第八也。辰克其日,上贼于下,是为乱丑,必害其良。今日克其辰,上贼下止,吾命须臾之间耳。"(《勾践伐吴外传第十》)不仅越人用《玉门》,吴人也用,如伍子胥评夫差初临政之事,说:"且大王初临政,负玉门之第九,诫(一作诚)事之败,无咎矣。今年三月甲戌,时加鸡鸣。甲戌,岁位之会将也。青龙在酉,德在土,刑在金,是日贼其德也。"(《勾践入臣外传第七》)范蠡、文种、伍子胥皆系楚人,《玉门》有可能是楚地的数术,但从越王、吴王都能接受这种解释看,其更可能是吴越之地的数术。从数术的角度评论政治行为,与中原国家以礼为标准来衡量政治得失在性质上有相似之处,但体现的是两种不同的文化。汉人京房,以其易术评论政治,与这里范蠡、伍子胥等的观念与行为属于同一性质，都是数术在政治上的一种运用方式。

除这种政治评论性质的运用外，明乎数术还是为政的总的原则。勾践曾问计倪伐吴之策，计倪对曰："夫兴师举兵，必且内蓄五谷，实其金银，满其府库，厉其甲兵。凡此四者，必察天地之气，原于阴阳，明于孤虚，审于存亡，乃可量敌。"（《吴越春秋·勾践阴谋外传》）这里虽为兴师举兵而言，然其内容实关乎政治，其所言阴阳、孤虚，都是数术性质的内容。《越绝书》有《计倪内经》，其中有不少数术内容，这里就不赘述了。

尽管在吴越之地目前尚未发现战国秦汉时期的简牍，并且上面引用的文献都是汉代人的撰述，目前尚无直接的证据证明吴越数术兴盛之况。但我们读《国语·越语》所记范蠡的话语以及张家山汉简《盖庐》伍子胥论兵的文字，其中充斥着阴阳家的思想，而数术与阴阳家在思想观念上是相通的，吴越作为数术的起源地之一，东周时期盛行数术应该是没有问题的。

三、吴越文化的单一特质

前面我们讨论了吴越之地的文化基质及其基本的发展脉络，从讨论看，吴越的文明与文化与中原相比，显然属于异质的文明与文化。这种异质性决定了吴越文明与文化的历史命运。本章开始曾提到吴越文明的昙花一现的特点，这种表征与此文明的特质是联系在一起的。与昙花一现的表征相对的是文明的连续性发展，或者叫可持续发展，中原文明基本具有这个特征。吴越确曾有过辉煌，文明初创期的良渚，春秋末期的吴越两国，都曾风光一时。但这种风光所对应的时代，照笔者理解，都是文化转型期；而文化转型期，往往是最富创造力的时期，这种时期，文明会焕发出异样的光彩，这与文明可否持续发展不是一个概念。良渚所处的时代正是文明初露曙光之时，而春秋时期则是文明理性觉醒之时，这种时期的风光并不能算是真正的风光，因为这种时期，历史的车轮会带动文明本能地前进。相反，昙花一现式的文明样态，说明文明自身存在缺陷。历史之风不会永远鼓动一支文明的风帆，使其一直进步，能否持续地进步取决于自身内部机制是否合理,是否具有不断前进的潜质。前文我们谈到良渚的政治宗教结构使其不能组织力量应对自然灾害,但话说回来,没有自然灾害,良渚文明就能像中原文明一样持续地发展下来吗?恐怕未必。这其实只要看春秋战国时期的吴越就能理解了,吴越的强盛可谓昙花一现,越国没过多久就因受楚攻击而分裂。再到后来,吴越之地的土著文化近于消逝,其力量无法与中原文明相抗衡。

吴越文明的特质究竟是如何引发其文明的表现与地位的?宋人田锡曾讲过一段话:"江南岁多不稔,农鲜服勤,信卜筮而佞鬼神,弃耕桑而从网罟,是以民无土著,家无积储。"[①]这里讲的"信卜筮而佞鬼神"是我们讲的单一的萨满主义文化基质的基本表现,"家无积储"则是佞神的结果。现代不少学者讨论良渚文化骤衰的原因,也是这个思路,认为过度的宗教祭祀使得社会资源过于集中在宗教事务上,影响了文明的进步。这个解释,笔者以为是可取的,单一的萨满主义决定社会资源流动的单向性,而平面化的宗教结构则可能导致全社会的资源都不约而同地流向神坛。没有财富的积累,文明怎么可能有持续的进步。

这里笔者想通过一些早期的图像来说明这里文明的单一性。如所周知,早期吴越之地的先民有对鸟的崇拜,图像艺术中有表现一鸟,有表现二鸟,有表现四鸟的,下面是几幅河姆渡文化中的鸟图像(见图 6-1):[②]

图 6-1　河姆渡文化鸟图像

① 《太平令贾昭伟考祠》,《全宋文》卷 88。转引自陈华文等著《浙江民俗史》,杭州:杭州出版社 2008 年版。第 258 页。

② 图像采自前揭黄厚明的博士论文。

由这些图像,学者或认为此时河姆渡人已经有了类似《周易》八卦的观念。这个想法确实很吸引人,《系辞传》讲"易有太极,是生两仪,两仪生四象,四象生八卦",将其与上揭图像联系起来,确实可以引人遐思。无论是双鸟,还是四鸟,中间都有圆圈,我们不妨将周边的鸟视为是由中间的圆圈幻化出来的。按照萨满主义的观念,鸟是精气的负载者,中间的圆圈一般认为是太阳,可以视为精气之根源,而鸟则将这精气传播到四面八方。双鸟、四鸟似乎正可以与两仪、四象相对应。从思维模式的角度看,我们不能否认,河姆渡先民可能已经具备了由一生多、成倍增长的观念,但这与太极生两仪、四象恐不能混为一谈,道理很简单,两仪也好,四象也好,其间的各组成部分并不相同,两仪中是一阴一阳,四象则是四种阴阳表现样式,而这里的双鸟或者四鸟,都是相同的。也就是说,他们有由简到繁的演化观念,但却缺少交互演化的复杂观念,而易所具备的正是这种交互演化的复杂观念。图像是观念的一种表现形式,又是文化精神的自然流露,这种单一的图像,某种意义上说,正是单一的萨满主义文化基质的体现。

上海青浦崧泽文化遗址中层遗存有这样一件陶澄滤器(见图 6-2):[①]

图 6-2　上海青浦崧泽文化遗址陶澄滤器

① 黄宣佩、张明华:《青浦县崧泽遗址第二次发掘》,《考古学报》1980 年 1 期。

器中的刻画纹很值得注意，乍看很像日晷，但日晷不是360度完全刻度，而只标识最大的日出日落的方位以及其间的刻度。这里是360度完全刻画，所以不会是日晷。这个刻画，笔者以为表示的是天圆地方的宇宙观，中间的方框是方形大地，而环绕方框的刻画线条，则或是当时人所认识的周天度数。笔者关注的是中间的方框，其分九层，与中原后来的五服之制观念不同。中原的五服，是与地分五方联系在一起的，并与天之九数相区分。这里的九层方框，尽管其形与天不同，但数却是与天数一致的。天九地五，是区分天地意识的表示，这里所显示的则是天地不分。当然这件器物的年代早于文明的发生，我们不好确定其后是否发生变化。但同样是文明发生以前，中原的河图洛书，其天数与地数也是区分的，天数九，地数十。[①] 也就是说在文明发生以前，中原文化就蕴含着相异的文化因子，而在吴越，似乎却是单一的。

1993—1995年的马桥文化遗址发掘中，在良渚文化遗存中一件陶盆的底部发现有这样的刻画（图6-3）。[②]

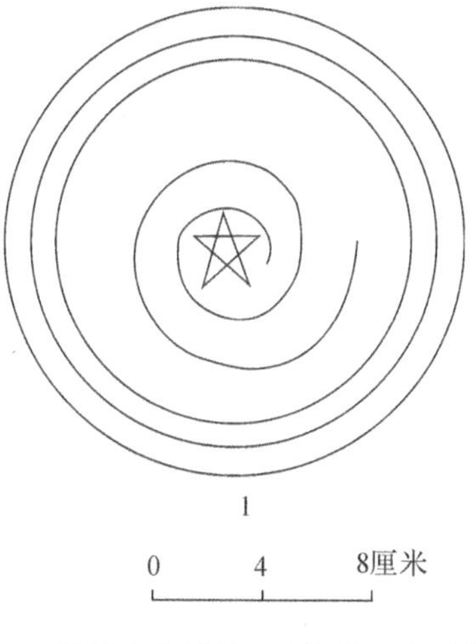

图6-3　马桥文化遗址良渚陶盆五角星刻画

① 这是笔者最近的研究得出的看法，基本想法是将安徽含山凌家滩玉版上的钻孔理解为天数九与地数十，参拙著《周易新解：萨满主义的视角》前言第二小节。

② 上海市文物管理委员会《上海市闵行区马桥遗址1993—1995年发掘报告》，《考古学报》1997年第2期。

这个图像也很有意思，中间的五角星加上一个单向的螺旋线，是很少见的。五角星，可以与地之五方联系起来，但一般的五方是东南西北中，不是这样来表现的。东南西北中体系中，中之地位高于四方，有中央集权的意味在里面，这是中原文化的五方观念。这个五角星如表现的也是五方，那就很值得寻味了。这里没有中心，各方似乎是平等的。这个图像或许可以与江苏澄湖发现的陶罐上的四字陶文联系起来，那四个字，李学勤先生释为“巫戊五禺”，意义是巫使用的五对钺。[①] 那么，五禺与五角星有没有关系？笔者以为是有的，巫掌神事，有方位之别，甲骨文中有北巫、[②]有东巫，[③]推想还有南巫、西巫等名目。钺是象征权力的兵器，所谓“巫戊五禺”应该就是掌管五方之事的巫所使用的钺。也就是说，吴越之地也有五方的观念。五角星似乎证实了这个观念的存在，其外围的螺旋线纹，所指示的或许就是巫舞之像。从这个图像引申出去，其所显示的是前面多次讲的平等的宗教权力结构，没有中心，大家权力相等。这与单一的文化基质是相适应的。纯粹的崇神文化容易导致平等观念的发生，而血统文化则容易产生等级观念。

吴越的王，按照本文开始的理解，都是从中原迁徙而来，这本身就很值得注意。土著人中间那么长时间就没有出现权力的集中？这恐怕只能从前面讲的当地的宗教权力结构上去理解，因为是一种平等的结构，所以没有发生权力集中的过程。而单一的文化基质也无法使社会积累足够的财富，使社会向复杂化的方向发展。

外来的王并没能改变当地的文化基质，而是在适应当地文化的基础上，成为土著的领袖，这意味着这种内部对于基于血统观念的等差型文化有抵制力量，这也证明吴越与中原的差异是文化基质上的差异。王虽为外来，但文化的单一性并没有得到改变，社会资源流动的单向性也没有从根本上发生变化。东周时期的吴越，在被中原人拉上战车之后，就没能再从战车上下来，这是这种文化的特性所决定了的。出于这个原因，其在历史的舞台上注定要昙花一现，也只能是昙花一现。

---

① 李学勤:《良渚文化的多字陶文》,《苏州大学学报》吴学研究专辑,1992 年。

② 《甲骨文合集》34157。

③ 《甲骨文合集》5662。

四、吴越文化泛览

前面三节内容都是从整体的角度去理解吴越文化的，有些问题因为材料限制，不能充分展开，这只能寄望于将来从地下发现更多的吴越的材料。不过，鉴于吴越的文化特征，也要有一点发现不了太多文字材料的思想准备。吴越的文化是崇神尚质的文化，即便是文字的运用上都有这个特征。吴越的古代文字，学界习称鸟虫书，这与当地的对于鸟与蛇的崇拜是联系在一起的，[①]也就是说，即便是要运用文字记录一些事情，他们仍不能摆脱固有的信仰干扰。所以，我们也不敢奢望，将来可以发现很多的春秋战国时期的吴越国的文献。

崇神的文化，其必然的表现就是对人的自身价值的忽视。谈吴越文化，往往会提到这里轻死易发的民风，勾践的三百死士，其疯狂的举动足以令人震撼，其所显示的则是对生命的轻视。而阖闾之女滕玉因为其父将吃剩的鱼给她，便觉受了无法忍受的污辱而自寻短见，脱离这种文化，这也是无法理解的。另外，阖闾将观礼之百姓闭于滕玉之冢，以为其殉葬，一方面固然是十足的暴君形象，另一方面也折射出吴越人的不爱惜生命。吴越之墓中，殉人的现象始终存在，说明在这个地区，仁爱的精神没有得以孕育，这与其文化是紧密相连的。不畏死亡，无视别人的生命的价值，可以说是吴越文化的一个特点。

与不畏死相应的，则是不乐生。勾践的卧薪尝胆，常常被视为励志的素材，其为回国而尝夫差之溲，或被视为大丈夫能忍辱负重的表现，但励志也罢，忍辱负重也罢，并不是所有的人都能接受这些行为。励志的方式有很多，想回国也不必非得尝人之溲，这里其实有一个文化观念问题，即如何确立生的价值。如果生不是为了自己，而是为了神，那加于自己的任何苦楚都可以忍受，别的文化中也有这种现象，为了神而虐待自己。勾践的行为也可以视为是虐待自己，是

① 孟文镛《越国史稿》(第 510—512 页)总结归纳了学界关于鸟书出现原因的三种解释，一是出于装饰的效果，二是出于“书幡信”的作用，三是与越族的鸟崇拜有关。笔者赞成第三种观点，详参王士伦：《越国鸟图腾和鸟崇拜的若干问题》，《浙江学刊》1990 年第 6 期。

片面的价值观念的体现，这应该是与其所浸处其间的单一的文化联系在一起的。[①] 单一的文化，片面的价值观，使人无法在侍奉神灵的同时又领会人生之乐趣。如此，不仅可以残忍地对待自己，也会残忍地对待别人。

不能领会人生的乐趣，自然也难以创造丰富多彩的文化。吴越之地的陶器，学界习称为几何印纹陶，其纹饰相对简略，更有很多器物干脆素面，不加修饰，这也是与其文化的基质联系在一起的。重神，轻生，则必尚质，尚质则非文。陶器装饰的简单化处理，就是非文的体现。至于人们常提起的绍兴坡塘发现的伎乐铜屋，其中女性不穿衣服，其实也是不尚文的表现，未必可以视为淫乐的证据。

另外，吴越人的生活中有好酒的习俗，所以勾践奖励生产人口的人家都有两壶酒。而这里的稻作生产，也与酿酒是联系在一起的。这恐怕也是由重神的文化衍生出的生活习俗。在这里，酒是致幻之物，而非人生的享受，因为喝酒也可以通神。可以认为，吴越文化中，人生的观念与习俗很多是与片面崇神联系在一起的。

吴越文化还有一点值得注意，即不轻视女性。轻视女性是重视男性血统观念的文化的产物，中原文化越到后来，这种观念表现得越明显。在吴越我们看不到这种观念的明显体现，勾践返国后，范蠡建言要“同男女之功”(《国语·越语下》)，显然，女性对于国家的贡献是得到认可的。勾践奖励生育，生男与生女的差别是，生男给犬，生女给豚，看不出中原的弄璋与弄瓦的区别，男女基本是平等的。这种观念恐怕与崇神的文化也有关系，事神以巫，巫多为女性，女性受到尊重是情理之中的事情。如所周知，阖庐用宝剑为其女滕玉陪葬，勾践传越女剑法，也就是说，在越国，女性习武应该是存在的，习武也是一种权利，这里也可以看出男女地位的平等性。

有一点必须指出，吴越的神不是像中原文化中那样既有天地四方之神，又将很多有大功绩的人尊为神灵。吴越有天地之神，比如勾践将环会稽三百里定为范蠡地，并约定，“后世子孙有敢侵蠡之地者，使无终没于越国，皇天后土、四乡地主正之”(《国语·越语下》)，其中的皇天后土、四乡地主就是天地之神。但吴越似乎没有将英雄尊为神的风习，范蠡于越可谓有大功绩，其离开后，勾践

---

① 勾践本人的崇神实例不见记载，但从其接受文种九术第一术“尊天事鬼，以求其福”，“立东郊以祭阳，名曰东皇公；立西郊以祭阴，名曰西王母。祭陵山于会稽，祀水泽于江州”诸事来看，他是很重视神灵祭祀的人。这里勾践的非常举动，是与复仇联系在一起的，与崇神似乎看不出直接的联系，但单一的文化导致其选择偏执的行为。而单一的文化所指向的并非是重生，而是重神。

“命工以良金写范蠡之状而朝礼之，浃日而令大夫朝之”，可谓给了范蠡极大的荣耀，但在后世风俗中，并没有对范蠡的崇拜。大禹之所以被尊为神灵，未必是因为大禹是治水英雄，更重要的原因恐在于大禹与巫有特别的联系，巫术有一种法术名目叫“禹步”，可见他本具有巫师的本领。中原文化进入之后，才有了将人塑造为神的事情，比如胡公。将人尊为神是中原文化的特征。

吴越的神多是与巫联系在一起的。吴越文化中的神灵体系似乎一直没有经过拣汰与整饬，表现出芜杂的特点，原始的特征比较明显。《越绝书·越绝外传记地传》言“巫山，越魑神巫之官也死葬其上，去县十三里许”，魑应该就是魑魅魍魉之属，这些东西居然也是神职官员管理的对象。魑魅魍魉、妖魔鬼怪在吴越的神灵谱中，应该都是有其地位的。这是巫教的特征。

巫在这里常被称为神巫，在风俗信仰中有突出地位。随着中原文化的传播，吴越之地的文化尽管也发生着变化，但在这个地区的宗教风俗中，巫始终保持着醒目的位置。《越绝书》有巫里、巫山，表明巫在那个时期受到特别的关注；秦汉时代的越巫之名是见于史册的；佛教传入前的风气，则是所谓“东境旧俗，多趣巫祝”（《高僧传》卷三“昙摩蜜多”）。宋代巫术流行，以南方为盛，吴越之地巫风不减当年。洪迈《夷坚乙志》卷19《韩氏放鬼》有“江浙之俗信巫鬼，相传人死则其魄复还，以其日测之，某日当至，则尽室出避于外，名为避放”。清康熙《会稽县志·风俗志》言立春风俗，“先一日，官毕出，迎春东郊。闾里无贵贱少长，集观相饮乐征逐。至期用巫祷祭，曰作春福”；言正月十四日风俗，“用巫人以牲醴祀白虎之神，祭毕以红绿线钉画虎于门上，谓之遣白虎”。这些都说明吴越之地的巫风是相当盛行的。

综上所述，先秦的吴越文化，从文化基质的角度讲，是一种与中原不同的地域文化。中原的萨满主义基质中有着巫统、血统的分疏，而吴越文化中则缺乏具有明显血统意味的祖先崇拜，是一种单一的萨满主义文化。吴越文化的诸多特征，都可以从这个文化基质中找到解释。东周时期，这种文化经历了与中原不同的发展过程，因为缺乏血统观念为主导的文化，其所经历的是从巫术到数术的自然发展过程。这种单一的文化基质，无法保持文明连续发展，这决定了这个地域的主体文化最终要被中原文化取代。

下　编

第七章　明堂考论：以上古信仰、宇宙论的变迁为背景

近人王国维有云："古制中之聚讼不决者，未有如明堂之甚者也。"[①]诚哉斯言。明堂之难议者，据清人金鹗归纳，有三点：一是明堂所处之位置，有国中国外之说，国外又有三里与七里之分；二是明堂制度之难求，或以为五室，或以为九室，或又以为一室；三是明堂与辟雍、灵台、大庙之关系。[②] 旧时代的学者，围绕这些问题，可谓言人人殊。[③] 其中虽不乏真知灼见，然终因视野、材料所限，所定上古明堂之是非，终不能令人信服。

近五十年来，明堂制度的研究，主要围绕考古发现的新材料展开，而以明堂形制为焦点。概括起来，新近的讨论大致有这样几方面：一是由殷代"亚"形大墓，以及铜器铭文中的"亚"形图案引发的讨论；[④]二是由新石器考古发现的所谓"大房子"引发的思考；[⑤]三是由西安郊区汉代建筑遗址的发现引发的讨论；[⑥]四是由山东临淄郎家庄一号东周墓出土的圆形漆器图案，以及与其相关联的长沙

---

① 王国维：《明堂庙寝通考》，载王著《观堂集林》卷三，北京：中华书局1959年版。

② 金鹗：《明堂考》，载金著《求古录礼说》卷二，济南：山东友谊书社1992年版。

③ 有关讨论可参考张一兵《明堂制度研究》(北京：中华书局2005年版)的相关研究。

④ 曹春平：《明堂发微》，《建筑学报》1993年第9期；黄铭崇(Hwang, Ming-chorng)：*Ming-Tang: Cosmology, Political Order and Monuments in Early China*，哈佛大学博士论文，1996年，第119—142页。

⑤ 汪宁生：《中国考古发现中的"大房子"》，《考古学报》1983年第3期；汪宁生：《释明堂》，《文物》1998年第9期；杨鸿勋：《明堂泛论——明堂的考古学研究》，《东方学报》〔京都〕1998年第70册。

⑥ 许道龄、刘致平：《关于西安西郊发现的汉代建筑遗址是明堂或辟雍的讨论》，《考古》1959年第4期；王世仁：《汉长安城南郊礼制建筑(大土门村遗址)原状的推测》，《考古》1963年第9期；王世仁：《明堂形制初探》，载《中国文化研究集刊》第四辑，上海：复旦大学出版社1987年版。

楚帛书所引发的讨论。[①] 就上古及三代明堂而言，所得结论，以倾向于承认明堂为“亚”形建筑者居多，近年的研究以黄铭崇先生为代表。[②] 反对明堂为“亚”形建筑者，以汪宁生先生为代表。[③] 以研究建筑考古学名世的杨鸿勋先生则主张，从黄帝开始的明堂为一室，以后渐渐发生变化，他认为周人已是五室明堂，而此制度是从殷人的“重屋”演变而来的。[④]

平心而论，尽管既往学人对明堂制度已有很多讨论，累积了大量文献，但要据以判定上古明堂的具体形制是五室还是九室，仍很困难。记载两种明堂制度的文献都是东周以后的，不足以说明西周或更早的明堂制度。先秦文献中唯一的明堂实例见于《孟子》，顾颉刚先生已指出，这个明堂实际就是太室。[⑤] 西汉武帝欲造明堂，无人知道具体的明堂制度，齐人公玉带献黄帝明堂图，所绘为一室明堂。[⑥]《孝经援神契》云：“明堂之制，东西九筵，筵长九尺也。明堂东西八十一尺，南北六十三尺，故谓之太室。”[⑦]至唐代，还有人认为明堂只有一室。[⑧] 则明堂不必非五室即九室。

就借助于考古材料探讨上古明堂制度而论，所谓商及西周存在“亚”形明堂之说，虽有不少证据的支持，但终究缺乏直接的地面建筑的考古证据。力主“亚”形建制实际就是宗庙明堂建筑的象征的高去寻先生，就曾引此为憾事。[⑨] 杨鸿勋先生对其所论明堂，均有复原，且多有考古发现为其基础，唯对周人五室明堂的复原缺乏考古依据，而其对殷人“重屋”的复原又非五室。至于临淄郎家庄东周漆器图案，只能证明东周已存在四合院式之建筑，但并不足以证明西周明堂已具此形制，更不能说，漆器图案本身反映的就是明堂建筑。如果

① 黄铭崇（Hwang, Ming-chorng）：*Ming-Tang: Cosmology, Political Order and Monuments in Early China*，哈佛大学博士论文，1996 年，第 61—85 页。

② 黄铭崇（Hwang, Ming-chorng）：*Ming-Tang: Cosmology, Political Order and Monuments in Early China*，哈佛大学博士论文，1996 年。

③ 汪宁生：《释明堂》，《文物》1989 年第 9 期。

④ 杨鸿勋：《明堂泛论——明堂的考古学研究》，《东方学报》〔京都〕1998 年第 70 册。

⑤ 顾颉刚：《浪口村随笔》卷三“明堂”，沈阳：辽宁教育出版社 1998 年版。

⑥ 《史记·封禅书》《汉书·郊祀志》均有记载。

⑦ 《太平御览》卷 533 引，北京：中华书局 1960 年版。

⑧ 成伯玙：《礼记外传》，《太平御览》卷 533 引，北京：中华书局 1960 年版。

⑨ 高去寻：《殷代大墓的木室及其涵义之推测》，《“中央研究院”历史语言研究所集刊》第 39 本《庆祝李方桂先生六十五岁论文集》下册（1969 年）。

考虑到关于明堂的功能的争论，将考古材料直接拿来论证明堂的形制，其结论的可靠性更要大打折扣。总之，目前的研究尚不足以确定上古明堂的具体形制。

就研究思路而言，对于上古历史文化的研究，笔者认为，解释其在演变传承过程中分歧的产生，比确定其间之是非，也许更有意义。明堂无论是一室还是五室或九室，无论是在实践中曾经使用过，还是仅仅存在于人们的头脑中，它们都是特定历史阶段的产物。确定是非即所谓考证固然是历史研究，理解它们之所以产生的历史背景，或者说，将明堂演变在宗教、文化诸方面的背景阐释清楚，也是历史研究。事实上，如果不能很好地理解分歧之所以产生的历史背景，是非本身也难以确定。有人会说，事实不清楚，怎么可能弄清它的背景。这个发问固然有可取之处，但我们知道，历史文化现象从发生的角度讲，有本源与派生的区别，有一些现象属于派生文化。就明堂制度而论，它的本源是上古宗教、宇宙论的思想，而制度上所谓五室与九室之分都是从此本源派生出来的。如果没有关于上古宗教、宇宙论思想的整体把握，试图单刀直入，考证上古明堂的真实，恐怕很难令人信服。过去的学者对于明堂制度争论了两千年，都是在制度的层面上打圈圈；现代学者虽然有了考古材料的助益，但也没能超越这个层面。这对于宗教建筑的研究来说，显然没能抓住问题的本质。[①] 本文的工作，就是要将上古宗教、宇宙论的变迁与明堂制度上的争论结合起来，从而理清楚明堂制度争论的由来。事实上，在东周以上的两千多年的时间里，上古宗教、宇宙论思想发生了极大的变化，与之相应的明堂制度也应有极大的变化，否则，东周时代的人怎么可能出现截然不同的认识呢？因此，即使要考证上古的明堂制度，也只能考证某一特定时段内的制度，而不可能说上古明堂只有一种制度。

十多年前，笔者因受李学勤先生诸篇文字的激发，撰《〈太一生水〉与明堂制度》，[②]将后人有关明堂制度的论说与宇宙论挂钩，认为五室与九室明堂的分歧，源于太一成岁的两种不同模式，一为四时成岁，一为八节成岁。现在看来，这样

---

① 黄铭崇的工作是从宇宙论的角度切入的，但其对于上古宇宙论变迁的认识不深，无法合理解释明堂上的种种争论的来历，仍是一种定是非的思路。

② 见简帛研究网 www.bamboosilk.org，2001 年 7 年 28 日。该网站地址已改为 www.jianbo.org。

理解还不够，五室与九室的不同，实际上反映的是宇宙论中方、圆的分离，而这可以进一步向前追溯。而在这种以信仰、宇宙论变迁为背景的追溯中，既往学人关于明堂的诸多争论都可以得到合理的定位，每一种说法都有其来历，基本不存在谁对谁错的问题。

一、方、圆之分与五室、九室之别

明堂五室与九室之争始于东汉，其时有所谓今礼、古礼之别，许慎《五经异义》云：

> 今戴礼说，《盛德记》曰“明堂者，自古有之，凡九室，室四户八牖，共三十六户七十二牖。以茅盖屋，上圜下方，所以朝诸侯，其外有水曰辟雍”；《明堂月令》说，“明堂高三丈，东西九仞，南北七筵，上圜下方，四堂十二室，室四户八牖，其宫方三百步，在近郊三十里”；讲学大夫淳于登说，云“明堂在国之阳，三里之外，七里之内，丙巳之地，就阳位，上圜下方，八窗四闼，布政之宫，故称明堂。明堂盛貌，周公祀文王于明堂，以配上帝五精之神，太微之庭中有五帝坐位”；古《周礼》《孝经》说，“明堂，文王之庙，夏后氏曰世室，殷人曰重屋，周人曰明堂。东西九筵，南北七筵，堂崇一筵。五室，凡室二筵，盖之以茅。周公所以祀文王于明堂，以昭事上帝”。许君谨按：“今礼、古礼各以义说，无明文以知之。”①

所谓“今礼”是指东汉的明堂制度，《礼图》云：“建武三十年作明堂，明堂上圆下方，上圆法天，下方法地，十二堂法日辰，九室法九州岛。”②此制最早见于《大戴

① 孔颖达：《礼记正义·明堂位》引，中华书局《十三经注疏》本，北京：中华书局1980年版。

② 《后汉书·光武帝纪》注引，中华书局标点本，北京：中华书局1965年版，第84页。

礼记·盛德》(今本在《明堂》篇)。所谓“古礼”是指《周礼·考工记》所载之五室明堂之制。

郑玄对于许慎所认为的两种明堂制度“无明文以知之”加以反驳，他说：

> 《戴礼》所云，虽出《盛德》篇，云九室三十六户七十二牖，以秦相吕不韦作《春秋》时说者所益，非古制也。“四堂十二室”，字误，本书云“九堂十二室”。淳于登之言，取义于《孝经援神契》，说宗祀文王于明堂以配上帝，曰明堂者，上圆下方，八窗四闼，布政之宫，在国之阳。帝者谛也，象上可承五精之神。五精之神实在太微，在辰为巳，是以登云然。今汉立明堂于丙巳，由此为之。周人明堂五室，是帝各有一室也，合于五行之数，《周礼》依数以为之室，德行于今。虽有不同，时说炳然，本制着存，而言无明文，欲复何责？[①]

按照郑玄的说法，五室是周人的明堂制度，九室是秦人的明堂制度，则五室之制早于九室。

笔者认为，明堂五室与九室的区别，另有其意义。如前所论，所谓九室明堂，其文献基础为今本《大戴礼记·明堂》。《明堂》篇中，有“赤缀户也，白缀牖也。二九四、七五三、六一八”的记述。清代学者曾指出，文中“赤缀户，白缀牖”的赤与白，是明堂图上的颜色标识，是论可信。笔者认为，其后面的九个数字，即所谓九宫幻方，也当是九室明堂图的基本形式的反映。

后人图示九宫，多将其画为方形，但目前所见的最早的九宫图，却是圆形。1977 年 7 月，安徽阜阳罗庄大队的汉初汝阴侯墓中发现一件太一九宫占盘，[②]李学勤先生名之为九宫式盘。[③] 式盘由上下两盘组成，下盘(或称地盘)正方，边长 14.5 厘米，厚 1.7 厘米；上盘(或称天盘)圆，直径 8 厘米，厚 0.2 厘米。关于

---

① 此据陈寿祺：《五经异义疏证》，收入《清经解》卷 1248—1250，上海：上海书店 1988 年版。

② 安徽省文物工作队、阜阳地区博物馆、阜阳县文化局：《阜阳双古堆西汉汝阴侯墓发掘简报》，《文物》1978 年第 8 期。

③ 李学勤：《〈九宫八风〉及九宫式盘》，原载《王玉哲先生八十寿辰纪念文集》，天津：南开大学出版社 1994 年版，后收入李著《古文献论丛》，上海：上海远东出版社 1996 年版。

式盘的用法，严敦杰、李学勤先生已做了很好的论述。[①] 式盘上的信息，尤其是其上的图形，对于研究明堂制度有着特殊的意义（图 7-1）。式盘正面有从盘心向外将上盘等分为八份的八条线，八条线端分别标有一、八、三、四、九、二、七、六等八个数字，加上中心之“五”，正好构成今人所谓的数字幻方。

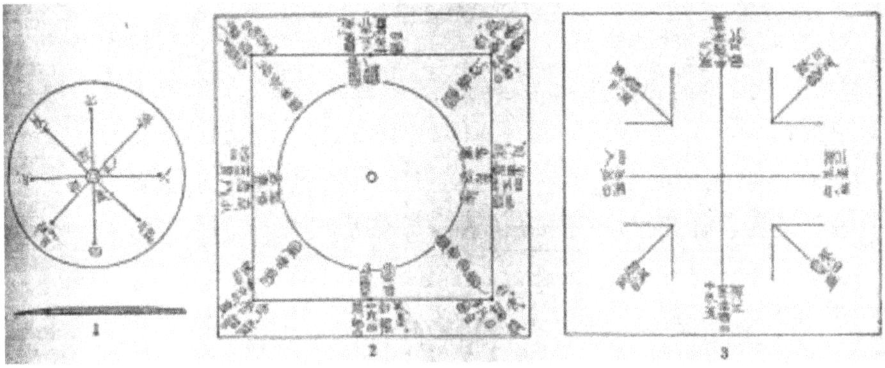

图 7-1　安徽阜阳双古堆汉墓出土之太一九宫式盘（1. 天盘；2. 地盘；3. 地盘背面）

仅此一例，尚不足以推定九宫之图本为圆形，因为必须考虑此九个数字恰好标在圆形天盘上的偶然性。不过，从早期的其他九宫图看，九宫排列成圆形，应该是可信的。比如，马王堆帛书《刑德》也有九宫图，即按圆形排列（见图 7-2）。[②]

另外，所谓《周易明堂》的存在，也有助于我们推定九室明堂图为圆形。《汉书·艺文志·数术略》“蓍龟”有《周易明堂》二十六卷，这个明堂应该是九室明堂。《周易》八卦的排列通常为圆形，则九室明堂图也当是圆形。

所谓五室明堂，其文献基础是《周礼·考工记》与《礼记·月令》等。目前学术界流行的意见认为，其形制当为“亚”形。笔者基本认同这种意见。准此，五室明堂，其图式当为方形。明堂九室与五室的对立，某种程度上体现了圆、方的对立。本文的讨论即由此展开。

---

① 严敦杰：《关于西汉初期的式盘和占盘》，《考古》1978 年第 5 期。李学勤：《〈九宫八风〉及九宫式盘》，原载《王玉哲先生八十寿辰纪念文集》，天津：南开大学出版社 1994 年版，后收入李著《古文献论丛》，上海：上海远东出版社 1996 年版。

② 陈松长：《马王堆帛书〈刑德〉甲、乙本的比较研究》，《文物》2000 年第 3 期。

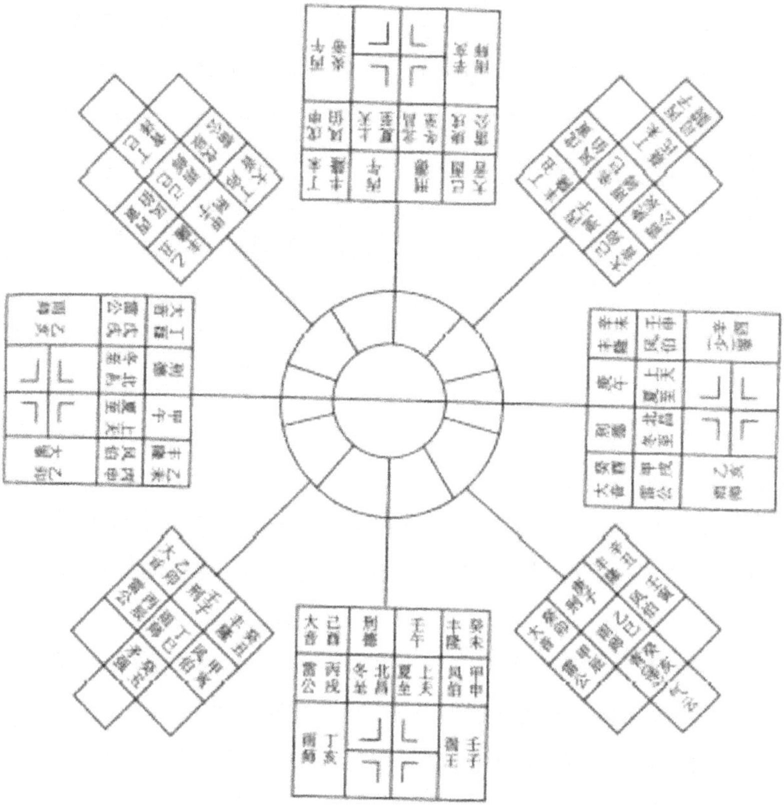

图 7-2　马王堆帛书《刑德》乙本九宫图

二、绝地天通与方圆分立

方、圆的对立意味着什么？凭直觉，方、圆象征着地与天。更进一步讲，方、圆的对立意味着民事与神事的对立。也就是说，五室明堂对应的是民事，九室明堂对应的则是神事。从东周以后论说明堂的文献看，五室明堂与民事的关联十分清楚，比如《礼记 · 月令》等文献，几乎通篇都在讲天子布政之事；记载九室明堂的《大戴礼记 · 明堂》，虽也有"明堂月令"四字，但篇中根本没有类似《月令》的文字，唯一可以与政治挂钩的是“明堂者，所以明诸侯尊卑”，由下文的分析看，此一条正反映了圆形的九室明堂与神事相对应的事实。所以，从功能上讲，五室与九室明堂在其原始的意义上当是有区别的。

明堂本是通天、祭祀天以及接受天命的地方，汉时有“通天屋”[①]之称。汉武帝时，“天子封泰山，泰山东北址古时有明堂处，处险不敞。上欲治明堂奉高旁，未晓其制度。济南人公玉带上黄帝时明堂图。明堂图中有一殿，四面无壁，以茅盖，通水。环宫垣为复道，上有楼，从西南入，命曰昆仑，天子从之入，以拜祠上帝焉”。[②] 这个明堂图的具体传承不详，从其描述看，似很古老。此明堂上有楼，曰昆仑，天子在此拜祠上帝。昆仑，原是沟通天地的山名，笔者理解，明堂楼名昆仑，盖象征此楼可以通天。另据《逸周书・程寤》，周文王受天命，也是在明堂。“文王在翟，梦南庭生棘。小子发取周庭之梓于阙间，化松柏棫乍。惊以告文王，文王召发于明堂，拜吉梦，受商大命，秋朝士。”[③]由此可见，明堂是与天及上帝联系在一起的。正由于此，笔者认为，作圆形排列的九室明堂当与神事相对应。

在方国林立，联系各方国的经济与社会关系的纽带不甚牢固之时，共同的信仰就成为军事武力之外维系共同体存在的重要力量。于明堂通天或接受天命，正是共同体的最高首领运用这种信仰力量的反映。明堂会诸侯，是早期人类社会政教合一的一个缩影。

既然在明堂的原始功能中通天与布政是合而为一的，一方面通天，一方面会诸侯，那么，五室与九室明堂是如何产生的？这应该从颛顼“绝地天通”说起。

关于“绝地天通”，最详细的记载见于《国语・楚语下》，兹将与本章讨论有关的文字引录于下：

> 颛顼受之，乃命南正重司天以属神，命火正黎司地以属民，使复旧常，无相侵渎，是谓绝地天通。其后三苗复九黎之德，尧复育重黎之后不忘旧者，使复典之，以至于夏商，故重、黎氏世叙天地，而别其分主者

---

① 《隋书・牛弘传》引蔡邕论明堂之文，中华书局标点本，北京：中华书局1973年版，第1302页。

② 《史记・封禅书》，中华书局标点本，北京：中华书局1959年版，第1401页。

③ 《艺文类聚》卷八十九“棘”字条引，北京：中华书局1965年版。

也。其在周，程伯休父其后也，当宣王时，失其官守，而为司马氏。

这里可以与明堂发生关联的信息有两点[①]：第一，从后人的论说看，明堂的位置在国之阳，而这里司天的官名为南正，从上文所论明堂的功能为通天之所看，南正掌管神事之处所当为明堂。关于明堂在国之阳的论说很多，据《史记·封禅书》记载，汉武帝元年，赵绾、王臧"欲议古立明堂城南，以朝诸侯"。《白虎通义·辟雍》则云："明堂上圆下方，八窗四闼，布政之宫，在国之阳。"郑玄于《礼记·玉藻》"玄端而朝日于东门之外，听朔于南门之外"，注曰："东门、南门，皆为国门也。天子庙及路寝，皆如明堂制。明堂在国之阳，每月就其时之堂而听朔焉，卒事反宿于路寝，亦如之。"孔颖达《正义》云："讲学大夫淳于登说，明堂在国之阳，丙巳之地，三里之外，七里之内，而祀之就阳位。"则明堂自古在国之阳盖是事实。司天之官名为南正，则暗示着其司天之处所在国之南，这是一点关联。第二，据上引《逸周书·程寤》，程地有明堂，而这里讲重氏之后在周为程伯。程伯盖以地名获其姓氏，其官守当在明堂。综合此三点，可知南正重司天掌管神事的处所为古之明堂。就此而论，北魏贾思伯说"《周礼》：营国，左祖右社，明堂在国之阳。则非天子太庙明矣"[②]，是对的。不过，他接着说"然则《礼记·月令》四堂及太室皆谓之庙者，当以天子暂配享五帝故耳"[③]，缘其不知所谓五室明堂，本为掌管民事之宗庙。

《国语》这段文字既与明堂有关，那么，五室与九室明堂的区别，形制上方、圆的不同，功能上民事与神事的划分，都可以从这里找到其根源。如所周知，天圆地方为十分古老的观念，现在二者分离，司天之建筑为圆形，司地之建筑为方形，顺理成章；而司天的管神事，司地的管民事，正与两种明堂功能上的差异相吻合。从这个意义上讲，后世所谓五室与九室明堂的不同，可以追溯到颛顼的时代，其时二者无论从形制还是从功能，都不能归于一种名称之下，按照笔者的

① 殷人明堂名为重屋，也可能与此有关，南正重司天，地点当在明堂，重屋或是对明堂的称呼，而非指其结构。当然，这只是猜想，并无实据，故以注释形式出现。

② 《北史·贾思伯传》，中华书局标点本，北京：中华书局1974年版，第1731页。

③ 《北史·贾思伯传》，中华书局标点本，北京：中华书局1974年版，第1731页。

看法，其时的司天之所，还只是一室。[①]

三、商周明堂之变迁

既然明堂在国之阳，非天子太庙，形制为方与圆、功能为服务于民事与神事的两种建筑，无法用一个共名来称呼，那么，为什么后世又出现了这样的理解上的混淆，这应该从明堂在商周的变迁中寻找解释。

商代的明堂，很多学者主张是“亚”形建筑，即方形的五室明堂。[②] 这种说法实际上是以《月令》等文献所记载的五室明堂为基础向上追溯而提出的，其在商代，最主要的证据是商王大墓的“亚”形构造。对于这个认识，笔者持反对态度。前文提到，商人的明堂名为重屋，另又名为阳馆，[③]这意味着商人仍继承了上古以来的司天与司地、神事与民事二分的格局，也就是说，商代的明堂仍应在国之阳，形制为圆形。从商代大墓的“亚”形构造出发，认为商代明堂为方形，恐不妥。养生送死，皆为民事，而“亚”形大墓，象征的应是方形的大地，这与作为司天掌神事的处所的明堂没有直接关联，因此推定商代明堂为“亚”形，并无理据。

不止一位学者提出，卜辞中的“盟室”可能是商代的明堂，[④]笔者赞成这个意见。单就卜辞“盟室”的材料，我们并不能将其解释为明堂，不过从“盟”字所从

① 《史记·太史公自序》在引用《国语·楚语》那段文字时，将火正黎改为北正黎，这个改动没有根据。太史公也许是为了突出天地南北的对称，但并没有考古发现支持这种理解。火正其实也应该在南方。

② 此外，晁福林的《试释甲骨文“堂”字并论商代祭祀制度的若干问题》将通常释为祊的“□”释为堂，以为是商代的明堂。无疑，其所理解的商代明堂也是方形。晁文刊于《北京师范大学学报(社科版)》1995年第1期。

③ 饶宗颐先生曾提到卜辞中有阳室，见其《殷代贞卜人物通考》，香港：香港大学出版社1959年版，第868页。此据收入《甲骨文献集成》之本。

④ 裘锡圭：《释殷墟卜辞中的“”“”等字》，载《第二届国际中国古文字学研讨会论文集》，香港：香港中文大学1993年版；连劭名：《甲骨刻辞所见的商代阴阳数术思想》，载艾兰等编《中国古代思维模式与阴阳五行说探源》，南京：江苏古籍出版社1998年版。其中连先生还将“公宫”“太室”等都视为明堂，稍嫌宽泛，详见下文。

之“囧”，[①]可以看出其与明堂的一些关联。比如“囧”字卜辞作“”，一律为圆形；并且它还是商代青铜器的主要纹饰之一，均作圆形。笔者以为，这正反映其建筑的构造为圆形。再者，“囧”可以单独使用，作为祭祀活动的场所或地名。

> 己巳贞，王其蒸南囧米，惟乙亥。
> 乙未贞，王米，惟父丁以，于囧。（《甲骨文合集》32024，下简称《合集》）
> 庚寅贞，王米于囧，以祖乙。（《合集》32543、《小屯南地甲骨》936）
> 己巳贞，王米囧，其蒸，于祖乙。
> 己巳贞，王其蒸南囧米，惟乙亥。（《合集》34165）

卜辞另有一些关于“囧”的材料，不具引。从上引材料不难看出，“囧”又名“南囧”，这说明其位置在商邑之南，这与明堂在国之阳也是一致的。盖“囧”即为“盟室”，为商代之明堂，其所在之地，亦因名为“囧”。

当然，笔者同意商代存在“亚”形建筑，并将其与后世的五室明堂联系起来。饶宗颐先生曾指出，“‘亚’本祀室之名，卜辞有名‘乍亚宗’‘告亚’‘侑于亚’是也”。[②] 作为祀室的“亚”，其构造当为“亚”形。另外，卜辞中还有大室、中室、东室、南室、西室等，[③]陈梦家先生认为，这些都是宗庙里的宗室，其形是四合院式。[④] 此说很有道理，具体地说，笔者认为，其构造也当是“亚”形。在东南西北四室中，南室占有特别的地位。

> ……酉卜，祝贞，惟今夕告于南室。（《合集》24938）
> 乙酉卜，祝贞，惟今夕告于南室。（《合集》24939）
> 乙酉卜，祝……丁亥，史其告南室。（《合集》24940）
> ……寅卜，大……其侑……丁三十牛……南室。（《合集》24941）

① 有少数“盟”字从“田”。
② 饶宗颐：《殷代贞卜人物通考》，第 1157 页。
③ 甲骨文中目前尚未发现“北室”之名。
④ 陈梦家：《殷墟卜辞综述》，北京：中华书局 1988 年版，第 475—482 页。

与其他诸室相较，南室出现次数最多，其中又以“告于南室”居多，它应该是“亚”形建筑中商人与神灵交流最多的地方。我们知道，后世五室明堂之南室即名为明堂，这应该与商代的这个现象有关系。饶宗颐先生认为南室或为明堂，[①]这个说法是有一定见地的。不过，从卜辞的“亚宗”[②]“父甲亚”[③]等名称看，整个“亚”形建筑殆为殷人之宗庙。

这里有一点需要指出，以宗庙中之南室为明堂，当是从西周开始的。明堂是祭祀天的场所，宗庙是祭祀祖先的场所，只有祖先与天同一时，宗庙中的南室才有可能被称为明堂。而据目前的知识，商人以大地上的河、岳为祖先，这是绝地天通的结果，人是与地联系在一起的。王称天子是从西周开始的，这是对绝地天通以来的格局进行调整的结果，[④]只有在这种背景下，宗庙与明堂才可能合流。后来人对明堂认识上的混乱，都可以由此变迁中得到解释。宗庙中可以祭祀天，即意味着其具有了明堂的功能，明堂与宗庙首先在名称上就有了纠葛。宗庙在国中，所以明堂就有了在国中的说法。宗庙为五室，这样明堂也就有了五室的结构。

另外，后人将“亚”形建筑中之南室称为明堂，而又将整个建筑称为明堂，这在逻辑上似乎有一些混乱。但如果我们将南室视为四室之首，这种表面上的混乱便可得到理解，以首室之名标识整个建筑之名，这在古人那里是允许的。而在殷人的方位观念中，确有一种南西北东的方位顺序。[⑤] 由此，五室明堂与商代的联系，可以得到更合理的解释。

由上所论，大致可以推定，颛顼绝地天通以来的司天与司地建筑形制上的方、圆分立，在商代仍然保存着，商代的明堂可能是建于其邑之南的“盟室”。尽管可以将后世的五室明堂向上追溯到商代的“亚”形建筑，但却不可将商代的“亚”形建筑径视为商代的明堂。

后人或将明堂称为宗庙，或称为大室，或将宗庙称为明堂，单纯从商以前的情况看，显然是混淆了司天与司地两种建筑的名称，明堂为司天之所在，宗庙、

---

① 饶宗颐：《殷代贞卜人物通考》，第 888 页。

② 《甲骨文合集》30295。

③ 《甲骨文合集》30297。

④ 关于商周之际的宗教变迁，参拙著《从巫术到数术：上古信仰的历史嬗变》第一章。

⑤ 参拙著《从巫术到数术：上古信仰的历史嬗变》第六章第四节，第 180 页。

大室则为司地之所在,二者的形制也截然不同。但这种混淆,并非纯为后人辨别能力的薄弱所致,究其根源,笔者以为在于西周实现政教合一后,周天子对此两项职事之处所,不再作严格的区分。

与此相应,后人关于通天之明堂的形制与职能的描述也发生了变化,如《大戴礼记·明堂》中出现了"明堂月令"四字,其形制则为九室十二堂,十二堂之说,纯为颁布十二月令而设。可以认为,由于周天子合司天与司地、神事与民事之建筑而为一,后人不仅将司地之"亚"形建筑目之为明堂,对于司天之明堂的认识,则出现了与对司地建筑之认识趋同的现象。

四、宇宙论背景下的明堂论说

五室与九室,分别为司地与司天的两种建筑,五、九之制也当与地、天有关。地有五方,东、南、西、北、中,故司地之建筑为五室。据《淮南子·天文》记述,天有九野,"中央曰钧天,……东方曰苍天,……东北曰变天,……北方曰玄天,……西北方曰幽天,……西方曰颢天,……西南方曰朱天,……南方曰炎天,……东南方曰阳天",故司天之建筑为九室。

司地建筑之为五室,商代已见端倪。九室明堂作为建筑实物,其源起不能详考。然天分九野之观念,必起源甚早。1987 年,考古工作者在安徽含山凌家滩一个新石器时代墓葬中发现了一块玉版,[①]玉版图案(见图 7-3),论者皆谓象征天圆地方,其圆天之中,已明显分隔为九个区域,也就是说,早在新石器时代晚期,人们已经有了天分九野的观念。但有观念,不等于即有与此观念配套之实物,笔者倾向于认为,上古司天之明堂原为一室,九室之制,或如郑玄所论,为秦相吕不韦作《春秋》时说者所益,非古制也。最近,杨鸿勋先生发表他对成都金沙郊祀遗址的九柱遗迹的复原研究成果,他认为那是古蜀明堂建筑的遗迹。[②]

---

① 安徽省文物考古研究所:《安徽含山凌家滩新石器时代墓地发掘简报》,《文物》1989 年第 4 期。

② 杨鸿勋:《古蜀大社(明堂·昆仑)考——金沙郊祀遗址的九柱遗迹复原研究》,《文物》2010 年 12 期。

这个遗迹值得注意的是它以九柱为支撑，而据杨先生的意见，它应该只有一室，类似汉代公玉带所呈黄帝时明堂图。尽管九柱的排列是方形（见图 7-4），与后

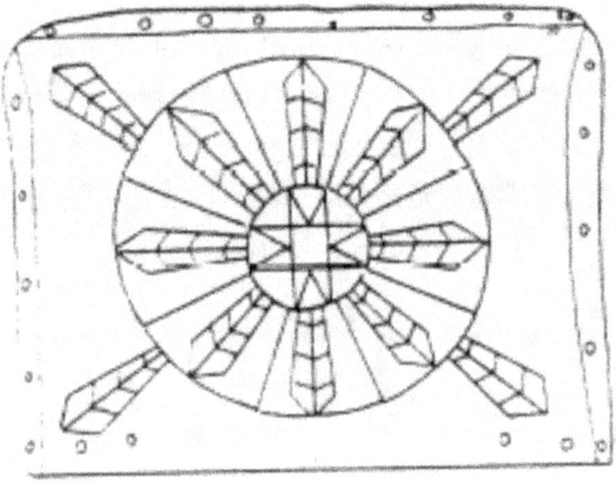

图 7-3　凌家滩玉版

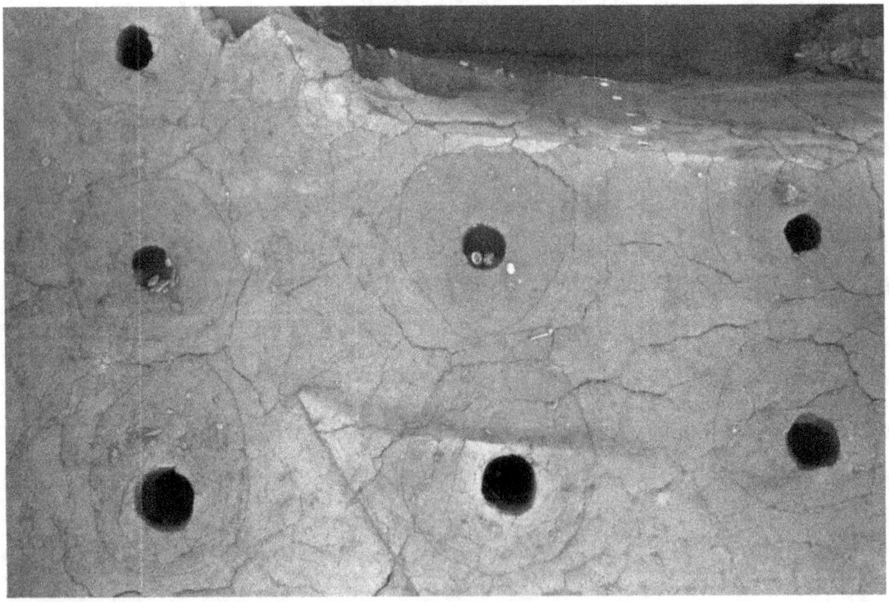

图 7-4　四川金沙郊祀区遗址九柱遗迹

人九宫图式相似，但这并不意味着其原先的建筑也一定是方形的。笔者于古建筑是外行，这里不作过多推论。这个遗迹暗示我们，尽管上古明堂只有一室，但它也可以体现所谓天有九野的观念。后来人构拟的九室，其与天有九野观念相对应的意图就更清晰了。

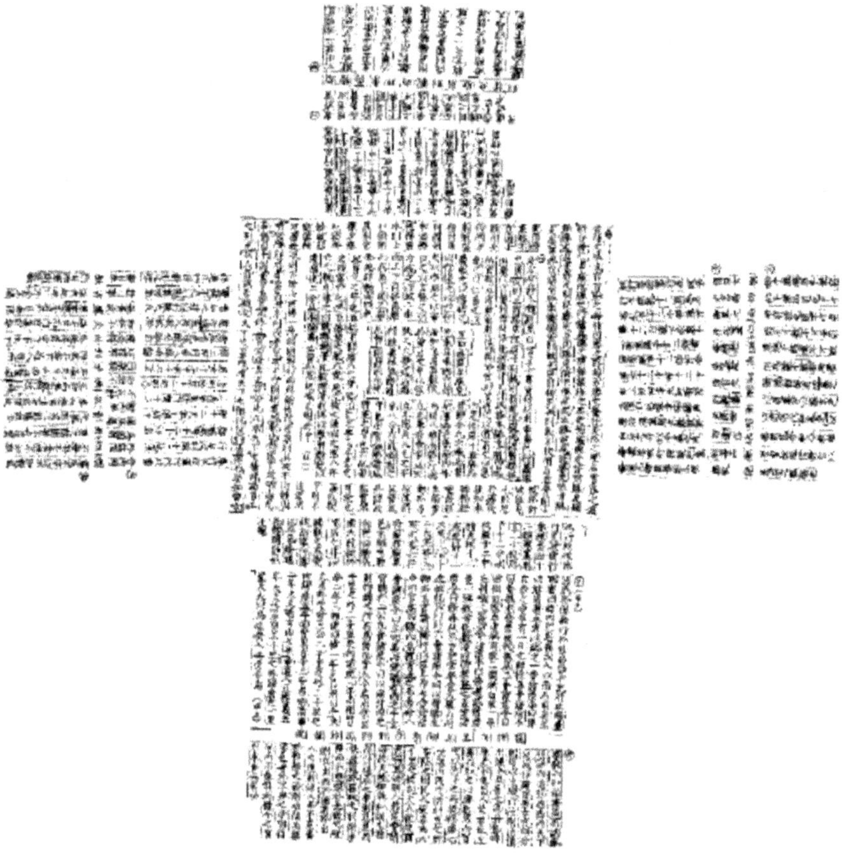

图 7-5　郭沫若复原之《玄宫图》

无论是五室还是九室，都与宇宙论存在着关联。东周以后的两种明堂论说，出现的诸多趋同现象皆与宇宙论有关。最明显的例子，五室与九室原本分别与地、天相对应，但在后世的论说中，两种明堂都有了上圆下方的特征。原本司天为圆、司地为方的两种建筑，现在都体现了天圆地方的观念。绝地天通所导致的方、圆分立，现在都统一到了新的宇宙观下。原本民神异业所导致的建筑的不同的象征性特征，现在因政教的再度合一，又被赋予了共同的特点。不过后人并不知道两者曾经的分离，以及由此分离所导致的五室与九室的分立，只是本着现实的观念，认为它们理当如此。犹如后人解释"王"字，认为其意味着贯通天、地、人三才，明堂也应该象征着天地的一统，至于是五室还是九室，并不重要，原先的差别模糊了。

随着这种论说的发展，有人提出五室与九室互通之说。北魏贾思伯云："按《月令》亦无九室之文，原其制置，不乖五室。其青阳右个即明堂左个，明堂右个即总章左个，总章右个即玄堂左个，玄堂右个即青阳左个。如此，则室犹是五，而布政十二。"[①]清代人夏炘同意此说，并进一步提出五室、九室、十二堂"其实一也"的看法。他说："以四方中央四正之室言之，曰五室，兼四隅言之，曰九室，又兼左右'个'虚数言之，曰十二堂，其实一也。"[②]

除了上圆下方之外，后世的明堂论说中又都提到明堂四周必环绕以水。对于明堂四面环水，杨宽先生接受阮元的意见，以为明堂四周环水，"如今村居必有沟绕水也"。[③] 这种解释固然可通，但笔者以为从宇宙论的角度来理解，也许更好。《明堂阴阳录》说："明堂之制，周圜行水，左旋以象天，内有太室以象紫宫。"[④]这里提到的象天，所象当是周天二十八宿的排列，而并非是象天之运行。天子居于周水环绕的明堂之中，犹如天穹之中为二十八宿所环绕的北辰。孔子曾说，"为政以德，譬如北辰，居其所而众星拱之"。[⑤] 天子与北辰的对应，由来已久，象征王政的最主要建筑明堂，其环绕之周水，也应该从象征的角度来理解。

天上有众星拱北辰，地上则有弱水绕昆仑。《淮南子·地形》有这样一段文字：

> 昆仑之丘，或上倍之，是谓凉风之山，登之而不死。或上倍之，是谓悬圃，登之乃灵，能使风雨。或上倍之，乃维上天，登之乃神，是谓太帝之居。

---

① 《魏书·贾思伯传》，中华书局标点本，北京：中华书局1974年版，第1614页。

② 夏炘：《释明堂》，载其著《学礼管释》六，收入《清经解续编》966—983卷，上海：上海书店1988年版。

③ 杨宽：《西周史》，上海：上海人民出版社1999年版，第677页。

④ 《隋书·牛弘传》引，中华书局标点本，北京：中华书局1973年版，第1304页。

⑤ 《论语·为政》，中华书局《十三经注疏》本，北京：中华书局1980年版，第2461页。

《山海经》之《西山经》与《海内西经》径称昆仑之丘为帝之下都，准此，昆仑之丘当是地之极，与天上的太帝之居相对应。[①] 昆仑四周有水环绕，名曰弱水。《山海经·大荒西经》：

> 西海之南，流沙之滨，赤水之后，黑水之前，有大山，名曰昆仑之丘，有神人面虎身，有文有尾，皆白处之。其下有弱水之渊环之，……有人戴胜，虎齿有豹尾，穴处，名曰西王母。此山万物尽有。

据《海内西经》，弱水"出西南隅，以东，又北，又西、南，过毕方鸟，东"，则其环绕昆仑之丘运行的方向是所谓逆时针，即左旋。这与明堂周水的运行方向一致。

从象征天地的式盘看，二十八宿的排列也是逆时针，与弱水绕昆仑运行以及明堂周水的运行方向相同。从天、地、人三者在这方面的一致性看，这种模式应该是一种宇宙论在天地人三个层面上的体现。无独有偶，在1993年出土、1998年发表的《郭店楚墓竹简·太一生水》中，恰有类似的宇宙论表述。简文说，"太一生水，水反辅太一，是以成天"，又说"太一藏于水，行于时，周而又□"。太一，显然是宇宙的创造者，她在生成天地之前，先创造了水。这里的水，显然在作圆周运行，其运行方向，从"水反辅太一"看，显然与太一的运行方向相反。太一的运行方向，李学勤先生认为"是斗柄的旋转周行的视运动"。[②] 我们知道，北斗柄是按十二辰的方向旋转的，与周天二十八宿的排列方向相反，因此，这里的水的运行方向也是左旋。天子坐于周水环绕的明堂之中，模拟的正是藏于水的太一。

很显然，明堂周水的构想，是模式化的宇宙论在人事上的具体体现。至于这种构想从什么时候开始出现，又从什么时候开始被付诸实践，今天均已无法详考了。

---

① 《山海经》中关于巫通天的资料也是出现西方的相关记述中，因此将水绕昆仑之丘作为水绕极周行的模式中的一个环节，是可以成立的。

② 李学勤：《太一生水的数术解释》，载陈鼓应主编《道家文化研究》第十七辑，北京：生活·读书·新知三联书店1999年版。

五、释“个”

明堂制度研究中，还有一个十分有趣而又麻烦的问题，即《月令》诸文献中屡屡提到的“个”，笔者以为也与宇宙论有关。对于“个”，以往的学者囿于十二堂的成见，往往将八“个”理解为八堂。清人戴震认为明堂之“个”即《左传》中提到的“个”，[①]这是将“个”理解为堂室在文献上的最有力的证据。近人王国维、今人杨鸿勋等则认为，“个”“介”“夹”古音相同，均是指古建筑中的旁室。[②]

毫无疑问，从临淄郎家庄出土的漆器图案看(见图 7-6)，[③]古代有十二室的建筑，并且五室明堂的构建者也当知道古建筑中有“个”，但我们并不能由此推

图 7-6 山东临淄郎家庄漆器图案(复原图)

① 戴震:《明堂考》，载《戴震文集》卷二，北京：中华书局 1980 年版，第 24 页。

② 同前揭二氏文。

③ 山东省博物馆:《临淄郎家庄一号东周殉人墓》，《考古学报》1977 年第 1 期。

断月令诸文献所载的明堂之“个”，也是实际的堂室。就临淄出土的漆器图案看，其十二室尺寸大小一致，很难称其旁室为“个”，即所谓夹室。从前文所引贾思伯、夏炘等人的意见看，“青阳右个即明堂左个，明堂右个即总章左个，总章右个即玄堂左个，玄堂右个即青阳左个，”八“个”实为四“个”，而四“个”应该就是四隅。曾见过《礼图》的牛弘说：“《礼图》画‘个’，皆在堂偏，是以须为五室。”[①]据此，“个”在明堂图上的标识与堂有明显区别。因此，笔者倾向于认为，明堂之“个”原本也不是实际的堂室，而另有来源。

前文提到，1977 年，安徽阜阳罗庄大队汉墓中发现了一件太一九宫式盘，其地盘背面，由中心点向四方画出四条线成十字形，在各线末端分别针刻篆文“第一子夜半冬至右行”“第二冬至平旦”“第三七年辛酉日中冬至”“第四冬至日入”。四隅画“个”形，分刻“第二夏至”“第三夏至”“第四夏至”“第四夏至”。殷涤非、严敦杰先生已指出，这里标的是四分历的冬至时刻，每年相差 1/4 日。[②]

学界通常称这个图为“钩绳图”，其四隅的“个”使我们想到五室明堂的“个”，即所谓的“明堂左个”“明堂右个”等。

我们知道，月令是从时令发展而来的，这通过比较《吕氏春秋・孟春纪》与《管子・幼官》的相关文字，便不难发现。《孟春纪》：

> 孟春之月，日在营室，昏参中，旦尾中。其日甲乙，其帝太皞，其神句芒，其虫鳞，其音角，律中太蔟，其数八，其味酸，其臭膻，其祀户，祭先脾。东风解冻，蛰虫始振，鱼上冰，獭祭鱼，候雁北。天子居青阳左个，乘鸾辂，驾苍龙，载青旗，衣青衣，服青玉，食麦与羊，其器疏以达。是月也以立春。先立春三日，太史谒之天子曰：“某日立春，盛德在木。”天子乃斋。立春之日，天子亲率三公九卿诸侯大夫以迎春于东郊。还，乃赏卿诸侯大夫于朝。命相布德和令，行庆施惠，下及兆民。庆赐遂行，无有不当。乃命太史，守典奉法，司天日月星辰

① 《隋书・牛弘传》，中华书局标点本，北京：中华书局 1973 年版，第 1303 页。

② 殷涤非：《西汉汝阴侯墓出土的占盘和天文仪器》，《考古》1978 年第 5 期。严敦杰：《关于西汉初期的式盘和占盘》，《考古》1978 年第 5 期。

> 之行，宿离不忒，无失经纪，以初为常。是月也，天子乃以元日祈谷于上帝，乃择元辰，天子亲载耒耜，措之参于保介之御间，率三公九卿诸侯大夫躬耕帝藉田。天子三推，三公五推，卿诸侯大夫九推。反，执爵于太寝，三公九卿诸侯大夫皆御，命曰劳酒。是月也，天气下降，地气上腾，天地繁动。王布农事，命田舍东郊，皆修封疆，审端径术，善相丘陵阪险原隰，土地所宜，五谷所殖，以教道民，必躬亲之。田事既饬，先定准直，农乃不惑。是月也，命乐正入学习舞。乃修祭典，命祀山林川泽，牺牲无用牝，禁止伐木。无覆巢，无杀孩虫胎夭飞鸟，无麛无卵。无聚大众，无置城郭，掩骼霾髊。是月也，不可以称兵，称兵必有天殃。兵戎不起，不可以从我始。无变天之道，无绝地之理，无乱人之纪。孟春行夏令，则风雨不时，草木早槁，国乃有恐。行秋令，则民大疫，疾风暴雨数至，藜莠蓬蒿并兴。行冬令，则水潦为败，霜雪大挚，首种不入。

《幼官》：

> 春行冬政，肃。行秋政，雷。行夏政，阉。十二，地气发，戒春事。十二，小卯，出耕。十二，天气下，赐与。十二，义气至，修门闾。十二，清明，发禁。十二，始卯，合男女。十二，中卯，十二，下卯，三卯同事。八举时节，君服青色，味酸味，听角声，治燥气，用八数，饮于青后之井。以羽兽之火爨。藏不忍，行驱养，坦气修通。凡物开静，形生理，合内外周外，强国为圈，弱国为属，动而无不从，静而无不同，举发以礼，时礼必得。和好不基，贵贱无司，事变日至。此居于图东方方外。

将《幼官》与《孟春纪》相比，二者基本内容相同，如戒春事、出耕、赐与、君服青色、味酸味、听角声、用八数等都完全一致。不同之处在于《孟春纪》比《幼官》叙述得具体，并且多了天文记录。很显然《孟春纪》等是在《幼官》相关论述的基础上发展而来的，是将原来的四时之令细分为十二月令；又对《幼官图》之东南西北中五方分别冠以青阳、明堂、总章、玄堂、太室等名称。

《管子》中除《幼官》，还有一篇《幼官图》。今本《幼官图》，没有丝毫图的踪迹，除了文字顺序上略有不同外，只是重复《幼官》的文字，显非其原貌。郭沫若、陈梦家、李零等先生都曾作《玄宫图》，意欲恢复其原貌。① 诸家之中，笔者以为郭沫若先生的复原最佳，唯其对中方的处理有待调整。② 由郭先生的复原，大致可以推定，《幼官图》是古代图文合著的一种形式，这种著述形式可由江陵王家台秦简中的《政事之常》得到证实。③《幼官》是对《幼官图》的文字誊录，篇中"此居图方中""此居于图东方方外""此居于图南方方外""此居于图西方方外""此居于图北方方外"等便是证明。

从郭先生的复原图看，《幼官图》的文字排列呈"亚"形，据此类推，与《月令》诸文献配套的明堂图也当作"亚"形。牛弘所看到的"个"，当是标在图之四隅的勾线图案，而月令诸文献中的所谓左"个"右"个"，当是对明堂图中"个"形图案的直接描述。笔者推想《幼官图》本也有"个"，但由于《幼官》只讲四时之令，故没有提及它。当时令发展为月令，出于时位相应的需要，图上的四隅之"个"，就都成了王者发号施令的处所。④

最初有关五室明堂月令的叙述，当是参考着"亚"形明堂图而完成的，这个明堂图当与上述九宫式盘的下盘的反面图形相类似。借用西人的一个词，九宫式盘下盘反面的图形，与作为描述五室明堂月令之依据的明堂图，当属于同一范式。后人据此月令文献研究明堂之"个"，最终只能是徒费脑力。

"钩绳图"是对宇宙空间的一种描述，将"个"视为明堂建筑之一部分，可以说是宇宙论对明堂产生影响的又一例证。

---

① 郭沫若：《管子集校（一）》，收入《郭沫若全集·历史编》第五册，北京：人民出版社1984年版，第252、253页之间插页；陈梦家：《战国楚帛书考》，《考古学报》1984年第2期；李零：《长沙子弹库战国楚帛书研究》，北京：中华书局1985年版，第43页。

② 参拙著《从巫术到数术：上古信仰的历史嬗变》第五章第三节。

③ 参前揭注。

④ 王梦鸥《古明堂图考》认为《管子·幼官图》就是古明堂之图，并据宋本《管子》作了复原，其复原之图与钩绳图相似，唯缺四维之"个"。王文载《孔孟学报》（台湾）1966年第12期。

综上所述，自颛顼绝地天通以来，明堂专为通天之所，其地在国之阳，其形制则为圆形，与司地的方形宗庙判然有别。后世所谓五室明堂，其先为司地之方形宗庙，其具体形制可以追溯到商代的“亚”形建筑；而其所以为五室，取法于地之五方。所谓九室明堂，其先为司天之圆形建筑，其所以为九室，取法于天有九野。商代明堂，当为卜辞中的“盟室”，又名“囧”或“南囧”。司天与司地建筑名称与功能上的混一，起于西周。而后，无论是五室还是九室，都被赋予了象征天地一体的宇宙论的特征。讲述月令诸文献中的明堂之“个”，是对“亚”形明堂图中四隅之“个”的直接描述，而非实实在在的堂室名称。

第八章　小体向道:《日书》在传统文化中的地位

《日书》在中国人的生活中扮演了重要角色,从战国时代出土的《日书》,一直到今天依然具有支配功能的皇历,其在中国人的生活中似乎不可或缺。今天,在西方学术框架中如何认识这种存在,其实是一个问题,其目的是世俗性的,但其特质又具有宗教特征,西方学者用 popular religion 描述包括风水等数术在内的大众生活中的宗教。在一般意义上讲,运用这个概念描述神秘文化是可以的,但若深究,其实就有问题,其并不能真正解释中国人的精神结构。过去学者讨论儒家是否是宗教的问题,儒教若能成立,其可不可以用 popular religion 来描述呢? 在一般意义上,似乎也可以。但在中国文化中儒教与神秘文化显然不能用同一个概念描述,二者虽不能说水火不容,但界限是比较清楚的。Popular religion 这个词之于描述中国宗教,只能是权宜之计,准确认识这种宗教文化,还是要回到中国文化的自身结构中,认识其在整体结构中的位置。本章试图运用笔者对于中国文明的新观点,以《日书》为切入点,揭示古代中国人精神生活的独有结构。

一、绝地天通与东方信仰

笔者曾讨论古代信仰从巫术到数术的变迁,书中将甲骨文与《日书》联系起来，以为从甲骨占卜到《日书》，体现的是古代信仰的变迁。[①] 今天来看，这个问题其实没有完全讲清楚，尤其是考虑到东西异制异教问题，从甲骨占卜到《日书》其实只是东方文化的变迁，而不是整个古代中国文化都经历了从巫术到数术的变迁。早期中国西方文化，尽管发现了周原甲骨，但其是否将甲骨占卜作为通神的主要手段，是值得存疑的。而从《日书》的发现情况看，其主要出现在秦楚之地，恐怕也不是偶然，西周文化盛行的地区，这种文化恐很难流行。

这里就有一个问题，东方与西方在宗教文化上，何以呈现出这样的差异，究竟存不存在一个共通的关于神的理解。Popular religion 的概念，事实上预设了一个社会大众关于神的共通理解，但这个预设可能并不存在。

在关于东西异制异学的讨论中，东西方的差异极为明显，在通神的问题上，东西方认识显然不同，西方承认可以通天，东方不允许通天，这里就有关于神的理解的差异。可以通天的文化中，实际带有神人同质的预设。因为神人同质，神可以规范人，较人看得远，看得清晰。而在不可以通天的文化中，神人能否理解为同质，就是一个问题。其所以要占卜，因为人自身智慧不足，所以要向神请教。这里神只是在理智能力上高于人，并不承认神人完全同质。《日书》其实也是这种性质的文化。

今天来看，这种判分可能意义不大，因为智慧问题上也可以说是神人同质，但在古代中国，作这样的判分恐怕是必要的。神人同质，指向于从人的角度看待神，人的首要属性不是理性，而是人性。与此相关，神的首要特征也不是理性，而是道德德性。人求助于神，首先不是因为智慧的不足，而在于人性的养成。春秋时代人讲"聪明正直而一者谓之神"，其中正直而壹，是就道德德性讲的。

如果神只是一种智慧高超的存在，那么很难讲这种神与人具有同质性。当然，这不意味着这种神不具有宰制性。相反，越是纯智慧的存在的神，其宰制性越强。笔者理解，占卜的依据，《日书》的基础，所谓象与数，其实都是从纯智慧的神蜕变发展而来的。或者可以这样讲，东方文化的神原先都是自然神，由这些自然神蜕变而为象，进而发展为数，都是认识自然的方法。从古希腊创世大

① 参拙著《从巫术到数术：上古信仰的历史嬗变》，济南：山东人民出版社 2008 年版。

神德穆革属于工匠性质的神来看,早期中国作为象数之本的神,当也属工匠性质。所谓宰制性是从工匠造物精神衍生而来的,德穆革具有宰制性,殷人占卜事类之广泛,《日书》对于日常生活的全覆盖,都说明它们具有很强的宰制性。

卜辞中的帝,所掌管的事务同样很广,这个帝是否类似德穆革,目前无法作判断,但要考虑到殷人高祖帝俊之妻生日月的传说,其原先具有创世性当无疑义。只是这种创世性似乎不及万物,而只涉及日月时间。《大戴礼记·五帝德》记帝喾"历日月而迎送之",卜辞则有出日、入日之祭祀,都指向于所谓生日月就是历日月而掌握时间。[①] 不过,这里有一个问题需要特别注意,帝虽然可谓至上之神,也可以认为具有创世特征,但卜辞中,其宰制性特征并不很强,其并未给世人提供必须遵循的法则。真正具有宰制性的是占卜活动本身,而要占卜则是因为自身理智能力还很有限。再从中国古代缺乏类似创世纪的神话看,同样可以从工正的角度理解古希腊与古代中国东方的宗教活动,其间的区别很清晰。

这中间有一件事是关键,早期中国东方有绝地天通,这个事件决定了古代中国对于自然神的基本理解与宗教活动的基本特征。绝地天通今天理解就是人事与神事分离,所谓天与地的分离,就是将人的自身事务从神事活动中分离出来。这个表述依然不清晰,因为这并不意味着人事从此没有了宗教活动,那么久远的年代完全达到理性不现实。那么绝地天通在宗教上的真正意义就是值得关切的问题。

人受制于自然是一个事实,但天与地对人的制约性是有区别的,天的制约性主要体现在四季的变迁,风雨雷电对人活动的制约。对于民生而言,就中国这片土地而论,地的制约性比天的制约性要更强。所谓人神分离,只是指向民生关切与灵魂关切相分离,而不是民生关切中禁绝宗教性活动。这在后来东西方学术的分殊上也可以看出来,纯为东方学术的法家,没有灵魂关切;纯为西方学术的儒家关切个体成神,这是由东西方宗教差异延伸出来的。从这个意义上讲,现代学者用的"民生宗教"就是一个更准确的概念。[②]

回到东方信仰上,卜辞中的帝虽权能范围很大,但却几乎不见对于帝的祭

① 帝俊即帝喾,是王国维先生提出的观点。

② 余欣:《神道人心:唐宋之际敦煌民生宗教社会史研究》,北京:中华书局2006年版。

祀，也就是说，作为至上神，却不接受人的祭祀，这是一件很难理解的事情。但如果考虑到绝地天通的框架，至上神自然是天神，帝不接受祭祀就是可以理解的。当然，如果我们掌握全部材料，帝不接受祭祀可能并非事实，毕竟绝地天通只是将重点放在民生上，却不是说不管帝，南正重司天；只是现有卜辞材料反映不出这个事实——占卜本是为民事服务的。

从学术的角度类比，《老子》的帝当就是卜辞的帝，因为属天，《老子》哲学依然以灵魂为关切重点，但因为绝地天通，其灵魂关切得不到成长，即不能由基于魄的精神，上升到基于魂的精神。因为脱离社会生产，其也不能为民生提供真正的哲学基础，其虽讲象，但不可知，因而不可能作为占卜的基础。其与依据兆象判断吉凶以指导生活的卜辞操作者当不属同一群体，卜辞操作者当是火正黎的一系。这应是卜辞尊崇帝，却不祭祀帝的理据。

依据谁创生谁宰制的原则，作为至上神的帝的宰制性被转移到人自身的高祖身上。工正精神本强调神的宰制特征，但因为绝地天通，工正虽服务于至上神，其不能将其宰制性直接搬到人世，其需要人世首领接受工正精神以治理社会，这种精神才能移到人世。但这种结果导致最终的宰制性其实在人间领袖，而不在至上神。这应该是早期中国东方文明虽讲工正精神，却不同于古希腊的根源。具有宰制性的帝被隔离，人间领袖反而僭越了这种宰制性。

这样的文明结构，也决定了古代中国不可能出现类似古希腊具有突破性质的哲学觉醒。哲学突破的本质是理性觉醒，理性源于神，而古代中国的神从文明起源开始，其就具有不完整的特征。当至上神的宰制性被人世领袖僭越，其对于文明发展固然有积极作用，但同时也丧失了神之于人之精神塑造的完整与纯粹。若能保持这种神之存在功能的完整与纯粹，当文明发展积累到一定程度，其就会以理性觉醒的方式，发展出哲学的知性活动。古希腊哲学的突破应该归功于这样的完整性。

古代中国东方文明的神的功能的不完整性，决定了古代中国宗教活动的不纯粹与知性活动不纯粹。宗教活动的不纯粹，表现为卜辞与《日书》的准宗教行为规则。占卜与《日书》都承认有一种神秘力量，可以规定人的行为，但这种神秘力量具象化特征不强。与基督教的启示不同，其需要通过人对象数的分析解释来解读，事实上在人与神之间竖起了一道屏障，这道屏障不仅限制了人的理性能力,也限制了神的宰制能力。这样的宗教活动显然是不纯粹的。

不纯粹性还表现在这种活动的世俗目的性。无论是占卜还是《日书》,其都是在世俗功利的立场上进行的,也就是民生关切,而不是为了灵魂的上升。不过,要注意的是,这种世俗目的性只能说明这种准宗教活动的不纯粹性,却不能说这种活动完全不具有精神性。只是这种精神性不是以灵魂上升为内容,而是以向道的意识表现出来的。当然,这也是中国文明的特征,所谓小体向道,在西方文明中是不存在的。

二、经验性宗教

中国文明中的宗教意识不强,其通常被视为人本文明,笔者谓之人性文明,其精神性主要表现在人性精神上。这与西方文明的精神性主要体现在理性精神上差别很大。因为主要是讲人性精神,也决定了中国人的精神生活无法像西方那样具有统一精神要求,所谓一神论,其实是精神生活的一元性,不论男女老少,都要求具有统一的精神,理性也罢,人性也罢,都要求同一,只不过,这种同一需要在历史中逐步实现,尤其是人性。中国古代墨家尚同,体现的也是这种意识。这是工正型文明的特征。

尽管工正型文明也参与了中国文明的构建,但中国文明的主线不是理性,而是人性,人性奠基是中国文明不同于西方文明的根据。人性奠基,决定了中国人在人性认识上很难达到人性的同一性认识,墨家虽然提出兼爱的主张,但这种主张并未成为中国文明的主流认识。所谓等差之爱是中国人对于人性的具有普遍性的认识与实践,也就是说中国人对人性的认识上也是经验性的。尽管孔子讲“天下一人”,但这个一人指向的是人道的一,即遵循礼的规范,而礼本身具有等差性,依然具有经验性。

经验性的人性认识不同于理性的人性认识,即其要识别具体的个人,识别男与女,识别长与幼,识别亲与疏。当然,这样的经验性的人性并非没有理论,前文提到的魂与魄的分别,便是对人性根基的认识。

人性奠基的文明，其宗教自然不同于以理性为基础的文明。没有古希腊哲学，就不可能出现基督教，而基督教在西方文明中所扮演的作用也不同于古代中国的宗教活动在文明中所扮演的作用。最明显的差异是基督教塑造了一个超越的至上神，而古代中国的至上神的超越性看不清楚，或者说不具有可类比性，因为其宰制性被世俗领袖僭越。而不具有宰制性，其不可能成为宗教崇拜的对象。这导致中国古代宗教对神的认识与对人性认识类似，都带有经验性的特点，宗教性与人性混杂在一起。

经验性的宗教活动的一个基本特点，是不存在唯一的真神，而是对整个自然界的存在作经验的处理，风雨雷电各尊其神性。而对各对象的认识也紧紧围绕其特性进行归纳提炼，无法达到一神教的超越与普世。这种宗教造就了中国特色的自然哲学，即所谓阴阳五行。而这中间同样存在绝地天通的痕迹，阴阳是天道，五行是地道。虽然受文明演进的影响，在阴阳五行之上，后来又出现太一，但这个太一本身不具有逻辑内涵，仍然要通过阴阳五行这些基于对自然的经验认识所提炼出的现象法则来认识世界。

宗教除了指向于自然外，还有一个重要面向，即面向世俗社会。只是，经验性宗教面向世俗社会的方式不同于一神教。一神教由于存在超越的至上神，其要求世俗之人对其绝对服从，不论男女老少，在上帝面前人人平等。而又由于其至上神与超越的理性结合在一起，其对于现实世界的活动又具有指导性或批判性。当对上帝的沉思转向通过实验的手段探求，近代科学就产生了。而对中世纪的专制君主，教会往往持批判性态度，有些教士直接扮演了专制君主的刺杀者。这些都不是经验性宗教所能培养出来的。

前文提到中国古代知性活动不纯粹问题，从事科学史研究的学者早已指出，古代的天学并非近代意义上的天文学，而与天象预测术紧密联系在一起。而古代的历法也不是纯粹的知性活动，同样要考虑所谓政治合法性问题。[①]

经验性宗教活动之于世俗社会的批判性乍看似乎存在，所谓以天人感应、灾异之学来规范政治活动，但其并不真的具有批判性，而只是政治斗争的手段。这不难理解，天人感应、灾异背后并不存在真正高于现实的东西，所谓天的意

① 江晓原：《天学真原》，沈阳：辽宁教育出版社 1991 年版。

志,儒家为其添加了民的意志,但这与宗教无关;在经验性宗教中,天除了现象法则外,并不具有具体的意志内容。所谓天人感应、灾异说其实是儒家的政治批判手段,当然这涉及儒家是否可以被称为宗教的问题,此略。

经验性宗教对于世俗社会的真正作用,在于其与日常生活的结合,也就是本书所讨论的小体向道的问题。前文指出,卜辞的占卜、《日书》对于日常生活的指导具有全覆盖的特征,这与世俗生活中有疑问才占卜、才求教专家的性质不同,那种经验性行为很难称为宗教行为。[①] 也就是说,《日书》不仅仅是一个选择手册,还具有使小民过有道生活的意义。笔者曾讨论为什么《日书》常与法律同出,认为秦之官吏不仅有教民法令的责任,还有教民向道的责任。[②] 只是这个道与儒家推崇的道不是一个性质。儒家的道致力于使人灵魂发扬,《日书》的道则使人意魄安静。这应该是东方文明对民众教化的内容。法家讲以法为教,《日书》也是一种法,是个体日常生活之法。

《日书》作为日常生活之法,其所以能称为准宗教活动,在于其法则背后具有自然法则的内容。前面讲中国古代宗教其实不具有超越性的至上神,基于对天地认识所提炼出的阴阳五行就是自然法则,《日书》对于时空的区划,就是基于阴阳五行进行的。对于阴阳五行的遵守,就是对于自然的遵从,只是这种自然法则不是理性的,而是现象法则,这也是称其为经验性宗教的根据所在。

唯其经验性的特征,其与人性的结合也具有经验性,这只要看一看《日书》对具体生活的规范就知道了,都是具体的日常生活活动。当然,不能因为规范的内容过于琐碎,就认为其不具有精神性。前文讲过,古代中国人对人性基础的认识具有二分性,所谓魂与魄,其中魄与自然的距离更近。笔者判断,《老子》哲学的基础就是魄,故其讲道法自然。[③]《日书》以自然的现象法则阴阳五行为基础,也可以说是道法自然了。如果日常琐事都能遵循自然法则,自然也可以

---

① 出于功利的占卜,是目前对于古代数术的流行理解,当然这也是事实。但这种事实的出现并不妨碍相信选择术的人,其有精神上的根基,宗教性是在这个意义上讲的。事实上很多选择并不是出于权衡利弊的考虑,很多选择无所谓利弊。

② 参拙著《德礼·道法·斯文重建:中国古代政治文化变迁之研究》结语第二小节。

③ 参拙著《神秘主义与中国古代哲学研究论稿》第五章。

称为有道的生活了。只是这种有道的生活与儒家理想的有道生活，不能相提并论。

儒家是早期中国西方文明的思想结晶，其有道的生活是遵循礼仪的生活。用孟子大体、小体的划分，儒家要培养的是大体。与之对应，《日书》的有道生活，其所培养的是小体。大体对应于魂，小体对应于魄。这里有一点需要说明，孟子讲的大体小体是心与耳目等感官的区别，《日书》规范的是个体行为。但实质上二者存在对应关系，《日书》所规范的个体行为其实都是日常的行为，背后存在趋吉避凶的意识，其与感官欲望存在对应关系。而孟子讲的大体，所谓心之所好仁义礼智，其指向于好的社群与国家的建构。虽是两种文明的学术，但基本指向是相通的。

三、理性二分

前文讲小体向道在今天的西方文明中很难得到理解，这是中国文明在理性追求上的特征所决定的。黑格尔讲过，中国文明在理性程度上要低于古希腊，今天看，这个判断是有道理的。但中国文明并非不重视理性，只是其理性不像工正型文明那样取得超越的地位，其表现出很强的经验性特征。这种经验性的理性虽不如西方文明能在科学上取得巨大的成就，但这种理性对于文明初期以人为中心推进文明的进展，有其不可取代的价值。古代中国技术发达，技术是经验性理性的运用。

经验性理性对于精神生活的影响，其与超越理性相比，其结果就是没有出现一神教，但没有出现一神教，并不意味着其对精神生活没有影响，只是因为达不到超越的程度，其影响也表现出自身的特点，即笔者关注的中国文明的二分性特征问题。

基督教的上帝是真善美的统一，这样的上帝在古代中国没有形成。殷周宗教有天与帝的分殊，殷人崇帝，周人崇天，其中殷人的帝偏向工正特征，只是其宰制性为人主所僭越。周人的天偏向臣正特征，所谓唯德是亲。帝的特征是趋于理性,而天的特征偏向于善。真与善相分离。

帝的理性特征为人主僭越,产生了两个结果,一是个体行为趋向理性,而在理性未充分发展时,表现为重视占卜,而在理性相对进步后,则重视《日书》。另一个结果是在国家运行上,重视法治。

周人的天以善为特征,经验性理性与这种崇拜对象结合,也有两个结果,一是天命观念,但这个天命并不具有宰制性,所谓唯德是亲,只是一种立场,其意志需要通过人来实现,所谓革命的正当性依据即在此。与之相对应,另一个结果便是对人世礼乐文明的追求,礼乐的指向也是善。只有向善的群体才具有正当性依据。

到了战国时代,天与帝实现了合流,出现了皇天上帝这样的崇拜对象,[①]但能接受这个称呼的存在只是基于西方文明的发展,东方文明的发展依然是由人主僭越上帝的地位,里耶秦简"更名方"视皇帝即天帝,依然是此文明理念的表现。汉代灾异论的出现,实际上是将天的道德性与帝的宰制性相结合的结果。不过,因为皇帝制度是基于东方文明发展的结果,这种学说并不能真正制约皇帝的行为。相反,随着儒家化的渐趋深入,天帝的宰制性也渐渐淡薄。

至于上神的二分性,也决定了日常精神生活的二分性,所谓大体向道与小体向道的区别。前面讨论的小体向道是东方文明中的日常精神生活,绝地天通后黎司地以属民,天向上,地向下,其对精神生活的界划也是在小体。而规范小体活动的精神内涵,就其根源讲是来自自然。

大体向道是儒家的追求,这种规范灵魂活动的精神内涵,就其来源讲根本上是源于人自身,正因为这种根源特征,才有了儒家从格物致知到修齐治平连贯一体的认识。这样,从精神内涵的来源看,大体之道与小体之道的道的来源是不一样的,所谓精神生活的二分性,就是这种来源的二分。这与西方宗教精神生活都来自神来自上帝形成了截然的不同。这当然也是中国的理性只能达

---

① 《尚书・召诰》有"皇天上帝改厥元子兹大国殷之命",这里的皇天上帝是并列关系,并不能说明当时两个至上神已经合流,《尚书》中天与帝虽都有,但都是分开使用,《召诰》下文有"王来绍上帝""其自时配皇天",都是单独使用。或正因为此,《顾命》表达类似意思时只讲皇天,"皇天改大邦殷之命"。《召诰》在皇天之后又讲上帝,盖因为其讲话对象是殷人。这并不能作为二者当时已经合流的证据。此条材料系李锐在2019年4月12—15日中国孔子研究院、《中国史研究动态》编辑部主办的"新见材料与传统文化研究展望"学术研讨会对本文评论时指出的,他理解为是皇天与上帝合流的证据。

到经验性理性程度的根据。

韦伯讨论中国宗教有一个重要论断,即中国宗教未实现完全祛魅,这也是基于与西方进行比较得出的判断。具体地讲,未祛魅应该从两个方面来看,一是儒家的大体向道的圣人的预设,此外还应有另一方面,就是本文讨论的小体向道中所体现的理性不充分的问题。这种大体小体二分的向道格局,事实上决定了中国宗教不可能实现完全的祛魅。要想在自然与人生都达到理性,事实上需要超越的理性。而正因为无法达到统一超越的理性,中国宗教事实上又不可能丢弃原始的多神,达到一神。

神是对我的存在物,我的存在具有两方面实在性,一是西方推崇的理性,一是古代中国重视的人性。自身人性不够时,需要圣人;自身理性不够时,需要自然神灵。人性的成长不完全是个人之事,其需要家庭社会国家的共同作用,古代中国人未认识到这一点,因此无法摆脱圣人。而理性可以随文明进步不断成长,所谓一神教只是理性成长的一个阶段,当科学兴起,一神教也会衰落。古代中国因为人性奠基,理性以经验的方式服务于人,这导致作为其对待状态的存在物的宗教,也始终停留在经验的阶段,无法实现祛魅,达到一神。另一方面,名义上又存在至上的帝,而这个帝,在理性进展的不同阶段,其表现也不相同。甲骨文中的帝,管很多的事情,看起来确实像最高神灵。《日书》中也还有帝,但这个帝自己就得遵守宇宙法则,睡虎地秦简《日书》甲种"帝"篇,讲帝四时作室的日子(第 96—99 正),帝已经不是自由的神灵了。更有趣的是,"诘"篇中,居然有鬼能冒充"上帝子下游"干坏事(第 38 背)。这时候的帝,恐怕已经不能算是至上神了,或者说,当理性进展认识到宇宙自身存在法则后,就没有至上神了。这种结果,根本上讲是由文明的类型决定的。

这里要注意的一个问题是,小体向道的对我性,小体与欲望相关,并不意味着欲望可以作为我的实在性的规定。小体所对的我是魄。魄附属于形体,如果从神灵的角度讲,其实是鬼的问题。《老子》讲无欲,但又讲弱其智、实其腹,似乎又是满足欲望。但这里恰恰是需要仔细区分的。欲望是人性的最低层次,其指向于恶,与其对应的是魔鬼。墨子的明鬼,不是对魔鬼的关注。

四、小体向道与中国哲学

讲中国哲学,尤其是汉之后的哲学变迁,往往运用汤用彤先生的论断,即有从宇宙论到本体论的转变,但对于汉代重宇宙论的哲学的兴起,则认识很有限。尽管受益于地下文献的出土,今人看到了不少战国时代的宇宙论文献,其中有些内容与汉代气本论的宇宙论相似,如《恒先》的宇宙论即以气作为天地形成的基础,但《恒先》并不能说是气本论的宇宙论,其起点是恒,讲万物各得其恒而果遂,其以恒为本,气只是万物形成中的质料部分,不构成万物形成的规定性。汉代的气本论的宇宙论主要不是与它相关,反而是它与当时已形成的气本论相关。但目前我们并没有战国气本论的宇宙论的文献。

文献不足征,但不影响可以作战国时代应该已经具有气本论的宇宙论的判断。能作这样判断的基础即是蕴含小体向道精神的《日书》类文献。

最典型的气本论宇宙论文献是《淮南子·天文》,而《天文》的主体,据笔者判断是古历家言,[①]古代历家与《日书》的关联很紧密。过去,笔者讨论《天文》,由于学力限制,没有很认真地思考篇首的宇宙论与后面的数术主体的逻辑上的关联性,现在关注小体向道,就可以讲清楚这个问题了,这也涉及小体所向之道究为何道的问题。

据前文论,小体所向是自然之道,但这个自然之道不是《老子》的道法自然的自然。这个自然是自然神意义上的自然,只是这个自然神在《日书》中已经被提炼为一些法则,所谓阴阳五行这些内容。这与《老子》的指向于无为精神的人文化的自然,意涵不同。或者说,小体向道的自然就是今天讲的自然界,包括时间与空间在内,实际上就是人所生活的宇宙。

对这种宗教文化作深入思考,为其确立宇宙论基础,应该是当时知识人的工作。《天文》篇首的宇宙论当是针对这样的生活行为之道而提出的。气本论

① 参拙著《〈淮南子·天文〉研究:从数术史的角度》。

尽管在上古文献不足征，似乎是新事物，但如果考虑中国文明的萨满主义基质，这种宇宙论就一点都不奇怪，因为萨满主义的最重要的宇宙论内涵就是气生主义。只是古代中国文明的人性取向，限制了这种宇宙论的流行。然作为儒家圣人学说宇宙论基础的《管子·内业》的精气主义，事实上就是气生主义的转化形态，只是这里的精气指向灵魂的生成，而不是世间万物就是了。

小体向道的宗教文化的出现，则要求另一种与《内业》相对的气生主义的出现，《内业》关注的是大体，这种精神生活关注的是小体。小体存在的基础是形体，形体本身是纯粹的自然物，《日书》的内容也正是通过规范形体的行为达到魄的安静。同样是立足于魄，《老子》的道法自然指向于灵魂层面的淡薄无为，而《日书》则指向于规范形体，其所依托的自然不同就很容易理解。当然，《老子》也有气生主义的根基，只是不如《内业》那样强调精气积累，而是说窈兮冥兮，其中有精，精之所以模糊，在于其与魄对应。

指向于规范形体行为的自然，应该就是具体的自然界事物，对应的宇宙论当然就会讨论一般所理解的自然宇宙的生成问题。立足于萨满主义的基质，气本论的宇宙论就会很顺利地产生。但与萨满主义气生主义宇宙论不同，《天文》篇首的宇宙论将天地的生成作了区别，所谓“气有涯垠，清阳者薄靡而为天，重浊者凝滞而为地”，所谓“天道曰圆，地道曰方”，纯粹的萨满主义不作这样的区分。这样的区分，笔者判断应该是受上古以来已经形成的天地有别的观念影响。再一点，《天文》篇首宇宙论讲感应，所谓“物类相动，本标相应”，这也不是萨满主义的内容。萨满主义讲通神，不讲感应，讲感应是古代中国东方文明因为绝地天通的关系，而发展出的与神灵交流的方式，这是《日书》作为精神生活手册的最主要的原则规定，然后才是阴阳五行等规则。因为有感应，而对神的认识已经达到阴阳五行的水平，遵循这种规则活动，自然能得神灵护佑，自我也因此而宁静。这样看，《天文》开篇的宇宙论叙述，就是要为后面的数术主体提供宇宙论基础的，两者内容上存在逻辑关联性。

就具体内容讲，小体向道的道是从虚廓开始，所谓“道始于虚廓，虚廓生宇宙，宇宙生气”，由气而有了天地阴阳四时万物水火日月星辰，中间也用了精，完全是气生主义的立场。但整个宇宙论中没有圣人。宇宙完全是自主的世界，人在这个世界中只能遵循其固有的法则。虚廓之道，与《老子》的法自然之道，在尚虚上具有共同性,但其讲廓,非《老子》所感兴趣,廓指向形体,《老子》的道具有形式意义,但不重视形体意义。世间万物相互之间的感应不在于它们的形式,而在于它们的形体。重形体,必须讲气本论,这与《内业》将精与形分开谈的宇宙论不同,这里不需要强调人的灵魂,反而强调形体本身也是由气构成。

这种宇宙论看起来是纯粹的自然宇宙论,然事实不是。基于纯粹的自然关切所提出的宇宙论会通向科学,其必须回答世间万物如何结为一个整体,这个整体又是如何而来的问题。科学未诞生前,就由宗教来代替。古希腊哲人称他们的第一哲学为神学,就是这个道理。《天文》的宇宙论同样赋予了其对于世间的规定性,《老子》讲"道生之",但他是从另一侧面讲的。《天文》同样有"道生之"的观点,所谓"虚廓生宇宙"。当然,虚廓不仅仅是生宇宙,其还规定了宇宙内部的法则,前述感应即是,而感应的基础则在形体。睡虎地秦简《日书》甲种有一篇"人字"(150—154 正),讲日在首,在夹颈,在奎,在掖(腋),在手,在足下,在外,出生的人的命运。这里人自身的形体也构成了对自身规定性的法则基础。真正值得关注的是时间的形体问题。今人熟悉的干支,原本即是赋予时间形体的纪时法,追溯其起源,当是古代东方文明的创造,即前面讲的帝喾历日月而迎送之,干支法应该是他们发明的。而干支纪时法的本质,就是将时间形体化。干支是《日书》构建的基础,其所有的法则都可以理解为基于形体而生的,而不是以像西方哲学所理解的抽象的时间为法则基础。《日书》有一种术——《艮山图》,将干支排入一幅图表中,呈现出山形,[①]也是时间可以形体化的意思表达。至于《日书》中时空混融而构建法则的例子就更多了,不备举。时空混融今天被理解为原始文化的特征,但从古代中国看,其体现的主要是将时间形体化的诉求。这样看,虚廓不仅生了宇宙,同时还为宇宙奠定了法则。将其视为《日书》类文献的宇宙论基础,完全合乎古代文明演进的脉络与轨迹。

基于此,再去看甲骨占卜,其实也是因形体而立法则,观察卜兆也是基于形体来立吉凶之法,只是当时应该称之为象,而这种基于象的判断,还不能达到后来《日书》所能达到的对于宇宙存在自身法则的理性程度,其也不可能提出一种宇宙论论述。关于易学,笔者有东方重象数、西方重通神的分殊的判定,而也只

① 李学勤先生对其有复原,见其《睡虎地秦简中的〈艮山图〉》,《文物天地》1991 年第 4 期。

是到了战国时代，才有了关于易象生成的宇宙论叙述，所谓“易有太极”章即是。而除了生八卦，《系辞传》还讲“精气为物”，物也是卦，将两者结合起来，与前面《天文》的宇宙论在基本内容上相似。当然，易的问题很复杂，其有东西易学混合的问题，这里不讨论。

讲汉代哲学重宇宙论，主要以董仲舒为例，[①]董仲舒的宇宙论与《天文》开篇的宇宙论并无根本不同，只能说董仲舒也接受了这种宇宙论。而这种宇宙论之能流行，与小体向道的生活规范的流行应该是联系在一起的。这里同样有社会生活决定社会意识的唯物法则，董仲舒只是将其与他自身的儒家关切结合起来，根本上讲，其不是他个人的宇宙论工作上的新创造。当独尊儒术、斯文重建开始后，儒家的学术精神又重新成为主流，与小体向道相适应的宇宙论，已经不符合其精神追求，以宇宙论为特征的哲学转向以本体论为特征的哲学，就是自然的事了。

这里，顺便回应一下哈佛东亚系普鸣教授的关于关联性宇宙论是战国秦汉新宇宙观，而与早期中国断裂的观点。首先要讲的是，他说的是文献呈现的事实，即战国秦汉气本论出现并流行，但他的整个判断有三个问题。一，他讨论的那些宇宙论如《太一生水》等恐怕还不是他所讲的关联性宇宙论；二，这个时期的新宇宙论也不完全合乎萨满主义对关联性的理解；三，这种新宇宙论是在文明演进到此时，东方文明占主导的结果，其只是东方小体向道宗教生活的逻辑上升，与早期中国并不断裂。

总之，只有回到早期中国文明的自身脉络中，才能真正理解目前各类文献呈现给我们的古代文明真实。小体向道，新宇宙观，汉代哲学，恐怕都需要基于这个原则去认识。

综上所述，古代中国文明的精神生活具有二分特征，从至上的崇拜对象看，

① 必须说明的是，讲汉代宇宙论，讲气本论，其实要进一步辨析，与讲感应的数术是一种，小体向道之道与之联系在一起；还有不讲感应的气本论。再者，所谓气本论的提法也是需要检讨的，严格讲，《淮南子·天文》与董仲舒的宇宙论都不能称为气本论，这里不具体讨论，参本书第十一章《吴越文化与汉代思想》。

有天与帝的不同,落实在日常生活中,则有大体向道与小体向道的分殊,大体向道是儒家的追求,小体向道是古代中国东方具有宗教性的精神追求。从人性的角度看,大体对应的是魂;小体对应的是魄,其立法基础则是形体。从理性的角度看,小体向道所达到的是经验性理性。这样的准宗教行为,可以称为经验性宗教,其表现形式则包括巫术的占卜与数术的《日书》两种。基于小体向道的宗教生活实践,产生了气本论的新宇宙论,进而又影响到了汉代哲学。《日书》在古代文化中的地位,应该受到充分重视。

第九章　古史传说、宇宙论与文明传统：以五行为中心的考察

古代传说中有宇宙论的内容，颛顼氏绝地天通是宇宙论问题，楚帛书讲伏羲开天辟地，也是宇宙论内容，其中讲的三天，更是体现古人对天认识的有价值资料。宇宙论对于古代文明的塑造具有很深的影响，仅仅盯着宇宙论本身，会低估透过宇宙论观察古代文明所具有的穿透力。本章讨论了与五行相关的传说中所反映的宇宙论问题，以及传说自身变迁所折射的文明变迁的例子，说明宇宙论对于认识古代文明传统的重要意义。

一、巫帝与方帝

一直以来，笔者对《礼记·月令》《吕氏春秋·十二纪》《淮南子·天文》等文献中成套的古帝与神或佐的组合感到很费解，这些内容反复出现，究竟意味着什么？简单归之为古礼，显然并不能将其彻底讲清楚，因为礼本来也是有其内涵的，不是随便为之。其究竟反映了什么真实或诉求，事实上是一个习见而不察的谜。直至最近，因为在传说与政治文化研究上获得突破，对这个问题一下也豁然开朗。具体地讲，这应该是绝地天通以来，古人人神分离格局的具体呈现，只是这个格局是西周以来的新形式。

绝地天通解决的是人神混杂的问题，之前则是所谓家为巫史的状况。人神分离后，属神、属民分由重、黎掌管。所谓太昊与句芒等五个组合，实是属神与

属民两派所尊奉的神。只是这些神不是自然神，而是远古族群首领与萨满巫师神。

句芒一系组合见于《山海经》，其时代笔者判断至晚在商末周初已经形成。当时与其处于对应关系的是东方曰析的组合。东方曰析的组合见于甲骨文，其真实可靠性已无可置疑。句芒组合与东方曰析组合，笔者判断，当即甲骨文中的巫帝与方帝。

甲骨文中有“巫帝”，也有“方帝”，比如：

> 壬午，燎土，延巫帝。（《甲骨文合集》21075）
> 壬午卜，巫帝。
> 壬午卜，燎土。
> 巫帝，一犬，一豕。
> 燎土。（《合集》21078）

这是关于“巫帝”的卜辞，关于“方帝”的有：

> 燎于土，牢，方帝，二告。（《合集》11018 正）
> ……午卜，方帝，三豕，又犬，卯于土，牢，求雨。（《合集》12855）
> [燎]于土，方[帝]。（《合集补编》4119）

关于巫帝与方帝的读法，论者一般将它们理解为帝（禘）于巫与帝（禘）于方。[①] 笔者以为，也可以将它们理解为帝（禘）于巫帝与帝（禘）于方帝。这样理解从语言的角度讲，问题不大，因为甲骨文中，尤其是祭祀类语词，一词二用现象并不罕见。[②] 但从历史考据的角度看，这种理解实际是承认古代有巫帝与方

---

① 关于“方帝”的读法，胡厚宣先生将其读为“帝于方”，认为是对四方的合祭，见其《释殷代求年于四方和四方风的祭祀》，《复旦学报（人文科学版）》1956 年第 1 期。关于“巫帝”读法的讨论，参杨逢彬：《试论“巫帝”刻辞的结构》，《武汉大学学报（哲社版）》1998 年第 5 期。

② 裘锡圭《甲骨文中重文和合文重复偏旁的省略》《再谈甲骨文中重文的省略》（见裘著《古文字论集》，北京：中华书局 1992 年版）指出：“甲骨文里除了使用重文号外，实际上还存在另一种比较原始的省略重文的方法，那就是不加任何记号直接将重文省去。也就是说，直接让一个字顶同样的两个字用。”

帝的存在，而照一般的理解，则没有因这样理解而带来的举证责任。

在传世文献中，既没有“巫帝”一词，也没有“方帝”一词，但从古代信仰实际出发，这个判断于理可通，《论衡·实知》：

> 世间圣神，以为巫与鬼神，用巫之口告人。如以圣人为若巫乎？则夫为巫者亦妖也，与妖同气，则与圣异类矣。巫与圣异，则圣不能神矣。

这段文字旨在驳斥有些人根据圣神借助巫之口告人，从而判断圣神为巫与鬼神的说法。其反驳是否有力暂不论，从这里可以判断当时是有以圣神为巫的说法的。但圣神是什么样的神，是否是本文所论的巫帝，则无法确定。

不过，考古新发现为此判断提供了“巫帝”存在的直接证据。在湖南湘西里耶秦简中，出现了“巫帝”的名称，里耶秦简 8—455 号正面第一栏中有“毋敢谓巫帝，曰巫”。[①] 这一行文字对于上述理解十分重要，它不仅证明古代确有“巫帝”（这里的“巫帝”无疑是一个专门名词，特指某一类神明），而且反映了在当时一般人的眼中，巫帝本是巫，否则不会用“毋敢”这样的禁止语气。笔者判断，巫帝就是萨满神灵系统中的萨满神，他们原先都是大萨满。

里耶秦简的“巫帝”的出现对于判断另一种秦简中的“巫帝”的准确性有积极意义。放马滩秦简乙种日书 350 号简中有“巫衤”之名，“巫”后面的字，整理者未释出，学者以为可能是“帝”字，[②]从字形上看，问题不大，从意义上讲，以作“帝”字最佳。看来，巫帝之为神名，在秦代并不希见。

秦简中出现“巫帝”的名称，也许不能据此断定上述对卜辞“巫帝”的解读绝对正确，但它至少为从上古到汉代一直存在“巫帝”神明类别的认识，提供了重要支点。基于这个支点，回过头去读关于“巫帝”的卜辞，上述理解也许就不能说是毫无依傍。

“方帝”的称呼，除了甲骨文，并无新材料。不过，放马滩简中有“北方之帝”

① 张春龙、龙京沙：《湘西里耶秦简 8—455 号》，载武汉大学简帛研究中心主办《简帛》第四辑，上海：上海古籍出版社 2009 年 10 月版。

② 程少轩：《放马滩简式图补释》，《中国文字》新三十六期。

（乙种《日书》264号）的称谓，从逻辑上看，其为方帝之一，应该是没有问题的。随州孔家坡汉简则有东方昊、西方颛顼、南方叔倍等提法，其也指向于方帝的存在，并且就是太昊这些古帝。而《月令》等文献中将太昊组合与五方联系在一起，也指示他们是方帝。如果承认古代文明有结构性特征，巫帝是一个称谓能够成立，方帝作为一个称谓也应该可以成立。因为甲骨文中巫帝与方帝的对应太明显了，以至于有学者径直将一般释读为“巫”的那个字释读为“方”。①

甲骨文中巫帝与方帝都是方位神，而其方帝当就是卜辞出现的东方曰析的组合。方于卜辞是方国之意，其神之职当属民事，如所周知，《尚书·尧典》也出现了析因夷隩，其直接讲是其民析、因、夷、隩，方帝属民应该可以成立。卜辞的巫帝，本身作为神灵存在，其是否对应于纯粹的神事，今天很难确断。按照绝地天通的格局，神事与人事分离，从卜辞巫帝、方帝的内容看，方帝有求年、求雨的具体占问，对于析因夷伏四方的祭祀也有求年的内容，都是民事关切，而对巫帝的祭祀则无这些关切。这种区别当是巫帝不参与人间事务的反映，其似乎还保留着绝地天通的宗教文化体制。

基于卜辞与《山海经》的对比，可以判断句芒等组合即是巫帝；而基于《山海经》与《月令》等文献的比较，方帝构成由商代的析因夷隩转变为西周以后的太昊等组合。方帝构成转变的原因，笔者判断是商周政治文化变迁的结果。巫帝不变很容易理解，因为巫帝不参与民事，所以无须变化。方帝关涉民事，政治文化不同，其构成发生变化就在情理之中。

二、绝地天通与五行

除了政治文化变迁外，从商代的两套方位帝组合到西周的两套方位帝组合，其间还有一些问题需要讨论，即两种神灵系统背后，还存在东西文明追求的

① 艾兰：《龟之谜》，成都：四川人民出版社1992年版，第82—89页；范毓周：《殷墟卜辞中的“巫”与“巫帝”》，《南方文物》1994年第2期。

差异。这首先要从巫帝的性质说起。

昭二十九年《左传》记蔡墨论五祀讲：

> 夫物，物有其官，官修其方，朝夕思之，一日失职，则死及之。失官不食，官宿其业，其物乃至。若泯弃之，物乃坻伏，郁湮不育。故有五行之官，是谓五官。实列受氏姓，封为上公，祀为贵神。社稷五祀，是尊是奉。木正曰勾芒，火正曰祝融，金正曰蓐收，水正曰玄冥。

所谓巫帝实为五行之官，具体掌管金木水火土五行。《孔子家语·五帝》记季康子与孔子关于五帝的对话，亦反映了巫帝本是五行之官的历史：

> 康子曰："吾闻勾芒为木正，祝融为火正，蓐收为金正，玄冥为水正，后土为土正。此五行之主而不乱，称曰帝者，何也?"孔子曰："凡五正者，五行之官名，五行佐成上帝，而称五帝。"

据此两节文字，大致可以判断所谓巫帝本是佐助上帝促进五物生长之官，五物代表万物，巫帝实际就是万物生长的辅助者。

卜辞方帝析因夷伏，按照学者一般认识，其与四时联系在一起，就其词义亦与万物生长联系在一起，东方析是讲春天万物柝落生长，北方伏则讲冬天万物收藏，西方夷则讲秋天万物凋落，这三词意义比较清楚。南方因比较费解，但要联系万物夏天生长，则这个词对于理解巫帝、方帝分离非常关键。因者因循之义，后来的道家崇尚因循。万物之生长本是万物自己生长，不存在巫师助长的问题，南方用"因"，实际指出了巫帝、方帝分离的根据，即排斥巫帝对于万物生长的法术干扰，遵照自然要求使万物自己生长。这个分离与绝地天通的精神是相通的，只是其体现在具体的生产实践中，而不是指向神事、民事的整体分离。

基于这个判断，西周的变迁就有必要作进一步申论，因为太昊、少皞等按照后人的理解，与五行只是配享的关系，其内容指向于政治，而不是描述万物生长。《孔子家语·五帝》孔子讲：

> 古之王者，易代而改号，取法五行。五行更王，终始相生，亦象其义。故其为明王者，而死配五行。是以太皞配木，炎帝配火，黄帝配土，少皞配金，颛顼配水。

这里方位帝已被转换为线性模式，此不论，不过，其讲五帝死后配五行，指出了五帝不再与万物生长联系了，而指向于用事。

五帝用事与五行是什么关系？《孔子家语・五帝》有言：

> 康子曰："太皞氏其始之木何如？"孔子曰："五行用事，先起于木。木，东方，万物之初皆出焉。是故王者则之，而首以木德王天下，其次则以所生之行转相承也。"

五帝配五行，是效法五行之德用事，关切已然转移。

这个转移很容易令人想到《尚书・洪范》的"初一曰五行，次二曰敬用五事"，五行为水火木金土，五事为貌言视听思，前人已指出，五事与五行之间存在对应关系，也就是说，敬用五事是法五行之德的结果。但这个联系是否可靠，还有待考证，因为据《礼记・月令》，其中并未谈及五事。

《礼记・月令》谈的问题主要还是生产，但不是万物自然生产，而是天子积极组织安排生产。这个组织安排的行为更接近其将五帝与原先的巫帝一起叙述的精神，毕竟原先的巫帝是辅佐上帝促进万物生长的，现在其降格为神，后更降格为佐，其与太昊等五帝是一个整体应该是没有问题的。而组织安排的法则应该是法五行用事。这意味着在商代的巫帝、方帝系统中存在的绝地天通的内涵，无形中消失了，这背后是西周人的宇宙论与东方人的宇宙论的差异，即他们没有绝地天通。据笔者对于古代东西文明宇宙论的判断，绝地天通仅限于东方文明，西方文明并未发生天地分离的宗教事件。

如果这个判断能够成立，我们对于五行的认识就可以更深入一步，即五行中也包含天与地，金木水火与天对应，土与地对应。远古时代五行或已被认识，但绝地天通使其被分离，然后有了"先王以土与金木水火杂，以成百物"的讲法（《国语・郑语》）。良渚文化马桥遗址出土的陶盆底部有一个五角星刻画（见图6-

3)，在五角星之外又以单线逆时针旋绕，再外面是三个圆圈。笔者判断，其时已具有五行观念，单线逆时针旋绕(法天左行)，很容易令人联想到萨满旋迷勒的舞蹈，而三个圆圈，则可能指萨满三界的宇宙观。当然，这只是推测，今天很难知道当时人的观念了。不过，这个陶盆早不到五千年前，考虑到良渚文化没有绝地天通，其指向于五行观念是可能的。

在前引昭二十九年《左传》蔡墨论五祀中，后土与其他几位巫帝的区别也比较明显，即后土没有出现在《山海经》句芒组合中，文献中关于后土的记叙也没有鸟身人面的内容，在甲骨文中，燎于土与巫帝及方帝都是分开的，从未混杂。这些使我们有理由相信商人不接受五行观念。当然，商人不接受，不等于之前就没有，并不是所有古代文明体都遵行绝地天通的宇宙观。比如《尚书·甘誓》讲有扈氏"威侮五行"，夏人的宇宙论天地统一，当时有五行是可能的。《洪范》中箕子讲上天赐禹洪范九畴，初一曰五行，也说明夏代有五行的可能。只要放弃单线思维，对于古代认识的种种龃龉是可以解决的。

关键的问题不在这里，五行成物观念很容易与古代希腊的四元素说联系起来，今天来看，古希腊是科学思维，而古代中国的五行并未发展出科学来。再一个，前文讲《洪范》五行与五事具有对应关系，后来思孟之间的儒家也有《五行》篇，这样的关联如何能够成立，这些都关涉古代文明传统问题。

三、五行与四元素说

笔者讨论五行起源，曾谓五行源于四时，当时主要是针对五方说来讲的，今天看，这个观点依然要坚持，尤其考虑到金木水火属天、土属地的问题，四时属天，五方属地，其主体本于四时应该是没有问题的。但这个讲法尚不能帮助我们更深入地认识五行学说之于文明传统的构建问题，还要更深入地揭示五行背后的内涵，才能看清楚其在文明传统变迁中所扮演的角色。

关于五行观念，有一个问题过去没有人注意过，即《洪范》讲的"水曰润下，火曰炎上，木曰曲直，金曰从革，土爰稼穑"，这里的"土爰稼穑"，与前面水曰、火曰、木曰、金曰用辞不同，这也暗示土与前四行性质有差异，其间的逻辑关系当是，因为有前面四行的特性与功能，土因此而得以稼穑。这与先王以土杂金木水火以成百物的理解一致。但若深究，前面四行还可以分为水火与木金两组：水润下、火炎上，是水火的自然特性；木曰曲直、金曰从革，则是人对木、金的运用。水火的自然特性比较容易理解，木曰曲直是说以木为规矩，对土地进行规划丈量；金曰从革，是讲以金属工具平整土地，包括田间日常管理，从者因循，革者革除。掌握了水火的特性，学会运用木金工具，就可以从事农业生产了。如果将木金后面的曲直、从革也理解为它们的特性，就与土爰稼穑没有逻辑关系了，并且将金曰从革理解为金可以熔化变形，与其字面含义也不贴切。

这种对于五行的理解显然是立足于农业生产而提出来的，其对于理解与土对应的神后土之名义有帮助。后土之后相当于后稷之后，其名包含以土为君之义。五行以土为君，只能是在农业生产中才能体现出来。因为这符合理性，并没有将其分离开的必要。不过，其未必符合东方有绝地天通背景的人对五行的理解，反过来讲，东方人将五行分离，其原先应该不是这样去理解五行的。

今天要追溯早期巫术对于五行的运用，几乎不可能，文献不足征。但有几个基本的观念应该可以确立，即五行也是为了成物提出的，其原先应该具有向类似古希腊四元素说发展的可能性。火水土气，水火土五行中有，气相当于风，五行中没有，如果作宇宙观分析，其也是天地结合，风气属天，土属地。结果我们知道其没有发展出来，其所以没有发展出来，应该与绝地天通有关，与中国文明特性有关。

古希腊的四元素说，笔者理解是与原子论的宇宙论联系在一起的，四元素是原子的分化形式，[①]犹如五行之气是气的分化形式，二者都蕴含天地，重视水火，原先都是一个整体。其所以表现出后来的差异，与古代中国是人性文明，而古希腊是工正型的理性文明有关。工正型文明崇尚创造，并且强调运用理性进行创造。其对于自然的理解是：自然是一个自身依据法则不断创生的过程，其最高神是工匠大神德穆革。依据这样的文明理念改造原始的萨满观念，其必然

① 四元素说由恩培多克勒提出，原子论由德谟克利特提出，从时间上看，四元素说略早，但从逻辑上讲，原子论是四元素说的上升，反过来，四元素说是原子论的显化。

会出现原子论。原子论与气生主义的差别，主要在于原子论的创生过程是理性的，有法则限制。而气生主义关于创生的理解是弥漫的、关联的、转化的，其创生过程无法用理性的、法则的观念去理解。

单纯的萨满主义恐怕很难进入文明状态，其不强调人的独特规定性，人和动物本质上是相等的，而文明必须有对人的规定性，只是不同的文明可以有不同的规定性，古希腊是理性，古代中国是人性或者道德德性。理性与人性的自觉都是对萨满主义的告别，只是告别的方式不同，理性与萨满主义之间是断裂的，而人性则是连续的。这个连续不是张光直先生所理解的连续，他讲的连续是没有变化的连续，这里的连续是讲人性文明与萨满主义是文明程度上的差别，在文化基质上没有不同，人性文明亦以气为人性的基质，所谓喜怒哀悲之气性也即是，孟子讲浩然之气也是。

人性文明的产生与理性文明在对原始气生主义的宇宙论的处理上有一点不同，理性文明是以超越式突破的方式获得的，其能超越，其与萨满主义自然是断裂的，萨满主义创生的根源在弥漫于天地间的气，理性文明则将其诉诸超越的理性，二者事实上不能并存。理性胜利了，其必然对原始的气生主义进行改造，结果就是原子论，四元素说。

人性文明的产生不需要超越，但需要分离，要将人与原先气生主义基础上的神灵世界分离，用孔子的话说，敬鬼神而远之，在远古则是绝地天通的宇宙论事件。事神的属天，事民的属地。这是五行中土与其他四行分离的根源。这个分离并不以理性为出发点，而是以人性为关切，这决定了对于五行的理解不可能向四元素说方向发展，那是以整个天地万物的生成为问题意识，人性文明的问题意识首先是民生，土自然就与农业生产联系在一起。也就是说，人性文明很早就将对自然的思考引向为人自身服务的方向。从这个意义上讲，古代中国文明对萨满气生主义偏离更多，而理性文明虽表现为断裂，但在基本问题意识上即解释万物起源的问题上却是一致的。

前文讲，《洪范》对金木水火特性的理解都是服务于土爰稼穑，今天看当是天地重新统一的结果，在绝地天通的状态下应该不会这样。前文讲商代对巫帝有祭祀，但不祈求。所谓方帝虽有祈求，其与夏长对应的方帝名因，则指向于万物自然生长，不需要掌四行的巫帝介入。如果天地统一，四行也可以为民生服务，其必须作为辅助角色参与生产，主导的角色必须是人，所以西周即以太皞、少皞等代替了析因夷伏，这是人性文明形成后，萨满主义无法动摇文明特性的结果。

四、五行功能的二分性

人性文明影响了对五行的理解，同时其还拓展了对五行的运用。顾颉刚先生曾讲五行是中国人的思想律，不论什么物事都可以用五行来套一套，这其实是将五行视为一种分类方式来看待。但若仅仅视为分类方式，似乎也没有完全认识清楚这背后的文化传统。

原子论、四元素说不可能成为一种分类方式，古代中国的五行何以能够成为分类方式，这也是需要深入去讨论的问题。

作为一种分类方式，其运用的原则是数或者象，五行之作为分类方式的根据亦是如此，五行与套用五行进行分类的其他事物间并不具有本质的关联性。这涉及古代中国的宇宙论背景及在此基础上形成的文化传统问题。

就前文讨论的四行为人服务的问题，四行具有各自的可以服务于农业生产的特性，因此各有其具体的功能。也就是说，古代中国人并未完全放弃对五行特质的把握，只是这种把握限制在服务于人的方面。对于其他自然的分类功能，也可以理解为是一种服务，但这种服务所体现的则是其象数的属性。这意味着古代中国对于原始的气生主义作功能理解时，具有二分特点，即基于特性的功能与基于象数的功能。这不是气生主义的特征，也不是原子论的特征，只是古代中国的特征。

特性与象数的分离，用亚里士多德的哲学话语表述，类似质料与形式的分离。所不同者，亚里士多德的形式是质料的显存状态，质料属于隐存状态，其不能有单纯的无质料的形式。由质料向获得形式的过程，便是事物生成的过程，思想、理论的意义便在于揭示这个生成过程。

古代中国关于五行功能的二分理解，显然不能与亚里士多德的学说等同，特性与象数其实处于分离状态,象数并不是作为特性显存的形式而存在的,而是纯粹的象数。孟子讲万物皆备于我,是就万物之特性讲的,由特性衍生出的理,是人心所好,故万物皆可备于我。当水曰润下等四行所具功能服务于稼穑,稼穑指向于我,这也是物备于我的显示。可以认为,因为人性文明以民生为主导理念,万物于人之视野中的呈现,是通过生产实践来认知的,而生产实践的特性决定了其对五行的认识只重视其有利于生产的特性,不可能关注由此特性出发所获得的显存形式。后者是科学思维,是以认识万物存在自身为目的的思维方式,所谓物理学思维。

表面上看,古代中国也有从事物自身出发认识事物的认识方式,道家所谓的以物观物,后来邵雍作《观物篇》,也是这种认识方式。然这样的认识方式并没有产生科学思维,而是停留在象数的水平上。导致这种结果的根源亦在于远古的绝地天通事件,在于人性文明的理念。强调因循、强调以物观物的道家,是从属天的管神的那一派发展而来的,因为脱离民生实践,其对于自然物的观察从未走向即物穷理的科学实践。相反,人性文明的特质决定了万物在其视野中的呈现,犹如以镜照物,其所获得的对物的认知只能停留在象的水平上。

数,按照古代人的讲法是在象的基础上产生的,所谓"象而后有滋,滋而后有数"(僖十五年《左传》),是对象清晰化的结果。这个讲法本身没有错,但要注意的是,无论是象还是数,都有一个服务于神还是服务于人的问题,只是服务于人的一般不谓之象数,而谓之仪式象征与实际计算。只有指向于神,方谓之象数,如甲骨占卜、《日书》等。

这里应该注意一个问题,即古代数术与科学的关系,有一些数术类别中可能包含科学的信息,对于自然的观察可以达到对自然的客观的认识,比如对日月五星运行的认识,可以达到比较准确的程度,但其与科学认知完全是两个问题。对于日月五星运行的相对准确的把握,不等于科学意义上的天文学,其只是日月五星活动之象数,而非追问日月五星何以呈现出此象数。其关注的目的也是服务于人,不过不是民生意义上的服务于人,而是天人关系上的关切,所谓天命。这应该是天地统一的宇宙论背景中的文化关切。

现在有必要指出一个文明事实了,即前文已不止一次谈到古代有天地统一的宇宙论,有关于五行的完整提法,何以没有产生科学思维,依然是二分的认识。这与古代中国文明的地区差异有关。王国维先生曾讲，早期文明的中心在东方，唯周崛起于西土。这个讲法今天看并不妥，陕西神木石峁、延安芦山峁遗址的发现，说明龙山文化晚期，西方也有大的政治中心。按照笔者东西异制的判断，西方未发生绝地天通，宇宙论重天，儒家的圣王尧属于西方的文明。据专门研究玉器的学者分析，石峁、芦山峁的玉器是东方龙山文化玉器扩散的结果，也就是说，是文化传播的结果。这其实是笔者讲的中国文明的发生发展的转化生成模式的问题。仰韶时代的西方不能讲已进入文明，石峁则已进入文明，西方接受了东方文明的传播，并与其重天的文化传统相结合，进一步推动了文明的发展，所谓儒家文明的发端离不开东西间文明的传播与融合。尽管西方文明有天地一统的宇宙论，但在基本认知取向上依然遵循人性文明的指向。五行虽可以得到统一，但对其功能的认识却只能是二分的，人性文明的主线决定了这种认识模式的生成。不同的宇宙论会让文明演进变得复杂，但文明一经突破，其基本的性格便不能改变。

关于文明的复杂性并未完全讲完，因为古代中国同样有发达的手工业生产，五行又有五材的提法，襄二十七年《左传》记子罕语，讲天生五材，杜注“金木水火土也”，昭十一年《左传》记叔向语，讲天有五材。五材的讲法当是与工匠造物联系在一起的，但也没有因此而出现科学思维。这恐怕也得追溯到远古的宇宙论事件。笔者判断，颛顼氏的绝地天通是以萨满文化中的玄冥与禺强的分离为基础的，玄冥可以与后来的《老子》哲学联系起来，禺强则可以与共工联系起来。共工是手工业生产的代表，其在整个文明形成过程中与古帝王始终有冲突，说明古代中国也曾有走向工正型文明的可能，但最后都失败了。从工匠的角度讲五行为五材，是合乎逻辑的，但其并没有因之发展出科学思维。这与人性文明一经确立，事实上决定了人的精神所致力的方向，是联系在一起的。如果工匠造物并不能发展出理性创生的观念，其依然不能发展出科学思维，作为五材的五行也不能像四元素一样成为一切事物构成的基础。材指向的也是物之特性，但没有理性的精神，工匠造物活动中就不能发展出形上的理念，不能提出物之特质何以获得其形式的问题。相反，与五行功能二分相对应，在工匠造物上也会有基于材造物与基于象造物的二分，《易·系辞传》的观象制器就是基于象来造物的思维。

五、自然与人文

古代中国人文学说中也有五行的提法，即《荀子·非十二子》中所批判的习称为思孟五行的学说。且不论这个提法是否准确，今天大多数学者都认可，简、帛《五行》就是荀子批判的幽隐无说、闭约无解的五行。郭店简《五行》讲仁义礼智圣形于内谓之德之行，若不形于内，前四者谓之行，圣则仍是德之行。所谓形于内，应该就是下文讲的仁之思、智之思、圣之思，所谓内当指与外心相对的内心，即下文讲的中心。

关于这套五行说，笔者从神秘主义的角度去理解，所谓内心，实即神性自我。所谓幽隐、闭约，都是对其神秘特征的描述。《礼记·礼运》有人是五行之秀气的讲法，笔者曾将其与《五行》联系起来，这里其实也有一个文明传统的问题，而荀子对其的批判以及他自身的学说立场，与《五行》似乎也构成了前文讲的特性与象数的二分，不过，这是在人文领域。

人的德性究竟从哪里来，这是古代思想家必须要回答的问题，然不同文明，思考的方式与结果不同。就工正型文明讲，其与原始气生主义告别，推崇超越的理性，其追索德性的来源，也要从外部寻找，超越的上帝赋予了人德性，理性的思想家则讲实践中产生德性，而实践本身是遵循理性进行的。古代中国的文明并未彻底告别萨满气生主义，而是在其基础上实现人的道德德性的自觉，其讨论德性的来源从未试图从外部去寻找根源。圣人是德性的典范，而早期的圣人就是萨满，圣王是进入文明阶段以后的圣人。圣人天德，其德性自然天成，自然天成的基础则是其禀得精气。将其人文指向剥离，实际就是气生主义。

郑玄注《周礼·小宗伯》讲“兆五帝于四郊，四望、四类亦如之”，讲“五帝，苍曰灵威仰，太昊食焉；赤曰赤熛怒，炎帝食焉；黄曰含枢纽，黄帝食焉；白曰白招拒，少昊食焉；黑曰汁光纪，颛顼食焉”。郑玄以感生帝释《周礼》的五帝，今天看肯定不妥，但他讲的五个方帝与感生帝之间的关系却很值得注意。感生帝实为五种精气，方帝是食精气者，潜在的逻辑是方帝之所以成为方帝，背后有精气为基础。在《大宗伯》郑注中，巫帝也被认为是食精气者，背后的逻辑当是一致的。这虽是东汉纬书盛行后以纬注经的结果，但这样的观念在早期中国并不陌生。[①]

《管子·内业》开始讲“凡物之精，藏于胸中谓之圣人”，最后讲“凡食之道，大充，伤而形不臧；大摄，骨枯而血沍。充摄之间，此谓和成。精之所舍，而知之所生”。《内业》也是神秘主义学说，其讲饮食与精知的关系，与前面郑玄的逻辑是相同的。

这样的学说幽隐闭约是必然的，到了孟子便将其转化为良心，其人文特性更近一步。

与前面讨论自然五行的功能存在的问题一样，这里同样存在无法走向哲学思维的问题。良心说讲的是人的特性，礼义作为人的规范性要求则是人存在的应然形式，哲学思考应该解决特性如何获得形式的问题。孔子强调学习，其背后的理论是习惯成自然，但其也有唯女子、小人为难养，困而不学、民斯为下的感慨，其理论只适用于君子。孟子开始面向小人，讲人皆可以为圣人，而将希望寄托在仁政。然其理论也不自洽，所谓养移体、居移气，一个人的德性气度的养成主要取决于其所处的社会地位。儒家德性的养成的关键是自觉与自律，小人即便有所养，若其社会地位无变化，其肆无忌惮的行为特征也不会改变。

荀子的追求与孔孟不同，其放弃了人有好的特性的观点，而强调运用形式所谓礼法去治理国家，达到化性起伪的目的。这与孔孟事实上形成了重特性与重单纯形式的二分。

这里有一个问题需要作深入反思，即前面讲五行功能的二分，是因为绝地天通后的人性文明改变了对五行存在功能的问题意识，因为民生指向的问题意识，所以五行的特性被独立出来，而真正关注神、关注自然的，只能思考它们的象数或形式意义。人的存在问题上特性与形式的分离又是出于什么样的问题意识呢？

笔者判断，这同样与绝地天通有关。只不过，理解这里的民生指向时，民生不再是温饱问题，而是好的群体的建立问题。好的群体的建立对于民性的成长至关重要，孔子讲“鸟兽不可与同群，吾非斯人之徒与而谁与”。儒家的道德学

① 《淮南子·地形》有“食气者神明而寿”的说法。

说是从群体构建角度提出的，不仅仅是个体自我的成神追求。孔子讲天下五达道(《中庸》)，都指向于群体构建问题。

这其中当然也有前文讲的中国文明转化生成问题。绝地天通的学说对于群体的构建有两个指向，一是属地派别的诉求，笔者判断为帝国指向；一是属天派别的诉求，即《老子》的小国寡民。属天诉求不现实，文明演进的结果一定要打破小国寡民状态。属地的帝国诉求在文明早期同样不现实，当了龙山文化晚期，西方重天的文明就接过了文明的接力棒，进一步发展人性内涵，为后来的儒家文明揭开了序幕。

差不多也在商周之际，西方已经有了人的特性的关切，所谓有孚唯心(《周易·坎卦》卦辞)，即是德性内在的宣示，加心的青铜器铭文"文"字也说明西周人有人的特性的关切。有孚即有信，实际是契约精神，其指向群体构建的问题意识很明显。"文"是德性的概括，"文"中加心，说明德性是人的特性。

这里还有一个问题值得提出来，即人文五行是否存在属天属地的问题。自然与人文五行的对应关系中，土对应于圣，前文讲金木水火服务于土爰稼穑，简单类比，仁义礼智服务于圣的成立。从《五行》与孟子的学说看，这个判断似乎可以成立。孟子良心说提出后，圣就不要了，仁义礼智的总和就是圣。《五行》讲四行和谓之善，德之行五和谓之德，善为人道，德为天道。四行为仁义礼智，加圣为五行。所以圣在简本中不形于内也是德之行，圣者天德。而圣者作为人，其表现出的还是仁义礼智四个方面，只是落实于民生即群体构建中，其实为圣人之事。仁义礼智之于圣的关系，相当于稼穑之事中金木水火之于土的关系，只是在天地的配属上要颠倒一下。

若此论可靠，进一步讲，也可以认为《老子》对于仁义礼智的排斥，其实可以理解为是绝地天通的后果，他不反对圣人，在政治上讲无为，这就与殷人的方帝南方曰因，是一个道理。万物生长讲因循，民众德性的成长也要因循，主张因循，就一定排斥仁义礼智。

对照五行之象数功能在分类上，儒家中重形式的学派，其功能也是分类，这在中国中古时代可以看得很清楚，通过所谓礼将人分为三六九等，其实际指向并不在人的特性关切。

当然，因为古代中国也有工匠文明，所以实际情况要复杂。孔子的因材施教，可以与工匠的视五行为五材的观念对应。而荀子的以礼义达到化性起伪的学说，则可以与观象判器的观念对应，观象制器不是从物性出发，化性起伪同样也不是从人性出发。

综上所述，借助宇宙论的视角，可以从古代传说中抽绎出古代中国文明的传统。以五行而论，从传说中可以抽绎出五行功能的问题意识，何以不同于四元素说，抽绎出五行存在天地分离的隐义，抽绎出五行功能的二分性问题，抽绎出古代儒家的神秘主义一派的五行之内在结构，抽绎出古代儒道之别，抽绎古代儒家对德性与礼仪在政治中的功能理解的二分性问题。古代中国文明至为复杂，然若能从源头看起，方法运用得当，一样可以实现原原本本，各得其正解。

第十章　吴越文化与汉代思想

汉代思想在中国思想史中没有给人以特别辉煌的印象。讲中国学术史有汉代经学，两汉是今古文经学形成时期；讲中国哲学史则有所谓从宇宙论到本体论的发展，汉代是宇宙论时代。不过，这些论述还不足以涵盖汉代思想的整体，经学显然只是汉代学术的一个方面，而宇宙论主要体现在董仲舒的哲学上。对于汉代思想学术的认识，还处于一个需要继续做加法的时代，因为其时代文明的特殊性，其整个思想脉络尚未得到完整彻底的清理。本文想提出一个两汉之际思想变迁的话题，汉代的思想文化在两汉之际发生了很大的变化，经学上古文经学兴起，与经学相应，纬学也在那个时代开始兴起，哲学上出现批判董仲舒天人感应的王充，道教理论著作《太平经》也在那个时代兴起。这些现象，除了古文经学的朴素学风于社会影响不大外，其他几个具有一个共同特征，即开始重视气对于现实世界的思想意义。这些现象本身带有思潮性质，其实是一个思想转向，学者或称为自然主义的觉醒。[①] 这个转向因为涉及神秘的东西，今天不太好把握，但这个转向本身需要深入讨论。笔者判断，这涉及后来基层民众包括一部分上层阶级成员的思想观念，直到后来影响中国人对唯物主义的接受。本章试图借助宇宙论分析，将其与吴越文化联系起来，从而揭示这个思想转变中的几个关键问题。

① 陶建国：《两汉魏晋之道家思想》第二篇第三章第四节，台北：文津出版社 1986 年版。

一、气与元气

气对于现实世界的思想意义，一般是从宇宙论上的气本论去讨论，但仅仅是气本论，并不能清晰揭示董仲舒与王充、纬书、《太平经》等思想中的气的地位的区别。董仲舒也讲气的重要性，如他讲“天地之气，合而为一，分为阴阳，判为四时，列为五行”（《春秋繁露·五行相生》），[①]又说“是故惟天地之气而精，出入无形，而物莫不应，实之至”（《循天之道》，第446页），又讲“天地之间，有阴阳之气，常渐人者，若水常渐鱼也，所以异于水者，可见与不可见耳，其澹澹也。然则人之居天地之间，其犹鱼之离水，一也。其无间若气而淖于水，水之比于气也，若泥之比于水也”（《天地阴阳》，第467页）。一般认为这是他具有气本论观念的表现。但有一个问题，一般谈气本论者往往忽略的是气作为世界之本，表述中应该是气分而为天地，而不是天地之气合而为一。再看后面两则材料，气与物与人都是并存关系，人离不开气，犹如鱼离不开水，水不构成鱼之本，气自然也不构成人之本。物感应气精，物并一定以气为本。这都构成气本论难以成立的论据。

笔者判断，董仲舒的思想中的气不是世界的本源，而只是相对于人的自然之形式即阴阳五行的物质基础，所谓阴阳五行都是从合天地之气而为一那里分化出来的。这里的分化不是生成，因为这个一本身是天地合成的，早期文献中经常有天地合、万物生，董仲舒遵循这个论述传统，只不过他形式上需要一个根源，即“一”，这个一与可以生二的一并不一样。笔者将董仲舒与制度阴阳宇宙观联系在一起，[②]在那个宇宙观中，一也不生二，也是分而为二。那里道曰规，始于一，而道一方面是“始于虚廓”，虚廓是无内容（即气）的抽象的形，其本身因为无内容或无气，又不呈现为形。这个规定性与曰规是对应的，因为规是制形之

① 引文据苏舆：《春秋繁露义证》，北京：中华书局1992年版，第362页。下引该书，行文中直接标出页码。

② 参拙文《制度阴阳：一统文明下的宇宙新论》，待刊。

工具，本身也不是形，形本身由规加以规定。虚廓生宇宙，宇宙生气。[①] 有气然后又了天地。这看起来与董仲舒的观念不一样，但这只是表面现象。

制度阴阳论中，道还有另一面，所谓“天圆地方，道在中央”(《淮南子·天文》)，按照这个表述，道不在天地之外，这似乎与前面道始于虚廓，生宇宙、生气、生天地相矛盾。这当然也是表面上的，因为虚廓作为抽象的形，实质是对在天地中央经营天地的规矩的抽象化，道可以是实体的规矩，也可以是抽象的形，其本质是为天地立法的精神，规矩只是其物化形态。其既可以存在于天地之间，因为天地之间是其发挥作用的对象；又可以高于天地，存在于天地之外，因为作为精神，其凌驾于天地之上。对于这种宇宙论来说，其也可以像董仲舒一样认为气为天地之合的结果，但这样讲没有意义。董仲舒之所以必须那样讲，在于他承认还有一个综合了人的宰制性的“一”的存在。《天文》不承认宰制性的“一”，道虽然始于一，但一的意义当从立法精神本身去考虑。这种精神虽具有宰制性，但其不表现为现实世界中的圣人。不承认世界中的某一人为宰制者，当然就可以将基于现实世界抽象出来的时空与气置于天地之先。在这个阶段，以规矩的抽象对应物虚廓为道始，法的优先地位得到充分保障。如果董仲舒将气置于天地之先，那么总十端的天就不存在了，气与十端之天的关系就不好处理，除非其将人伦的内涵也赋予气，其才能与十端之天相当。那样的宇宙论中，感应就不好讲，因为在本源上人与自然原先是一体的，在逻辑上内在贯通，感应就是多余的。不仅感应多余，人间的宰制性的一也不必要。他只能讲合天地之气为一，然后分为阴阳五行，构成与人对应的自然法则，人感应这个法则，构建人间秩序，从而为宰制性的一预留了空间。

两汉之际的气论与董仲舒不同，纬书《孝经援神契》讲“元气混沌，孝在其中”，[②]元气未分之时，人间道德价值就在其中了。《春秋命历序》讲“元气正，则天地八卦孳也”(第884页)，元气未分，正已在其中。很显然，纬书中讲的元气

---

① 过去学者校订《淮南子·天文》或在“气”前加上“元”字，这恐怕是有问题的，元气代表其为宇宙起点，通常本身就是宇宙本源，或由至上神直接生出。这里的气不是宇宙的本源，相反宇宙代表一个独立阶段，先是虚廓，然后宇宙，然后才是气。先有抽象的形，然后是时空，然后才是气，这样地位的气，称其为元气不合适。

② 安居香山、中村璋八辑：《纬书集成》，石家庄：河北人民出版社1994年版，第991、997页。下引纬书文字，行文中直接标出页码。

确实可以当得起其称号，元不仅是起点，还有善的意思，元气之为元气，不仅在其具开端之义，还在其具德性规定之义。

这个关于元气的认识，对于理解王充的思想非常重要。一般讲王充是元气自然论者，但其理论基础是什么，一直说不清楚，现在看来，跟他对元气的理解有关。元气不仅是世界的物质基础，气本身还带有对现实存在的形式规定性，道德水平、贫富差别、寿命长短等等，只要不是与偶然因素（天灾人祸）关联在一起的人生际遇，都是先天决定的。因为元气包含关于这些内容的规定性。基于这个基本认识，他反对感应，反对数术，因为那些内容成立的基础在他这里都不成立。这里顺便指出，他这种元气论不仅仅是唯物主义思想，也是唯心主义思想，是唯物与唯心相结合的思想，因为所有的形式都是先天规定的，长短高矮美丑，这些个体存在的基本形式全是。他与西方唯心主义的区别是，西方唯心主义的心是理性的，他这个心是经验的、个别的、非理性的，带有命的色彩。一切形式的命定论都是唯心的。但王充这里，他把命交给了元气，单纯的唯物或唯心都不能准确描述他。

二、元气自然

元气之所以具有宰制性，当与其被赋予了特定的德性相关，问题是什么德性使其获得了宰制性，因为先秦时期的精气论，精气也带有德性内涵。《管子·内业》讲天仁地义，其当是指天气仁地气义，仁义是道德德性。元气具有道德德性，前引《孝经援神契》即是明证。但问题在于道德德性本身并不指向于对人的命运形成宰制，尤其还呈现为骨相。获得道德德性指向于所谓正命，至于高矮美丑贫贱等世俗关切的话题，道德德性并不提供解释，元气要为这些世俗关切提供决定性根据，其还应该具备更多的德性。

这个问题没有引起过去研究王充的学者的足够重视，所谓的元气自然，自然本身不是自然界，也不是自然而然，而是作为一种德性来理解的。这理解起来似乎有些困难，自然何以能够作为一种德性？老子哲学讲道法自然，是从人的精神的角度讲自在的独立诉求，视其为一种德性完全能够理解。但元气自然之自然作为一种德性则很难理解。这里还得回到前面讲的“制度阴阳”的新宇宙论，才能将问题说清楚。

制度阴阳宇宙论对中国思想的影响，除了为现实世界提供了形式规定外，还开出了两个看似独立的论域，一个是所谓超越，[①]一个是气。超越是立法的精神根源，所谓道。气是世界的根基。但制度阴阳论者并未对这两个论域展开真正意义上的讨论，这并不难理解，因为阴阳本是对现象世界的独立个体所作的抽象提炼，并不是将现象世界作为一个整体进行抽象提炼，那样的结果就是西方哲学基于存在发展出的形而上学。基于现象世界的独立个体进行抽象，除了阴阳，还有五行，还有仁义，等等。对于独立个体的抽象提炼的结果，就像进化进入歧途的生命形式一样，也走进了死胡同，事实上无法发展出真正的形而上学。就古代哲人对超越论域的处理看，一是讲虚无无形，一是将基于个别所获得的抽象成果进行打包处理，新道家是前一种选择，董仲舒是后一种选择。作为超越论域，其要为现实世界提供根据。前者就是无形生有形，继而以无为本；后者直接将打包处理的十端之天作为现实世界的根源。

对于现实世界根源的选择，超越与气只能选择一个，选择了以超越作为现实世界的根源，就不能再选择气，所以西汉前期、中期的思想中，虽也有气，但不赋予气可以作为现实世界根源的特质。在两汉之际，思想者的思考开始转向另一个方向，即不再选择超越来为世界确立根源，而是转向气。这应该是思想的正常发展，就像西方哲学有唯心，也有唯物，只是他们因为文明的差异，处理方式与古代中国不同，但思路大致相同。他们立足自由法治相辅相成的原则处理现实世界，所以开出纯粹性很高的唯心与唯物的两大传统，唯心对应于法治，唯物对应于自由，实践中自由与法治统一。古代中国的制度阴阳论，事实上开不出纯粹性很高的唯物唯心。董仲舒不能算是唯心，气在其思想中同样很重要；王充不能算是唯物，因为他也有命定思想。

相比于西方哲学，古代中国哲学的真正的特征是法则性同时贯穿了三个论

---

① 古代中国的超越只具有形式意义，自身的文明类型与基于直观的观察世界的方式，限制了古代中国人对超越获得实质性突破。

域。这其实是现实世界法则强化而思想本身无法实现超越的形上思考的结果。无论是董仲舒的天意，还是玄学的无、理学的天理，其实其中都蕴含着法则性。无看似什么也没有，但由其所生的则是名教，名教的法则性暗含在其中。只是这里包含着两种可能，追求独化合于名教是主流；另外一种则抛弃现实名教，任其自然，这在根本上否定了制度阴阳论宇宙论，于古代世界本是歧途，要么被消灭，要么去修仙。

两汉之际的思想转向同样不例外于这个总原则，即要为元气本身进行立法。但元气本身本无法，这当然没有难住古代的思想者，他们发明元气自然，以自然为法。这个观念在《太平经》中有集中的体现。这里可以抄录其中的一些论说：[1]

> 天地开辟贵本根，乃气之元也。欲致太平，念本根也。（《修一却邪法》，第 12 页）
>
> 故元气无形，以制有形，以舒元气，不缘道而生。（《守一明法》，第 16 页）
>
> 元气自然，共为天地之性也。（《名为神诀书》，第 17 页）
>
> 根者，乃与天地同其元也，故治。眩乱于下古者，思反中古；中古乱者，思反上古；上古乱者，思反天地格法；天地格法疑者，思反自然之形；自然而惑者，思反上元灵气。（《三急吉凶法》，第 48 页）

这里，作者显然袭用了道家无形制有形的观念，但这里的无形却有了一个载体，即元气，其作为世界的本根出现，而不再是具有形上超越特征的无形。元气本身无形，但其与自然结合，就获得了法的意义。自然在这里是作为特定的名称来使用的，其不是作为精神自在独立的自然意义使用，也不是自然界意义的使用，而是元气形成世界的过程，所谓“元气，阳也，主生；自然而化，阴也，主养凡物”（阙题，第 220 页），这个自然而化的过程中具有格法，所谓天地格法。天地格法、天格法、天自然格法、天常格法、天自然之法、自然法等，类似语词，《太平

[1] 引文悉据王明编：《太平经合校》，北京：中华书局 1960 年版。

经》中可谓比比皆是。作者显然认为，元气在创生世界的过程中，是遵循着法则的，而这个法则不是科学意义上的自然法则，其指向都是人间祸福。这个观念与王充的元气自然的观念是一样的。

书中偶尔也会讲，“元气守道，乃行其气，乃生天地”(《安乐王者法》，第 21 页)，似乎存在独立于元气之外的道，若作此理解，就与后来理学的理与气的关系模式相同，但问题是，书中并未见到以道作为世界独立本源的表述，相反多数含道的表述，道主要是指法，比如讲“天道为法”(《忍辱象天地至诚与神相应大戒》，第 424 页)，而作者提到道德，则指向于人世间的道德法则。其中的道可以理解为连接元气自然与人世祸福的关键，但是并不具有类似理学的理的根源地位。书中讲“其无形委气之神人，职在理元气”，其所以能理元气，是因为“无形委气之神人与元气相似，故理元气”(《九天消先王灾法》，第 88 页)。这里可以看清楚元气与所谓道的关系，实质上元气自在包含道，因为能理元气的神人一定是得道者，而该神人与元气相似，道在元气自身是可以断言的。这意味着，元气之后的所有自然而化中所包含的法，都是从元气这里生出来的。元气作为世界的根源，自身包含法则。

基于对《太平经》的考察，所谓元气自然，不是我们通常理解的元气自然而然的生成并决定世界，而是因为元气本身被做了蕴含法则的处理，这个法则不是单纯的阴阳五行等形式法则，而是与世俗所理解的祸福联系在一起的法则。王充反对今人讲的占卜迷信活动，并不是说他的理性程度真的很高，而是因为基于这样的元气之根，所有的祸福吉凶，除偶然因素外，都是先天决定了的，那些占卜技术原本就多余。

三、为什么是吴越文化？

这里有一个问题必须讨论，《太平经》所赋予的元气的这种法，阴阳五行的形式不能说完全没有，但作者对于阴阳五行法则的兴趣并不很浓厚，其更对天自然格法与现实世界的祸福问题感兴趣。我们知道，基于阴阳五行法则的数术同样可以与人之祸福联系在一起，而龟蓍占卜也可以指示人的祸福吉凶，但作者一概不用，都追溯到元气自然上去。今天，元气自然也可以归入迷信，与占卜、数术性质一样，但在古代中国文化中，这三种神秘文化应该反映了三种不同的认知水平。笔者曾关注过古代文化从巫术到数术的变迁及其背后的信仰变化，将占卜与数术划分为两个阶段，后者相较于前者显得更具理性。[①] 笔者还讨论过古代信仰中天与帝的差异，占卜、数术所对应的神是上帝，其与人的理智德性联系在一起，而天则与道德德性关联在一起。[②] 在古代中国，东西方侧重点不同，西方重视天，东方重视帝。

人对吉凶祸福的认识是与人的理智联系在一起的，制度阴阳论中人所欲追求的最高的智慧水平是太帝，立法所用的智慧也是理智，也就是说，《太平经》中谈的法与祸福的问题，依靠早期文明判断应该是帝法，而不是天格法，但《太平经》一次也没有用过帝法。这提示我们，两汉之际的这个思想转向，虽与制度阴阳论的流行密切相关，但就其文化根源讲，恐怕有其非中原文化的来源。中原文化有将气与道德德性关联在一起的，但理智这一面与气结合，目前尚未看到。古代神秘主义中虽有讲精气极则虽无卜筮而知吉凶的派别，但这一派同时又讲心之中又有心，这里心中之心，笔者界定为神性自我，[③]精气之力不是与理智能力直接关联在一起，而是通过心中之心的转化实现的，神性自我是综合了道德德性与理智德性的结果，但这种呈现需要条件，要么天生圣人，要么通过精气积累，以激活其被照见，理智的德性就确立了。精气与理智分为两截。

《太平经》的元气与吉凶祸福的关系不是运用理智看到吉凶的模式，而是直接规定吉凶，其剥夺了人运用理智的权利，其本身具有与理智德性相对应的问题，但并不表现为理智，这种观念可以称为前理智意识状态下的吉凶祸福观。这在早期中国找不到可以支撑的材料。这个观念，笔者判断与吴越文化有关。

据前所论，元气自然论应该不是有早期中国文化背景的思想者的发明，因为理智与气在早期中国文明中没有结合在一起，今天看理智处理的主要是形式的问题，而气则与道德德性相关，气与形是分开的。元气自然论则将气与形统

---

① 参拙著《从巫术到数术：上古信仰的历史嬗变》。

② 参拙文《小体向道：〈日书〉在传统文化中的地位》，已收入本书。

③ 参拙著《神秘主义与中国古代哲学研究论稿》。

一在一起。为什么是与吴越文化联系在一起，这跟古代吴越文化天地不分的宇宙论相关。

对世界的认识从气与形两个方面去观察，是与天地相分离的宇宙论联系在一起的。萨满主义讲气生主义，讲化生，对于形并不重视，以之为基础发展起来的道家哲学与儒家哲学虽有形的观念，但气决定形，气居第一性地位。这里就有了形从哪里来的问题。

讲形式，当是西方哲学的擅长，形式理性是西方哲学明显优于古代中国哲学的地方，但那是一直到古希腊才真正发展起来的学术。笔者判断，这与其工正型文明有关。反过来讲，对形式的重视是手工业者的事情。古代中国也有手工业，自然也有形式问题，但古代中国哲学对于形的关注显然不能与古希腊的形式理性相提并论。这里实际上形成了中国哲学特别的气、形二分但都不超越的哲学特征。古希腊对气的超越形成原子论，所谓唯物主义的源头。这种气形二分的哲学特征的形成，最早可追溯到天地分离、绝地天通，其基础则是萨满巫师内部玄冥与禺强的分离。禺强在文献中与共工具有对应关系，共工则与手工业联系在一起。道家哲学的源头，笔者将其追溯到玄冥，道家重气，最早的玄冥与禺强的分离，其实就是后来中国哲学气形二分的源头。《管子・内业》讲凡人之生，天赋其精，地赋其形，天地的分离其实就是气与形的分离。这事实上决定了古代中国理智德性与道德德性的分离，气与理智德性的分离。

《太平经》的元气虽是前理智状态，但其运用了格法之词，其与理智具有对应关系应是无疑的。这种结合，只能从具有天地一体观背景的关于气的认识中产生，在早期中国的中原文化中不太可能。尽管秦汉实现了天地一统，但这也不会是新宇宙观的结果，因为这个观念本身带有理智倒退的色彩。新的天地一统事实上强化了理智能力在国家上的运用，尽管结果不好，但理智本身是向前延伸的，元气自然论则是倒退。这只能从汉政权是楚人建立的来理解。南方文化相对于中原文化本来就落后，而南方中的吴越，按照笔者的认识，其未实现天地分离，[①]但其前理智意识很早就存在了，今天在浙江义乌桥头上山文化遗址陶

① 参拙文《萨满主义与吴越文化：理解吴越的一种方式》，《浙江社会科学》2013 年第 2 期，已收入本书。

罐上发现的易卦符号，足以说明这一点。[①] 只是就其存在状态讲，其还处于前理智状态，或者说是离不开神的状态。

南方地区因为特殊的地理环境，丈夫早夭，尽管天地未分，手工业也未落后很多，但不可能取得哲学的突破。笔者将尚虚并寻求神灵来舍的神秘主义，理解为南方的基于女性意识的神秘主义。男性强，没有绝地天通，人性意识焕发不出来，其冲突性就强，没有诸神的冲突，就没有解决冲突的理性突破。对于女性来说，即便没有明确人性意识，她们的冲突性也不强，没有理性突破的必要性与冲动。没有超越理性的突破，世界的本源就既不是理念，也不是原子，而只能是前理智的元气。这个元气应该是南方土著文化关于世界原始的初始观念，当汉政权建立，思想上的超越面没有发展空间时，这个初始观念就成为思想发展的新的契机与可能。

四、《易纬》新宇宙论与《太玄》

王充与《太平经》关于五行的认识有一个很特别的地方，所谓一气生成。《论衡・物势篇》："或曰：五行之气，天生万物，以(寓)[万]物含五行之气，更相贼害。曰：天自当以一行之气生万物，令之相亲爱，不当令五行之气，反使相贼害也。"[②]这种一行之气生万物的观念，在《太平经》中表述为万物系同气转相生成。《太平经・万二千国始火始气诀》讲"比若四时气，五行位，虽不同受，内同气转相生成，犹若人头足不相似，内反合成一人也"(第375页)，《太平经钞壬部》讲"天地阴阳乃当相传相生"(第701页)。这种转相生成除基于五行模式外，还可以有其他模式，《太平经・天咎四人辱道诫》讲"因六甲十二子八卦之气以为纪，更相生，转相使，故天道得常在不毁败"(第658页)。

这种一气生成的观念，很显然与元气为世界总根源是有关联的，如果与西

---

① 易卦首先是形式问题，不论用它代指或象征什么，其均可以视为具有一定理智意识的证据。

② 王充：《论衡》，上海：上海书店1988年影印世界书局诸子集成本，第31页。

方哲学比较，这里的一气就是原子，只是，这里的一气与原子构成世界的方式有区别，这个一气本身是可视见的，与现象世界本身并不疏离，而原子不可视见，不在现象世界中。这种认识的差异，前文讲过，取决于有没有超越突破。尽管将元气自然视为世界的本源，这种思想仍然未超脱于萨满主义的范畴，所不同者在于，萨满主义的气生主义中，整个世界都是一气弥漫，这里一气已经获得了五行或八卦的存在形式。

这种将一气与其存在形式相分离的思考方式，影响了两汉之际一种新宇宙论的出现，这种宇宙论主要由纬书尤其是易纬来表述。《易纬乾凿度》(上)："故曰：有太易，有太初，有太始，有太素也。太易者，未见气也。太初者，气之始也。太始者，形之始也。太素者，质之始也。气形质具而未离，故曰浑沦。浑沦者，言万物相浑成，而未相离。视之不见，听之不闻，循之不得，故曰易也。"(第 11～12 页)《易纬乾坤凿度》(上)："太易变，教民不倦。太初而后有太始，太始而后有太素。"(第 69 页)在《孝经钩命诀》中，加入太极成为五运，"天地未分之前，有太易，有太初，有太始，有太素，有太极，是为五运。形象未分，谓之太易。元气始萌，谓之太初。气形之端，谓之太始。形变有质，谓之太素。质形已具，谓之太极。五气渐变，谓之五运"(第 1016 页)。如所周知，这种宇宙论还被张衡接受，具体材料不详列。

这种宇宙论与早期中国的宇宙论最大的不同在于，其将现象世界存在物的几个方面即气、形、质，全部在天地未分前表述出来，而过去的宇宙论则是从天地出现开始，才有形的问题，天地未分前是无形。所谓"法象莫大于天地"，是因为形之出现从天地始，天地是万物之形的根源，天圆地方，规矩对应方圆，重视形式的制度阴阳论者即以此为道。制度阴阳论规定形式的道在天地中央，天地之前只有抽象的时空宇宙与气。两汉之际的新宇宙论显然不是这个认识，元气作为世界的根源，在天地未分之前，其原本具有形式，天地阴阳五行等具体的形式只是这种形式的具体呈现。其中，形式与气不是一种密不可分的关系，也是可以分析的，只是这种可分析性认识的来源应该是早期思想，并非南方文化中所固有。因为这种可分析性本是早期中国绝地天通的结果，现在只是被统一在天地未分之前。按照气形统一的认识，在理性作用下，正常的发展应该是古希腊的双向超越之路。

基于这种宇宙观,扬雄的《太玄》的产生可以得到比较好的解释。《太玄》与《周易》相比,它有三种爻画,为什么是三种,至今没有很好的解释,但了解了这种宇宙观,三爻成易就比较容易说清楚。三爻代表的是太易之后的气、形、质存在构成的三个方面,而二爻代表气、形两方面。关于存在有质的一面,是战国秦汉时代的新认识,最早见于《庄子》。

这种讲法看起来与前文气形可分析性矛盾,但要深入考察南北的差异,其实并不冲突。因为气形质中的气形与原先早期北方绝地天通中的气形并不能等同。这里从对天地认识的差异切入进行讨论。

《易传》对易的解释有一种说法,乾坤,易之门户,乾坤最主要的象是代表天地,因此也可以说天地是易之门户。但如何认识天地,南北方的认识未必相同,以两汉之际的官方哲学代表的《白虎通》讲,其《天地》讲:"天者,何也?天之为言镇也。居高理下,为人镇也。地者,元气之所生,万物之祖也。地者,易也。万物怀任,交易变化。"[①]这里只有地是元气所生,天不是,这与我们通常所了解的宇宙论中的天地不同,通常讲天地都是气向上下运动而成。这种天地认识,笔者判断是基于吴越文化的一种天地观,而不是北方的有绝地天通背景的天地观。

绝地天通中的天地,都是由气生成,只是人为将其分开,以为人性文明成长开路。在这种天地格局中,天地各有精神性,精神性并非完全只属于天,天有天道,地有地道,人有人道。老子讲人法地、地法天、天法道、道法自然,尽管最后只有一个自然之道,但事实上也承认天地人本是三种独立的道。老子还讲天得一,地得一,神灵得一,万物得一,侯王得一,天地万物分别独立,各有其精神性根基,只是全部统一于自然。前面讲自然有法,老子这里的自然则是精神性的独立自在。古代宇宙论有三一,天一、地一、太一,分别为各自精神性根源。古代神灵体系也是分为天神、地神、四时之神等,还有三皇,天皇、地皇、泰皇。天、地都是独立论述。那种认为古代哲学与文化有一个天道总根源的讲法,是想当然的讲法。

但这种认识到战国时代,因为与南方接触的加深,开始发生变化。从《白虎

① 陈立:《白虎通疏证》,北京:中华书局1994年版,第420页。

通》关于天地的认识看,其显然不属于早期中国的天地观念。从形式上看,其更像是古希腊哲学中的天地观念。古希腊哲学如柏拉图将天地与人的灵魂与肉体欲望对应,截然二分。《白虎通》的天指向于神性存在,而地则是实体存在。笔者曾注意到南方只讲天道,这个天道跟北方的天道内涵当有区别,其当只具有精神性内涵,而不具有任何与实存之气相关的内容。这为综合北方分离的天地人三道提供了范畴上的便利。

事实上,绝地天通所导致的人性文明的发生,气、形在其天地观中的意义,与在南方的天地观中的意义不同。在人性文明中,气是精神的根基,而在南方,气是实存的基础。形在人性文明中是个别存在的形式,但随着理智能力的逐步发展,形获得了更多的内涵,阴阳五行及相互之间的法则都成为形的内容,而原先的个别存在事实上需要分离为形与质两部分,形的部分需要服从作为世界关联性基础的形式体系,而质则用来描述各自的实在。对于南方来说,严格地讲,并没有资料能够说明南方已经开始认识到将气转化为质料以及与之相对的世界形式了,南方仍然是浑沦的一气观,其看到的形依然是个别的孤立的形体,并不会将其作为思想观念来认识。

南方很早就有易卦符号,其两种符号代表的是天地,并非是气与形,前文讲的易纬新宇宙论中的气形可分析性是从北方来的。对于北方之易,其阴阳爻也代表天地,但若回到天地之前,其存在物就是气与形的统一,易有太极,中间也可以插入两个阶段,一为气之始,一为形之始。这与战国时代一般宇宙论当分别理解。现在既然形中区别出了质,而在南方宇宙论中其又统一存在于天地之前,相当于浑沦之易的阶段,用三个符号即三爻成易,就是应该的了。

扬雄自己讲其玄是天地人三道的综合,这只是形式上对应,因为将易理解为天地人三道的综合,《易传》就这样讲,而帛书《易传》易道综合中还有四时之道。形式之具象为思维,通常与宇宙论相关,没有《易纬》的新宇宙论,扬雄很难会想到用三种爻画来描摹世界。其将玄与天地人三道联系起来,一方面固然有道家老子的背景,另一方面则是要与十翼相接续。不过,若以天地为门户的易,在宇宙论上可以理解为是气形二元构成的统一,那么融气形质为一炉的太玄,也可以理解为以天地人为门户了。

五、角形器与玉璧

最后，想讨论一下吴越考古中的一个特别现象，即贵族墓经常发现的角形器与玉璧。

角形器与玉璧具有组合关系，基于前文的讨论，笔者以为与当时人幻想升天有关，角形器就是古书中讲的羊角。《庄子・逍遥游》讲大鹏鸟"背若太山，翼若垂天之云，抟扶摇羊角而上者九万里"，《释文》引司马云"风曲上行若羊角"。羊角也见于《淮南子・原道》："昔者冯夷、大丙之御也，乘云车，入云霓，游微雾，骛怳忽，历远弥高以极往，经霜雪而无迹，照日光而无景，扶摇抮抱羊角而上。"其中羊角也被解释为风名。在这两种文献中，羊角都是升天之助，至于风为什么叫羊角，今天很难索解。不过，民间称呼癫痫病为羊角风，盖将这种病症理解为是受羊角之风影响而成。

吴越贵族墓中的角形器很像羊角，而吴越文化中，因为没有绝地天通，可谓家为巫史，有条件的人家都可以通天。联系羊角为升天之助看，将角形器理解为贵族希冀升天的工具应该是合理的。借助羊角升天与乘龙升天不同，前引文献用"扶摇抮抱"描述，也就是说周身都要系上这种工具。事实上，贵族墓中角形器都不是单一出现，而是有一定的量，这当是与其升天需要一定量的羊角有关系。

周身缠绕羊角升天，很容易使人联想到萨满周身披戴很多动物坠饰，那也是萨满跳神时借助的力量象征。不过，羊角器缠在身上当不适宜剧烈跳动，因为都是陶制品，剧烈跳动会碰撞碎裂，笔者猜测当是缓慢抖动以行升天，其形象或类似癫痫症发作，故癫痫可获羊角风之名。癫痫发作，病人会口吐白沫，进入昏迷状态，这与萨满跳神昏迷神游很相似。如果考虑神抓萨满的疾病说，羊角风、角形器、贵族升天的诉求，三者可以完整联系在一起。

借助角形器升天与乘龙升天，最重要的区别在于，乘龙升天一般都是乘二龙，一条升龙，一条降龙，今天看就是阳气升天、阴气下降的原始神话表述。也就是说，乘龙升天已经具有了天地不同气的认识。扶摇掺抱羊角升天，可以想见，升天的样子应该呈现为螺旋式上升，升天者踏着舒缓的节奏，借助羊角风之力螺旋上升。如果将其还原为可理解的气，这里显然没有两种气的问题，只有一气。但天地似乎被统一于其中，因为易卦符号存在阴阳两种符号说明，那个时代的人认识到天地是作为两种物的存在，只是没有对它们的形作区分，那是绝地天通的结果。

如果说是一气往来，前引《白虎通》的天地观就可以解释得通了，天是纯粹精神性存在，而地是实体存在。当然，这里讲一气往来是受北方二气往来的暗示而讲的，因为既然元气只生地，升天可能就不需要气，而是纯粹的灵魂。在南方神秘主义中，神明是独立存在的，这种神明应该也不是气，而是纯粹的神。这与南方的天之为纯粹的精神性存在的认识是一致的。而在秦汉新道家中，有一种讲法将神明置于道德之上，这个神明也当是纯粹精神性存在，其与前文提到的南方的天道具有对应关系。天作为纯粹精神的存在，其统理世界的力量便是这种神明。如果对这个神明作理性处理，这个神明的地位与超越理性是对等的。只是，超越理性需要很强的思考力才能从表象世界中抽离出来，而这个神明，笔者判断是女性意识的结果，其总是在天地间游荡。

如果以上判断可靠，吴越贵族墓中与角形器成组合出现的璧，也比较容易得到解释，璧代表的应该就是地。在北方文化中，圭璧构成一个组合，璧为圭之邸，圭是祭祀山川神灵的信物，璧为其根底。角形器是灵魂飞升的助物，璧的功能当与圭璧组合中的璧相同，也是其根底。灵魂飞升的根底是什么，今天从哲学上讲其实是身体，身体构成灵魂安顿的处所。当然，作为具有象征意义的器物，璧不会代指身体，而当是与精神性之天对应的地。至于为什么用璧代指地，笔者判断与南方多水有关，璧与水的对应关系比较清楚，所谓辟（璧）雍，璧指的就是水。

前文提到易卦描摹天地，其中阳爻应该是天，阴爻应该是地。阴爻的获得或与璧有关，如果将阴爻旋转成面，就是玉璧之形。扶摇掺抱羊角升天，以玉璧为其螺旋上升之根底，作为灵魂凭依之处，也很合适。如果进一步推演，女性灵魂以魄为基础，魄与水、与璧又都可以联系在一起。这里就不过多展开了。

综上所述，两汉之际，思想界因为汉代思想自身的演进逻辑，即受到制度阴阳宇宙论影响，导致出现超越议题，本身却又无法充分展开，出现了一个借助南方吴越原始文化观念的思想转向，即将元气视为世界的根源。此元气不同于既往任何话语体系的气，其自身暗含着法则的规定性。所谓元气自然，实指元气按自身法则生成世界，世间的吉凶祸福，除偶然因素外，都是先天命定的。从思想构成上看，这个元气可以分析为气形质三个方面，这导致了两汉之际出现了新的宇宙论，即易纬中的天地未分前存在太易、太初、太始、太素四阶段的新讲法。扬雄《太玄》的出现，与此新宇宙论有关。这种元气观，非北方文化观念，而当是没有绝地天通的宇宙论背景的南方吴越文化的观念。吴越文化关于天地的认识也与北方不同，其天是纯粹精神性存在，而地则是基于元气而生的实体性存在。吴越文化贵族墓中常见的角形器与玉璧的组合，前者当是贵族寻求升天的法器，后者则是地的象征。

结　语　也谈信古、疑古与释古

“信古、疑古、释古”，是我国近百年来的古史研究的中心问题之一，从顾颉刚先生编《古史辨》，到李学勤先生发表《走出疑古时代》，古代研究日益走向深入，无论是疑古还是走出疑古，对于推动古史研究的进步都起到了积极的作用。但有趣的是，关注这个话题的学人习惯上将疑古与走出疑古对立起来，以为走出疑古是对疑古的否定，进入释古，而对于何谓释古，如何释古，往往又言之不详。这是很值得反思的。

一

首先要说明的是，冯友兰先生当年提出“信古、疑古、释古”三个概念，虽只说是三种趋势，但其中既有三种态度的意思，也有三个阶段的意思，[①]这三种态度在当时以至今日都是存在的，冯先生的立场是放弃信古，多做疑古与释古的工作。在冯先生看来，一味地相信或一味地怀疑都是不可取的，最终要落实到释古上。就今天的古史界来说，持怀疑态度的学人比持相信态度的学人可能略多一些，这是理性的进步所致。不过，正如冯先生所论，仅仅是怀疑或者相信，对于认知古代来说都是不够的，最重要的是释古。

这里，冯先生将释古与信古、疑古做了界分，认为释古是不同于信古与疑古

① 参李学勤:《谈“信古、疑古、释古”》，见其著《古文献论丛》，上海：上海远东出版社 1996 年版。

的工作，这样“信古、疑古、释古”就成了三个不同的否定之否定的环节，今天有学人将释古理解为信者当信，疑者当疑，应该是符合冯先生的意指的。

笔者以为，冯先生的认识是有限的，仅仅依据现实学术实践中的两种态度，进而提出一种新的态度，这并没有解决现实学术实践中两种态度的不合理性的问题。而他提出的释古，虽然层次高于前两种，但什么是解释，如何解释，其与前两种态度是否真的是否定关系，他都没有讲清楚。总之，“信古、疑古、释古”的问题，古史界并没有真正解决，所以，当李学勤先生提出走出疑古时代，有学人便产生是不是又要信古的疑问。就新材料的功用看，其不仅不利于疑古，也不利于信古，清华简《尚书》类文献的发现，证明前人对伪古文的辨伪是值得肯定的，这对一般所理解的走出疑古时代又是不利的。从这个意义上讲，“信古、疑古、释古”三者的关系应该重新界分，而不应该取实践中的非此即彼的态度。

在重新界分三者关系之前，有必要指出，将信古与疑古对立起来是有前提的，这个前提就是将文献所记录的关于古代的信息，都理解为是指向于古代的真实，如果没有这个前提，信与疑都无从谈起。而这个前提也是重新界分三者关系的出发点。

真实本身是需要界分的，有事实事件的真实，如说禹是人，是事实的真实，若说禹是一条虫，那就否定了事实的真实。但若说禹是一条虫，是不是就完全违背了真实，那倒也不是，那是文字学的真实。这里要注意，如果承认禹是一个人，就不能否定他作为人的真实；而如果说禹是一条虫，仅仅是文字学的真实。疑古的完整表述应该是，古来的传说将文字符号误认为人，更进一步，运用外来的图腾理论，是将夏族的图腾误认为夏族历史上的英雄。这里，信古与疑古出现意见冲突，而冲突的前提就是禹是人。

这样的问题，冲突相对容易解决，因为禹究竟只是一个文字符号，还是真实的历史人物，是比较容易判断的。不论是将其理解为文字符号还是图腾，这种传说不应该受到早期先民的普遍认可，如果仅仅是一族的图腾，商人、周人不应该也奉为神明。

在禹的身上还有一重真实，笔者称之为认知真实，这也是疑古倾向于怀疑禹作为人的真实性的一个依据。文献上的禹具有天神性，怀疑者否定禹是真实人物，而接受他是神的讲法。禹具天神性也是真实，并且具有事实性。但事实性不等于是事实。禹具天神性是认知真实,但不等于说,禹不是人,而是天神下降。在文化不发达的古代,这两种真实会发生混淆,是可以理解的。但今天理性昌明已久,区分这两种真实应该不是问题。也就是说,禹具天神性不足以作为否定禹是人的真实。更进一步讲,远古时代的认知真实,或者特定文化背景下的认知真实,不足以否定被认知对象作为历史人物的事实真实。信古与疑古将冲突建立在这个基础上,本身是非理性的。

在信古与疑古冲突的情况下,释古是很难展开的,疑、信各执一端,在两个方向上都可以进行解释,这样的释古其实是被分裂为疑、信两端,而不能独立存在。而释古真正要解决的问题,应该是如何分配对古的疑与信,以及为什么这样分配。释古既是对前两种态度的否定,又是对前两种态度的肯定。古代是一个整体,既有事实事件的真实,也有非理性的认知真实,而流传到今天的古代信息则以后者居多,用今天的理性标准衡量那些非理性的认知真实,其所述内容自然大多不可信。如果进而否定古代事实的存在,就是通常讲的疑古。这样的怀疑,今天已经没有意义了,因为考古学把古代挖出来了,虽然不能确定那些古代遗迹的主人是谁,但古代是真实存在的,恐怕没有多少人会怀疑。李学勤先生从提出重新估价中国古代文明,到提出走出疑古时代,其间一脉相承的理念就是古代是真实存在的,并且,古代文明的成就并不低。

二

将信古与疑古对立起来,说明我们的古史研究层次还比较低,说明我们还不能分析清楚古代流传下来的记录所反映的真实的各种维度。正确的态度应该是将二者统一起来,共同探寻古代完整的真实。这似乎有些矛盾,信与疑作为一对矛盾毋庸置疑,信古与疑古何以可以统一?这就是前文要分析古代真实的不同维度的原因所在。如果古代的真实只有一个维度,信古与疑古确实不能统一,但事实情况并非如此。前文所举的禹的例子,只是一个简单的关于古代真实的不同维度的分疏,实际情况比这个要复杂,而将这些不同维度的真实揭示出来，就是笔者理解的释古。释古不应该满足于获得一个维度的真实，而应该以获得古代完整的真实为目标。正是在这个意义上，信古与疑古应该统一。

所谓信古，就是相信古代流传下来的记录皆真实可信，这里容易产生歧义，真实可信很容易让人基于事实事件的真实去理解。但这里的真实可信并不是在这个维度的意义上使用的，而是说这些记录确实是从古代流传下来的，而不是在智慧已开后，出于特别的目的比如谋利而编造的。那么，如何区别是否出于特别的目的而产生的记录，这里就需要疑古。举个简单的例子，墨子有改制的意识，对他讲的尧舜禹的一些礼制就需要持怀疑态度，这些托古改制的内容与古代并无大的关联。对于关于古代的复杂的记述，实际情况是不能疑，便不能信。反过来也是一样，不能信，也不能疑。前一句比较容易理解，不能信，也不能疑，比较难理解。还以墨子改制所言尧舜禹礼制为例，其虽不能作为尧舜禹的历史记录，但作为墨子思想的真实，则是没有问题的。不能对此有清晰的认识，也不能对其作为尧舜禹的历史记录的真实产生真切的怀疑。信古与疑古可以统一，只是分别指向不同维度的真实。即便是很晚的出于谋利的伪造记录，同样有信的问题，只有揭示了它自身产生的真实，才能怀疑其所言内容的真实。

那么，将信古与疑古结合起来，是不是就可以提高古代研究的水平呢？笔者认为还不够。信与疑的结合，本是理智的选择，事实上还存在比理智更高的认知层次，即所谓哲学。而使古代研究达到哲学的层面，才是释古所要解决的问题。

释古主要是解释古之所以为古的问题，能够解释古之所以为古的问题，何者当信与何者当疑的问题自然就解决了。从这个意义上讲，信古与疑古只是古代研究的前期工作。而古代研究真要完满解决，必须有释古的工作，释古既建立在信古与疑古的基础上，同时也能将信古与疑古安排到古代研究的合适位置，也就是前文讲的分配对于古的恰当的疑与信，并说明如此分配的理由。

从这个意义上讲，近百年来的古代研究，主要的工作并不是疑古或者走出疑古，而是释古。所有运用社会科学方法对古代的研究其实都是释古工作，只不过，出于各种原因，这些工作所取得的成绩并不理想，不如疑古与走出疑古所取得的成绩明显。

从思维的层次上讲，哲学高于理智；从思维的难度上看，哲学难于理智。这应该是古代研究释古工作不理想的主要原因。反过来讲，要推进释古工作，本身依赖于适用于古代中国的哲学社会科学的发展。只有能够解释古代中国的哲学社会科学进步了，才能对于古代记录所反映的真实的不同维度进行有效分辨，才不致出现将信古与疑古轻易对立的问题，才能获得比较完整的古代真实。

哲学主分析，古代研究同样应基于分析的思维去讨论，宗教史、社会史、政治史、经济史、科技史、思想文化艺术史等方面，都需要建构适合解释中国的相关理论。这些理论的建立，意味着释古工作的完成。而释古工作的完成，理论上讲，信古与疑古也失去了存在的合理性。然正如科学真理的探寻没有尽头，历史真理的探寻同样不会有尽头，释古工作很难讲有可以终结的一天。信古、疑古、释古也必将长期统一在一起，共同探寻历史的真理。

表面上看，前文的讨论回避了古史的真实问题，对于古代记录所反映之真实作分疏，固然可以解决信古与疑古的矛盾冲突问题，但从另一方面看，似乎也回避了古史的事实事件的真实问题。而信古与疑古之争，争的正是古史的事实事件的真实。不过，进一步思考，如果信古与疑古在根本上都无法获得事实事件的真实，这样的争论的合法性就不存在了。信古与疑古所立足的根基都是认知真实，而不是事实事件的真实，认识真实不等于寻求事实事件的真实，这样的争论对于求取事实事件的真实，严格讲是没有意义的。信古与疑古所得出的都是对于认知真实的处理意见，这种意见对于获取认识古史的事实事件的真实的工作来说，还只是最初步的工作，与追寻古史的真实还不是一回事。相反，这种争论只会影响到追寻古史真实工作的深入展开。也就是说，如果非要在信古与疑古的冲突中获得一个结论，释古实际上是无法展开的。信与疑本身都是一个意见，从近百年的实践看，两种意见都有道理。同时并存并不影响对于古史真实的探寻，因为信古与疑古均不直接指向于古史的真实，古史的真实需要通过释古去还原。

三

毫无疑问，冯友兰先生当年提出释古，确具洞见，但作为哲学家与哲学史家，他本人于古史并未深入探研，故他虽然提出了这三种趋势，对于这三种趋势之于探寻古史真实的意义，这三者究当如何结合，方能做出最好的古史研究，却未能讲清楚，他本人是反对信古的。

从哲学方法的角度看，且不论信古、疑古所指向的真实的维度问题，在此对立的态度之上应该有第三种态度。并且，这三者应该统一在一起，而不是非要在信与疑之间决出胜负。信与疑的同在，不仅是针对不同记录的问题，事实上，即便是面对同一条记录，信与疑也应该同时存在，只是信多少疑多少的比例不同，这个比例的确定最终要依赖于释古。这个问题，当年王国维先生讲古史新证时便已指出，所谓后世文献有古史真实的素地，实际上就需要信与疑的结合才能分析清楚。有古史真实的素地，意味着其中有古史的事实事件的真实；但有古史真实的素地，也同时意味着不能将其直接等同于古史的事实事件的真实。这说明，对于同一条材料，有时既要信，又要疑。真实的素地要信，不等于古史真实的部分要疑。但哪些部分信，哪些部分疑，通常不是一眼就能看出的，只有进行过具体的研究，才能判断。若此论成立，信古与疑古虽是先于释古而存在的两种对待古史记录的态度，但要做到信与疑，不是那么简单的。一条记录所反映的真实，可能是多重维度的真实的叠加，没有释古的工作，没有对不同维度的真实的辨析与解剖，就谈信或疑，显然无助于对于古史真实的揭示。从这个意义上讲，信古、疑古与释古虽可以说是三个阶段，但在实际工作中，并不是先判分清楚哪些部分该信，哪些部分该疑，然后再进行释古的工作，而是三者同时进行，也就是说，三种态度对于获得古史真实来说，是一个不可分割的整体，而其中最重要的则是释古。

前文讲，释古工作属于哲学认知的性质。如果承认古史有真实的存在，同时承认作为人类活动的一个部分，中华大地上远古的人群活动同样有规律可循，那么，释古工作的主要目标就是要解释古史表象背后的历史真理，信古与疑古还只是低层次的事实认可，释古工作则是要解决古之所以为古的问题。从一般科学工作的规律看，信古与疑古的问题确实是基础工作，没有事实，发现历史表象背后的真理就是一句空话。但古史研究有它的特殊性，获得真实本身就是一件困难的事情。所以，与一般的社会科学工作不同，释古工作不仅要指向于揭示历史真理，同时还有一个重要任务，就是帮助确定真实。或者可以这样表述，从事古代研究的社会科学工作，不能像一般社会科学研究那样，搜集资料，提出理论，步骤与程序都相对明晰，而是在事实与理论建构的相互促进中逐步前进的。将释古工作理解为解释信者何以可信，疑者何以可疑，显然将这个工作简单化了。而依赖于材料的增加判断何者可信，何者可疑，严格地讲，也不能算是释古工作。二重证据法的运用，只能够为可信者增加更多的材料，并不能算是对古代的解释，因为材料多且原始，所以材料记录的信息可信，其只是解决事实是什么的问题，而不能解决事实为什么是这样的问题。释古的主要工作不是为了解决事实问题，只是这个领域自身的特殊性，导致释古首先要面对这个问题。

今天的古史研究的材料积累已经有了相当的基础，傅斯年先生当年讲动手动脚找材料，到今天已经有了巨大的收获。古代的事实性存在的问题根本上已经不是问题，今天面临的主要问题，恐怕是中国何以为中国的问题。而这个问题不是讲信古或疑古能够解决的，其只能通过释古来解决。西方的社会科学理论方法传入中国已百年有余，这个过程中始终有社会科学中国化的问题，释古所需要的同样是一整套能够解释中国的社会科学理论。过去释古工作虽多，但成绩却不突出，与一直援用西方社会科学理论有很大关系。今天的中国古代研究要想更上一层楼，恐怕不能没有适合中国的宗教理论、政治理论、经济理论、社会理论等等。没有这些理论，释古很难说是真正意义上的释古，而只能将主要精力面向于事实。

释古面向于真实事实的认证，不同于二重证据法等推求真实的方法，释古运用于真实事实的认证，类似阐释学上讲的循环论证。释古需要理论，理论建构需要事实基础，当理论建构运用材料获得成功，同时意味着用于建构理论的事实材料真实可信。当然，这种循环论证不是封闭的，成功的理论不仅仅是为了解释用于建构理论的一些事实，而是要解释整个相关领域，只有整个相关领域都能解释得通，这个理论才算是成功的理论。冯友兰先生讲释古就是融会贯通，或许是这个意思。从这个意义上讲，理论对于建构理论的材料真实性的论证，依靠的不是这个理论，而是整个相关领域的古代事实。从考证的角度看古代研究，正如陈寅恪、李学勤、裘锡圭等先生所论，犹如缀图，将一张张零碎的图片拼到原先的历史图景上去。这种认识的背后，也是承认历史本有一幅完整的场景。释古做的不是考证工作，而是理论阐释工作，其背后也是承认历史本有一幅完整的场景，并且，这个场景的背后还有规律。释古是运用理论揭示规律，解释场景，从而认证用于构建理论的零碎材料的真实可信。这个径路与考证的径路方向相反，不过，这个工作的主要目的本不是考证事实事件的真实。

综上所述，信古、疑古、释古对于古代研究同等重要，三者应该统一在一起。信古与疑古处理的是历史记录所反映信息的真实性问题，因为存在不同维度的真实，信古与疑古事实上不能分开，更不能对立。释古主要解决古之所以为古的问题，其与信古、疑古相比，属于哲学性质的工作，在层次与难度上均高于属于理智性质之工作的信古与疑古。当然，释古工作的深入展开，对于信古与疑古同样很重要。对于叠合着不同维度的真实的材料来说，对于信与疑的判分，依赖于释古工作的开展。

附录一 “江南卑湿，丈夫早夭”的考古证明

一

“江南卑湿，丈夫早夭”是汉代人描述江南生态的常用语，[①]从考古发现的当时人口统计数据中确实可以看出这一点。松柏汉简五三号木牍提供了汉武帝年间南郡诸县、侯国的人口统计材料：[②]

江陵：

使大男四千七百廿一人，大女六千七百六十一人，小男五千三百一十五人，小女二千九百卅八人。凡口万九千七百卅五人，死大男八百卅九人，死大女二百八十九人，死小男四百卌三人，死小女三百六十八人，死口千九百卅九人，其千五百卌七人死越。

宜成：

使大男四千六百七十二人，大女七千六百九十五人，小男六千四

① 此语出《史记·货殖列传》，同书《袁盎晁错列传》《南越列传》《淮南衡山列传》则讲“南方卑湿”，此外还有其他表述。参王子今《秦汉史：帝国的成立》，北京：中信出版社2017年版，第484—485页。

② 材料引自胡平生《荆州新出简牍释解》，原载《湖南省博物馆馆刊》第六辑，长沙：岳麓书社2009年版。此据《胡平生简牍文物论稿》，上海：中西书局2012年版，第264—273页。

百五十四人，小女三千九百卅八人。凡口二万七百五十九人，其廿九人复，二百卌四人泒中。

临沮：

使大男二千三百六十人，大女七千廿六人，小男二千四百一十一人，小女千九百七人。死大男一人。

安陆：

使大男四百七十五人，大女八百一十八人，小男五百五十八人，小女三百六十九人。凡口二千二百廿人，其二百廿九人复。

沙羡：

使大男五百八十五人，大女九百五十九人，小男六百七十二人，小女四百卌五人。凡口二千六百六十一人，其八人复。

州陵：

使大男三百九十三人，大女六百卅四人，小男六百七十六人，小女三百八十八人。凡口二千九十一人，其卌九人复。

显陵：

使大男三百卌二人，大女六百一十一人，小男三百九十五人，小女二百六十人。凡口千六百八人复。

便侯国：

使大男千七百八十一人，大女二千九百九十四人，小男千九百卌二人，小女千七百卅人。凡口八千四百卌七人，其十六人复。

邔侯国：

使大男三千六百廿四人，大女五千六百六十四人，小男五千一百六十人，小女三千四百八十九人。凡口万七千九百卅七人，其千三百五十二复。

襄平侯中卢：

使大男千四百九人，大女二千四百七十八人，小男千七百五十一人，小女千七十人。凡口六千七百八人，其百廿三人复。

另外，松柏一号汉墓出土的“二年西乡户口簿”也有类似的户口资料，现引录相

关内容：[①]

大男九百九十一人

小男千卌五人

大女千六百九十五人

小女六百卌二人

将上列资料列为表格：

地名	大男	大女	小男	小女
江陵	4721	6761	5315	2938
宜成	4672	7695	6454	3938
临沮	2360	7026	2411	1907
安陆	475	818	558	369
沙羡	585	959	672	445
州陵	393	634	676	388
显陵	342	611	395	260
便侯国	1781	2994	1942	1730
邔侯国	3624	5664	5160	3489
襄平侯中庐	1409	2478	1751	1070
西乡	991	1695	1045	642

所有这些统计资料都有一个共同的现象，即小男比小女多，而大女比大男多，并且数据都有一定悬殊。在江陵的材料中事实上给出了丈夫早夭的证据，“死大男八百卅九人，死大女二百八十九人，死小男四百卌三人，死小女三百六

① 据胡平生：《新出汉简户口簿籍研究》，原载《出土文献研究》第十辑，北京：中华书局 2011 年版，此据《胡平生简牍文物论稿》，第 314—348 页。

十八人，死口千九百卅九人，其千五百卌七人死越”，死小男与死小女，人数差别并不大，到了成年阶段，男性死亡数就远远高于女性死亡数，丈夫早夭当无疑义。

为什么会出现这种情况？唯一的解释就是古书中讲的江南卑湿的地理环境，使大量男子过早去世，否则不可能出现如此的差别。

二

论者讨论秦汉时期的江南开发，注意到了气候变冷对于开发的重要影响。事实上只有气候变冷，才能改变原先的卑湿的环境，男性平均寿命才可能延长，需要耗费较多劳动力的农业才可能真正发展起来。江南经济的起步是从东汉中后期开始的，此时气候转变已经结束，加上北人以及相关技术的南迁，基于优质的自然条件，农业很快发展起来，就是完全可以理解的了。

如果将此状况向前推，《周礼·职方氏》关于江南的人口性别比例有简单提及，扬州五女二男，荆州二女一男。荆扬二州涵盖了早期江南几乎全部地域，如果这个数据可靠，那么比汉简中所见的性别失调问题还要严重。对于其开发的影响就会更大。

性别比例的失调对于开发的影响不仅体现在劳动力一个方面，同时还体现在社会组织模式上。因为男性在社会中不占优势，北方的基于血统的宗法组织在南方很难形成，而社会组织包括国家，对于开发同样非常关键。有组织的生产可以弥补生产力相对落后所造成的不利情况，事实上商周时期的北方，大生产模式是主要的生产方式，卜辞所谓“王大令众人曰劦田”，《诗经》所谓“十千维耦”（《周颂·噫嘻》）、“千耦其耘”（《周颂·载芟》）都是大生产模式的写照，而这种模式是依赖于社会组织的建构的。而在南方，存在这种大生产模式的材料丝毫未见。

江南早期历史有过两段辉煌的岁月，一是良渚文化时期，一是春秋时代的吴越，其所以出现这两段辉煌历史，主要在于技术的进步。良渚时代的玉器加工技术，领先于同时期的其他地域，而春秋时期吴越的铸剑技术同样领先于其他地域。这些技术的领先不会是孤立现象，玉器技术领先的背后应该是整个石器加工技术的进步；而铸剑技术领先的背后，应该是整个青铜冶炼技术的领先。事实上也正是如此，良渚时代的石器生产工具确实比较先进，而春秋吴越时代的青铜冶炼同样非常发达。《考工记》讲“粤无镈”，“粤之无镈也，非无镈也，夫人而能为镈也”，也就是说，青铜冶炼在春秋时期的吴越是一个流行的大众化的技术。正是技术的进步，在社会组织不发达的情况下才造就了江南的辉煌。

长江中游文明的辉煌与下游的扬州具有相似性，大致也是两个时期，一是与良渚同时而延续略晚的屈家岭、石家河文化时期，一是春秋战国时期的楚国，促成这两个辉煌的主要因素应该是相同的。

小　结

地理环境决定论也许并不永远有效，但在文明的初始阶段，地理环境对于文明的发生发展确实具有制约作用，江南的早期开发应该说就是一个典型的例子。而基于不同的地理环境所养成的不同文化，对于文明的影响则要深远得多。

附录二　道教三元理念与三垣二十八宿体系的成立

——兼论《步天歌》之时代

宗教与科学问题日益受到世人的关注。在中国古代宗教与科学研究领域，道教与科学的关系一直是人们关注的热点，或主张关系密切，或主张没什么关系。笔者以为，任何宗教与科学的关系不可能只存在一种向度，道教与科学的关系也不例外。本书所论是一则道教与古代天文学积极相关的例子。

《步天歌》作为中国天文学史名著之一久已为人所熟知，它的出现标志着三垣二十八宿体系的形成。《步天歌》的作者是丹元子，其生平事迹不详，但其为道士则无疑义。可以认为，三垣二十八宿体系是道教徒对中国天文学史的一个重要贡献。但三垣二十八宿体系中有无受道教宗教性因素影响的痕迹，则是一个值得讨论的问题。这里拟结合有关资料，谈一下笔者对这个问题的看法。

一、《玄象诗》与垣宿体系的建立

三垣二十八宿体系，是在垣宿体系的基础上形成的，故先讨论垣宿体系的形成。从《史记・天官书》到《晋书・天文志》到《玄象诗》，可以看出垣宿体系的形成过程。

《史记・天官书》将天区划分为五宫。将以天北极为中心的周边星宿称为中宫，大致相当于后来的紫微垣。以太阳四季所在二十八宿的位置，确定为东南西北四宫。春在角亢氐房，故东方七宿为东宫；夏在井鬼柳星，故南方七宿为南宫；秋在奎娄胃昴，故西方七宿为西宫；冬在斗牛女虚，故北方七宿为北宫。

紫宫、太微、天市包含在五宫之中，紫微在中宫，太微在东宫，而天市则指旗中四星，而非后来作为天区的天市。这种划分显然是受五行思想影响的结果。

三国时期，吴国陈卓汇总甘、石、巫咸三家星经，并沿袭了三家的将星宿划分为中外官的方法。《晋书·天文志》即在此基础上编撰而成，可以作为中外官体系的代表。据《晋志》，所谓中外官，是指天球上以二十八宿为界，以北为中官，以南为外官，紫宫、太微、天市三垣皆属中官。笔者以为，所谓中外官的划分是与盖图联系在一起的。盖图又称青黄图，结构与式盘相似，分上下二层：上层称青画图，指人目所能见到的天空范围；下层称黄画图，以北极为中心，画三个圆圈，内圈称内衡，外圈称外衡，中圈称中衡。黄画图上画有全天二十八宿等星宿，实际上是一幅全天星图。中外官实际便是对黄画图上星宿的描述，以中衡为界，中衡以外的星宿称为外官，中衡以内的星宿称为中官。钱宝琮先生曾绘有盖图，兹引录如下：[①]

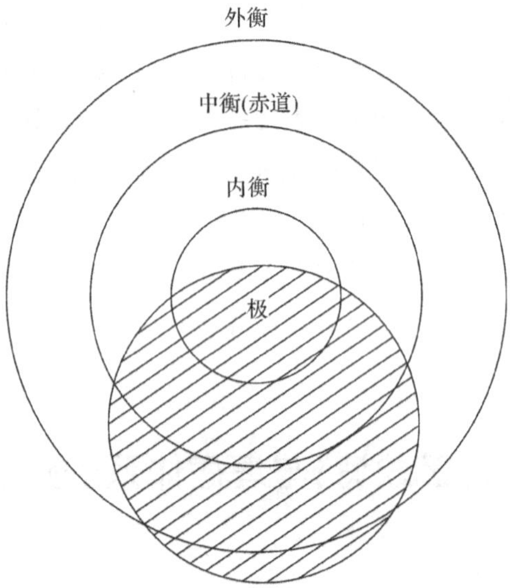

盖图

注：采自《科学史集刊》第一期（1958 年）载钱宝琮《盖天说源流考》一文，图中带斜线的部分是盖图的上层，涂青色。盖图的下层包括内衡、中衡、外衡三个圆，涂黄色，上面画有二十八宿。

① 此图转录自中国天文学史整理研究小组编著：《中国天文学史》，北京：科学出版社 1981 年版，第 55 页。

随着航海的发展以及天文观测的进步，古人对南半天球的星宿认识得越来越多，盖图已不能满足描述全天星宿要求。按照盖图的星官排列，越往外或越往南，恒星之间的距离越大，这在中衡以北即北半天球是符合实际的；过了中衡，情况正好相反，越往南，恒星间的距离越小。在这种情况下，出现了一种新的星图画法。这种画法是将北天极附近的星宿画在一幅圆形图上，称为圆图；将天赤道附近的星宿画在另外一幅方形图上，即所谓横图。《隋书·经籍志》著录的“高文洪《天文横图》一卷”，当是按这种画法画出的方图。此外，《隋书·经籍志》还著录了《天文十二次图》一卷，笔者理解，这也是一幅方图。

此类星图实物较早的有敦煌星图，也就是编号为 S.3326 的星图和编号为写经类 58 号的紫微宫星图。夏鼐先生称前者为敦煌星图甲本，称后者为敦煌星图乙本。[①] 席泽宗先生曾对星图甲本作了详细介绍与研究，[②]马世长与夏鼐对星图乙本作了介绍与研究。[③] 乙本只剩下紫微宫星图，其前类似于甲本十二次星图的部分已全部残泐。

甲本的画法，据席泽宗先生介绍，是从十二月份开始，按照每月太阳所在的位置，分十二段(按十二次)把赤道带附近的星，利用类似麦卡托(1512—1594)圆筒投影的办法画出来，这样所得的是方图。最后再把紫微垣画在以北极为中心的圆形平面投影图上，这样所得的是圆图。

随着星图的发展与演变，古人对星空的描述方式也发生了变化。在敦煌卷子《玄象诗》中，星宿安排与星图是相应的。《玄象诗》有两件，即编号为 P.2512 与 P.3859。其中 P.3859 卷子的排列“是将完整的《玄象诗》分段拆开，按照在周天转一圈，一次达到识星目的的要求排列的。同时为区别《三家星经》和紫微垣，在各段诗句上面注明‘赤’‘黑’‘黄’‘紫’，分别代表石氏、甘氏、巫咸氏和紫

① 夏鼐：《另一件敦煌星图写本——〈敦煌星图乙本〉》，载《中国古代天文文物论集》，北京：文物出版社 1989 年版，第 211—222 页。

② 席泽宗：《敦煌星图》，载《中国古代天文文物论集》，北京：文物出版社 1989 年版，第 181—194 页。又见《古新星新表与科学史探索——席泽宗院士自选集》，西安：陕西师范大学出版社 2002 年版，第 141—148 页。

③ 马世长：《敦煌写本紫微垣星图》，载《中国古代天文文物论集》，北京：文物出版社 1989 年版，第 199—210 页。夏鼐文同前揭注。

微垣”。[①] 将《玄象诗》分段拆开在周天转一圈，不正是对前面说的“分十二段把赤道带附近的星，利用类似麦卡托圆筒投影的办法画出来”的方图的描述吗？把紫微垣放在最后叙述，与前面“最后再把紫微垣画在以北极为中心的圆形平面投影图上”也正相应。笔者以为，P. 3859《玄象诗》的这种星宿排列是与敦煌星图相适应的，是对新式星图的描述与体现，这种星宿体系可以称为垣宿体系。

可以认为，在《步天歌》之前，已经出现了打破中外官体系的新的星宿体系，这个体系以紫微垣为独立天区，以二十八宿为纽带联结中外官星宿，而将太微垣与天市垣放在其中叙述。

《步天歌》所确立的三垣二十八宿体系，与 P. 3859《玄象诗》的垣宿体系基本相同，不同的地方在于，三垣二十八宿体系将太微垣与天市垣独立了出来，与紫微垣并列为三个独立天区，《玄象诗》则没有。必须指出的是，《步天歌》的这点不同与星图的发展已没有太大关系，平面星图发展到敦煌星图的水平，已基本发展成熟，以后增加南极星图，以及将不连续的十二次星图联结成为连续的横图，只是一些细节的完善，谈不上是多大发展。[②] 既然如此，那么《步天歌》的三垣是如何出现的呢？

笔者以为，三垣的出现是受道教三元思想影响的结果。对于三垣，《步天歌》是这样称呼的，“上元太微宫”，“中元北极紫微宫”，“下元一宫名天市”，这里不称三垣而称三元是值得注意的。歌中还有“三元之象无相侵，二十八宿随其阴”的句子，这里的三元指的就是前面的上元太微宫、中元紫微宫、下元天市宫。

如所周知，三元是道教的基本理念，有多种含义。《云笈七签》卷三《道教所起》：“寻道家经诰，起自三元。”同卷《道教三洞宗元》：“其三元者，第一混洞太无元，第二赤混太无元，第三冥寂玄通元。从混洞太无元化生天宝君，从赤混太无元化生灵宝君，从冥寂玄通元化生神宝君。”同书卷五十六：“夫混沌分后，有天地水三元之气，生成人伦，长养万物。人亦法之，号为三焦三丹田。”这里的三元指天地人神万物演化的开始与本原。

三元还可以代指人的丹田。《云笈七签》卷五十六，末引《三元经》云“上元神名曰元，中元神名还丹，下元神名子安”。同时还可以指修炼的层次，天元谓

① 邓文宽：《比〈步天歌〉更古老的通俗识星作品——〈玄象诗〉》，《文物》1990 年第 3 期。又见邓文宽：《敦煌吐鲁番天文历法研究》，兰州：甘肃教育出版社 2002 年版。

② 苏颂采用极方位等距投影法，将全天星图画成赤道南北两半球星图，也是平面星图的又一大进展。

之神丹，地元谓之灵丹，人元谓之大丹(《玄肤论·三元论》)。三元还可以指称人体的三部分，《道枢·三元篇》："上元者，首以上属焉。中元者，首之下脐之上属焉。下元者，脐之下腰之上属焉。"三元还可以指人寿，天元六十，地元六十，人元六十，共一百八十岁(《三元延寿参赞书》)。

道教的三官，即天官、地官、水官，也可以称为三元。《唐六典》卷四"祠部郎中"："三元斋，正月十五日天官为上元，七月十五日地官为中元，十月十五日水官为下元。"归有光《汝州新造三官庙记》："按三官者，出于道家，其说以天地水府为三元，能为人赐福赦罪解厄，皆以帝君尊称焉。"①

三元在天地人中还可再分，《悟真篇》卷上："四象化行全籍土，三元八卦岂离壬。"董德宁注："三元者，三本也，其在天为日月星之三光，在地为水火土之三要，在人为精气神之三物也。"总之，三元的运用范围是极广的。

由上论可知，三元演化思想是道教的基本教理之一。丹元子作为道士，将太微宫、紫微宫、天市垣称为三元，笔者推测，他是想将三元化生的体系套用到星官体系上。而太微垣与天市垣的相对独立，也为他套用三元思想提供了便利。这样，垣宿体系就变成了三垣二十八宿体系。可以认为，三垣二十八宿体系的出现，是直接受道教三元思想影响的结果。

二、《步天歌》之时代

这里顺便讨论一下《步天歌》的时代。关于《步天歌》的时代与作者，学界尚未有统一认识。歧异是由郑樵《通志》引起的，《通志》卷三十八《天文略》称：

> 隋有丹元子者，隐者之流也，不知名氏，作《步天歌》，见者可以观象焉，王希明纂汉、晋志以释之，《唐书》误以为王希明也。

① 归有光：《震川先生集》卷十五，四部丛刊本。

这里明确指出《步天歌》是隋代一位不知名氏的隐者丹元子所作，而王希明引汉、晋志作进一步解释，也就是《通志》所引《步天歌》低一格排印的解释性文字。这里还指出《唐书》(《新唐书·艺文志》)以右拾遗内供奉王希明为《步天歌》的作者是错误的。这里驳斥《新唐书》关于《步天歌》作者为王希明的说法本没有问题，问题出在《通志·艺文略·天文类》中又著录了《丹元子步天歌》一卷，小字注“唐右拾遗内供奉王希明撰”，这又回到了《新唐书·艺文志》的说法，而与同书《天文略》自相矛盾。

古代大多数学者认为《步天歌》是王希明所撰，《新唐书·艺文志》自不待言，王应麟《玉海》卷三“唐《步天歌》”条目下记云：《艺文志》王希明丹元子《步天歌》一卷，《中兴书目》《步天歌》一卷，崇文目同，题右拾遗王希明撰。晁公武《郡斋读书记》，《步天歌》一卷，或云唐王希明撰，自号丹元子。陈振孙《直斋书录解题》曰：《步天歌》一卷，未详撰人。或曰唐王希明撰，自号丹元子。《四库全书总目》则以为“丹元子为隋人，不见他书，不知樵何所据。使果隋时所作，不应李淳风不知其人，《隋书·经籍志》中竟不著录，至《唐书》乃称王希明也”。

从以上著录看，除郑樵在《通志·天文略》中提出的《步天歌》歌词为隋丹元子作，诠释为唐王希明作外，其他诸家皆以《步天歌》为唐王希明作。中国天文学史整理小组编撰的《中国天文学史》，也认为《步天歌》是王希明所作，[①]考古学家夏鼐更提出《步天歌》不能早于李淳风时代的四条理由：[②]

(1)如果《步天歌》是隋代作品，则《隋书》和《旧唐书》的经籍志中似乎不应不收入，如为唐开元中人所著，则《隋书》不会收入。以开元时的《古今书录》为断的《旧唐书·经籍志》也不会收入的。

(2)如果《步天歌》是隋人著作，则初唐著作如《晋书》和《隋书》的《天文志》(这二史的《天文志》如果不是全部也是大部分出于李淳风之手)，不应不加以提及。如果它出于唐开元时人之手，那便不足为怪了。

(3)如果这歌是隋人作品，则《新唐书·艺文志》和《通志·艺文略》中都不

---

① 中国天文学史整理研究小组：《中国天文学史》，北京：科学出版社1981年版，第43页。

② 同前揭夏鼐文。

应将《步天歌》作者题为唐王希明所撰。

(4)将初唐时(7世纪)所撰的晋、隋二史的《天文志》中的紫微宫拿来与《步天歌》和两种敦煌星图相比较,可以看出它们之间的一些显著差异。又将《步天歌》与两种敦煌星图抄本相比较,则几乎完全符合。如果《步天歌》是隋代作品,则这种现象很难解释。如果它是唐开元时作品,则这解释上的困难便不存在了。所以我认为《步天歌》的歌词和诠释是同一个人所写,其人便是唐开元时丹元子王希明。

相信郑樵分歌词与诠释为不同人所作的观点的也有,如陈遵妫先生认为《步天歌》是隋代人所作;[①]潘鼐先生认为歌词是隋代隐者丹元子所作,唐代的王希明加以润饰,而注文大概是郑樵自己所作;[②]陈美东先生则主张歌词为丹元子作,注可能是王希明所作。[③] 英人李约瑟则认为,王希明道号丹元子,是隋代人,与李淳风的父亲李播同时。[④] 最近周晓陆先生的《〈步天歌〉研究》认为,潘鼐先生的观点近乎事实。[⑤]

笔者以为,单纯在文献中寻找证据是解决不了问题的,只有将《步天歌》置于古代天文学发展的历史中才能大致搞清楚它的时代位置。此项工作是将《步天歌》与敦煌卷子中的两幅星图作比较,尤其是与编号为P.2512与P.3589中的《玄象诗》作比较,这方面的研究主要有潘鼐、[⑥]夏鼐、[⑦]席泽宗[⑧]等先生的工作,他们的研究所得到的关于《步天歌》的时代的结论大致相同,即认为《步天歌》是唐代的作品。席泽宗先生排定了其时诸天文文献间的演变关系,最便理解,兹引录如下:

---

① 陈遵妫:《中国古代天文学简史》,上海:上海人民出版社1955年版,第101页。

② 潘鼐:《中国恒星观测史》,上海:学林出版社1989年版,第124页。

③ 陈美东:《陈卓星官的历史嬗变》,载《科技史文集》第16辑,上海:上海科学技术出版社1992年版。

④ 转引自前引夏鼐文。

⑤ 周晓陆:《〈步天歌〉研究》,北京:中国书店2004年版,第204页。

⑥ 潘鼐:《敦煌卷子中的天文材料》,载《中国古代天文文物论集》,北京:文物出版社1989年版,第223—242页。

⑦ 同前引夏鼐文。

⑧ 席泽宗:《敦煌卷子中的星经和玄象诗》,载《古新星新表与科学史探索——席泽宗院士自选集》,西安:陕西师范大学出版社2002年版,第442—463页。

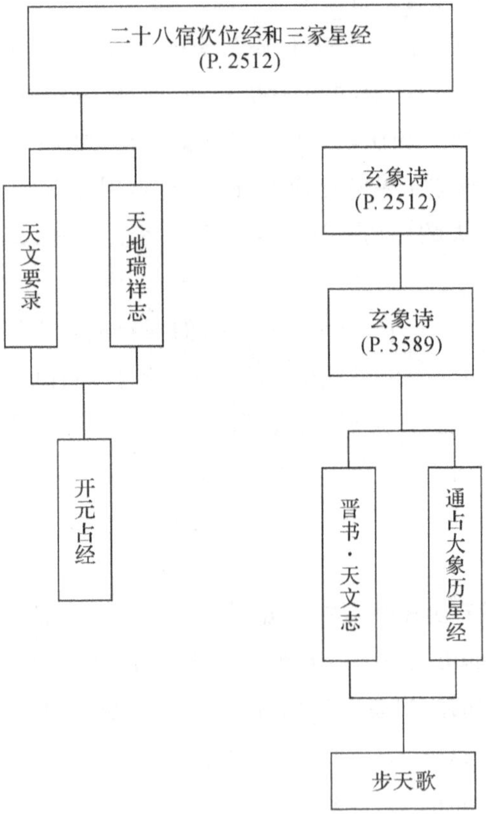

根据笔者对三垣二十八宿体系产生的讨论,《步天歌》的时代必在 P. 3589《玄象诗》之后,必须先有垣宿体系,然后才会有三垣二十八宿的体系。而学者一致认为,P. 3589《玄象诗》晚于 P. 2512《玄象诗》。邓文宽先生指出,P. 2512《玄象诗》是配合同卷其前的《廿八宿次位经》与《三家星经》所作,[①]而《廿八宿次位经》之后,注有"自天皇已来至武德四年(621)二百七十六万一千一百八岁",这表明这卷星占书不会早于唐初。这样一来,P. 3589《玄象诗》必为初唐以后所抄,顺此类推,《步天歌》的创作当在中唐时期。因此,其作者不可能是隋代人。

从丹元子的道号也可以发现其人所在时代的消息。《上清黄庭内景经》心

① 同前引邓文宽文。

部章有“下有童子丹元家”，注云：“心神丹元。”[①]同书心典章“动静念之道德行”，注云：“谓念丹元童子也。”又“坐起吾俱共栋梁”，注云：“吾，丹元子也。”[②]李商隐《李义山诗集》之《戊辰静中出贻同志二十韵》有“丹元子何索，在己莫问邻”。丹元或丹元子是心神之名，是内丹学的重要词语。丹元还可以指下丹田，《道枢·会真篇》：“静坐幽室，以手兜其外肾，以手搓脐之下，各八十有一，左右换手为之者九过，则丹元暖而真气盈矣。”[③]

以丹元子为道号，其时代当在内丹学兴起以后。一般认为，先秦至汉代是内丹学的准备时期，东汉道教创立至隋唐是内丹学的形成时期，唐末五代是内丹学的成熟时期。内丹学的兴起，是唐代外丹盛极而衰的必然结果。笔者认为，丹元子的道号不会在隋代出现，而应在唐中期以后。王希明的时代是合适的。

综上所述，三垣二十八宿体系的形成，由两方面的因素促成。一是由星图的发展所导致的对星宿描述方式的变化，垣宿体系是这样产生的。这是古代天文学发展的内在历史。二是道教的三元思想，是它促成了对垣宿体系的改造，使三垣二十八宿体系得以确立。这是受道教思想影响的结果。从这个意义上说，道教对古代科学的发展，在某些方面是有积极意义的。《步天歌》的创作当在中唐时期，其作者为王希明。

---

① 《云笈七签》卷十一，据《道藏要籍选刊》本，上海：上海古籍出版社 1995 年版。

② 《云笈七签》卷十二，据《道藏要籍选刊》本，上海：上海古籍出版社 1995 年版。

③ 参马济人先生为《中华道教大辞典》所撰“丹元”条，北京：中国社会科学出版社 1995 年版，第 1164 页。

参考文献

著　作

Mircea Eliade. *Shamanism*: *Archaic Techniques of Ecstasy*. Princeton: Princeton University Press,1972.

艾兰. 龟之谜. 成都:四川人民出版社,1992.

安居香山、中村璋八. 纬书集成. 石家庄:河北人民出版社,1994.

伯纳德特. 苏格拉底的再次起航——柏拉图《王制》疏证. 黄敏,译. 上海:华东师范大学出版社,2015.

陈立. 白虎通疏证. 北京:中华书局,1994.

陈梦家. 殷墟卜辞综述. 北京:中华书局,1988.

陈寿祺. 五经异义疏证//清经解(卷 1248—1250). 上海:上海书店,1988.

陈苏镇.《春秋》与"汉道":两汉政治与政治文化研究. 北京:中华书局,2011.

陈遵妫. 中国古代天文学简史. 上海:上海人民出版社,1955.

邓文宽. 敦煌吐鲁番天文历法研究. 兰州:甘肃教育出版社,2002.

干春松. 制度儒学. 北京:中央编译出版社,2017.

顾颉刚. 浪口村随笔. 沈阳:辽宁教育出版社,1998.

顾炎武. 日知录. 石家庄:花山文艺出版社,1990.

郭沫若. 管子集校//郭沫若全集·历史编(第五册). 北京:人民出版社,1984.

胡平生.胡平生简牍文物论稿.上海:中西书局,2012.
江达智.先秦两汉的择居文化与风水术之形成.台北:花木兰文化出版社,2009.
江晓原.天学真原.沈阳:辽宁教育出版社,1991.
李济.李济学术文化随笔.李光谟,编.北京:中国青年出版社,2000.
李零.长沙子弹库战国楚帛书研究.北京:中华书局,1985.
李学勤.古文献论丛.上海:上海远东出版社,1996.
李约瑟.文明的滴定.北京:商务印书馆,2018.
陆威仪.早期中华帝国:秦与汉.王兴亮,译.北京:中信出版社,2016.
孟慧英.尘封的偶像——萨满教观念研究.北京:北京出版社,2000.
孟慧英.中国北方民族的萨满教.北京:社会科学文献出版社,2000.
孟文镛.越国史稿.北京:中国社会科学出版社,2010.
潘鼐.中国恒星观测史.上海:学林出版社,1989.
裘锡圭.古文字论集.北京:中华书局,1992.
饶宗颐.殷代贞卜人物通考.香港:香港大学出版社,1959.
施特劳斯.柏拉图《法义》的论辩与情节.程志敏,方旭,译.北京:华夏出版社,2011.
宋和平,孟慧英.满族萨满文本研究.台北:五南图书出版有限公司,1997.
张忠培,严文明.中国远古时代.上海:上海人民出版社,2014.
苏舆.春秋繁露义证.北京:中华书局,1992.
孙磊.自然与礼法:古希腊政治哲学研究.上海:上海人民出版社,2015.
唐锡仁、杨文衡主编.中国科学技术史:地学卷.北京:科学出版社,2000.
陶建国.两汉魏晋之道家思想.台北:文津出版社,1986.
陶磊.《淮南子·天文》研究——从数术史的角度.济南;齐鲁书社,2003.
陶磊.从巫术到数术:上古信仰的历史嬗变.济南:山东人民出版社,2008.
陶磊.德礼·道法·斯文重建:中国古代政治文化变迁之研究.杭州:浙江大学出版社,2016.
陶磊.神秘主义与中国古代哲学研究论稿.杭州:浙江大学出版社,2019.
陶磊.斯文及其转型研究.杭州:浙江大学出版社,2012.
陶磊.巫统血统与古帝传说.杭州:浙江古籍出版社,2010.

陶磊. 周易新解：萨满主义的视角. 杭州：浙江大学出版社，2015.
王充. 论衡. 上海：上海书店出版社，1988.
王国维. 观堂集林. 北京：中华书局，1959.
王明编. 太平经合校. 北京：中华书局，1960.
王子今. 秦汉史. 北京：中信出版社，2017.
乌戈·齐柳利. 柏拉图最精巧的敌人——普罗塔哥拉与相对主义的挑战. 文学平，译. 北京：中国人民大学出版社，2012.
席泽宗. 古新星新表与科学史探索——席泽宗院士自选集. 西安：陕西师范大学出版社，2002.
杨宽. 西周史. 上海：上海人民出版社，1999.
杨振红. 出土简牍与秦汉社会(续编). 桂林：广西师范大学出版社，2015.
余欣. 神道人心：唐宋之际敦煌民生宗教社会史研究. 北京：中华书局，2006.
张光直. 中国青铜时代. 北京：生活·读书·新知三联书店，1999.
张一兵. 明堂制度研究. 北京：中华书局，2005.
中国社会科学院考古研究所编. 中国古代天文文物论集. 北京：文物出版社，1989.
中国社会科学院考古研究所编. 中国考古学(夏商卷). 北京：中国社会科学出版社，2003.
中国社会科学院考古研究所编. 中国考古学(新石器时代卷). 北京：中国社会科学出版社，2010.
中国天文学史整理研究小组编著. 中国天文学史. 北京：科学出版社，1981.
周晓陆.《步天歌》研究. 北京：中国书店，2004.
朱塞佩·格罗索. 罗马法史. 黄风，译. 北京：中国政法大学出版社，1994.

论　文

安徽省文物工作队、阜阳地区博物馆、阜阳县文化局. 阜阳双古堆西汉汝阴侯墓发掘简报. 文物,1978(8).

安徽省文物考古研究所. 安徽含山凌家滩新石器时代墓地发掘简报. 文物,1989(4).

白瑞旭. 汉代死亡学与灵魂的划分//远方的时习:《古代中国》精选集. 上海:上海古籍出版社,2008.

曹春平. 明堂发微. 建筑学报,1993(9).

曹定云,刘一曼. 殷墟花园庄东地出土甲骨卜辞中的“中周”与早期殷商关系. 考古,2005(9).

晁福林. 关于殷墟卜辞中的“示”和“宗”的探讨——兼论宗法制的若干问题. 社会科学战线,1989(3).

晁福林. 试释甲骨文“堂”字并论商代祭祀制度的若干问题. 北京师范大学学报(社科版),1995(1).

陈美东. 陈卓星官的历史嬗变//科技史文集(第 16 辑). 上海:上海科学技术出版社,1992.

陈梦家. 战国楚帛书考. 考古学报,1984(2).

陈松长. 马王堆帛书《刑德》甲、乙本的比较研究. 文物,2000(3).

陈絜. 里耶“户籍简”与战国末期的基层社会. 历史研究,2009(5).

陈元甫. 土墩墓与吴越文化. 东南文化,1992(6).

程少轩. 放马滩简式图补释. 台湾《中国文字》新三十六期.

戴震. 明堂考//戴震文集(卷二). 北京:中华书局,1980.

许道龄,刘致平. 关于西安西郊发现的汉代建筑遗址是明堂或辟雍的讨论. 考古,1959(4).

杜林渊. 从秦简《日书》看战国时期的相宅术. 文博,2007(5).

杜正胜. 内外与八方——中国传统居室空间的伦理观和宇宙观//黄应贵,主编. 空间、力与社会.“中央”研究院民族学研究所,1995.

杜正胜. 形体、精气与魂魄//黄应贵,主编. 人观、意义与社会.“中央”研究院民族学研究所,1993.

范毓周. 殷墟卜辞中的“𢀛”与“𢀛帝”. 南方文物,1994(2).

冯时. 河南濮阳西水坡 45 号墓的天文学研究. 文物,1990(3).

胡厚宣. 释殷代求年于四方和四方风的祭祀. 复旦学报(人文科学),1956(1).

黄厚明. 中国东南沿海地区史前文化中的鸟形象研究. 南京艺术学院博士论文,2004.

黄铭崇(Hwang, Ming-chorng). *Ming-Tang: Cosmology, Political Order and Monuments in Early China*,哈佛大学博士论文,1996.

黄宣佩,张明华. 青浦县崧泽遗址第二次发掘. 考古学报,1980(1).

黄洋. 希腊城邦社会的农业特征. 历史研究,1996(4).

金鹗. 明堂考//金鹗. 求古录礼说:卷二. 济南:山东友谊书社 1992.

晋文. 睡虎地秦简与授田制研究的若干问题. 历史研究,2018(1).

黎毓馨. 浙江两汉墓葬的发展轨迹. 东方博物,第九辑,2003.

李伯谦. 崧泽文化大型墓葬的启示. 历史研究,2010(6).

李伯谦. 我国南方几何形印纹陶遗存的分区、分期及其有关问题. 北京大学学报,1981(1).

李学勤. 良渚文化的多字陶文. 苏州大学学报,吴学研究专辑,1992.

李学勤. 睡虎地秦简中的《艮山图》. 文物天地,1991(4).

李学勤. 太一生水的数术解释//陈鼓应,主编. 道家文化研究(第十七辑). 北京:生活·读书·新知三联书店,1999.

李振宏. 中国政治思想史研究中的王权主义学派. 文史哲,2013(4).

李之龙. 从良渚文化社会组织形态分析其文化个性与文明进程. 华夏考古,2003(2).

连劭名. 甲骨刻辞所见的商代阴阳数术思想//艾兰,等. 中国古代思维模式与阴阳五行说探源. 南京:江苏古籍出版社,1998.

林甘泉. 中国古代土地私有化的具体途径//林甘泉文集. 上海:上海辞书出版社,2005.

林沄. 豊豐辨//林沄学术文集. 北京:中国大百科全书出版社,1998.

刘波. 浙江地区西汉墓葬的分期. 南方文物,2000(1).

刘家和. 宗法辨疑//古代中国与世界. 武汉:武汉出版社,1995.

刘金华,刘玉堂. 九店楚简《日书·相宅》辨析. 史学月刊,2009(11).

刘庆柱. 关于考古发现的"龙"之界定问题. 濮阳职业技术学院学报,2012(2).

刘俊男.石家河文化的北渐及其对豫中西地区的影响.中原文物,2013(1).

孟原召.屈家岭文化的北渐.华夏考古,2011(3).

潘晟.汉唐地理数术知识的演变与古代地理学的发展.中国社会科学,2011(5).

裘锡圭.释殷墟卜辞中的“[illegible]”“[illegible]”等字//第二届国际中国古文字学研讨会论文集.香港:香港中文大学,1993.

山东省博物馆.临淄郎家庄一号东周殉人墓.考古学报,1977(1).

上海市文物管理委员会.上海市闵行区马桥遗址1993—1995年发掘报告.考古学报,1997(2).

宋艳萍.先秦秦汉丧葬习俗中的数术行为.管子学刊,2008(2).

塔兰特.中期柏拉图主义与《书简七》//彭磊,编.叙拉古的雅典异乡人.北京:华夏出版社,2010.

唐金裕.汉初平四年王氏朱书陶瓶.文物,1980(1).

陶磊.清华简《保训》浅识//出土文献与中国古代文明——李学勤先生八十寿诞纪念论文集.上海:中西书局2016.

陶磊.宇宙论与古代学术.浙江社会科学,2018(5).

汪宁生.释明堂.文物,1998(9).

汪宁生.中国考古发现中的“大房子”.考古学报,1983(3).

王梦鸥.古明堂图考.孔孟学报,1996(12).

王士伦.越国鸟图腾和鸟崇拜的若干问题.浙江学刊,1990(6).

王世仁.汉长安城南郊礼制建筑(大土门村遗址)原状的推测.考古,1963(9).

王世仁.明堂形制初探//中国文化研究集刊(第四辑).上海:复旦大学出版社,1987.

王振铎.司南指南针与罗经盘——中国古代有关静磁学知识之发现及发明//科技考古论丛.北京:文物出版社,1989.

向晋卫.两汉时期的“制礼”运动.云南社会科学,2006(3).

邢义田.从战国至西汉的族居、族葬、世业论中国古代宗族社会的延续//黄宽重,刘增贵,主编.家族与社会.北京:中国大百科全书出版社,2005.

严敦杰.关于西汉初期的式盘和占盘.考古,1978(5).

晏昌贵,钟炜.九店楚简《日书·相宅篇》研究.武汉大学学报,2002(4).

晏昌贵.悬泉汉简日书《死吉凶》研究.中国史研究,2013(2).

杨逢彬.试论“巫帝”刻辞的结构.武汉大学学报(哲社版),1998(5).

杨鸿勋.古蜀大社(明堂·昆仑)考——金沙郊祀遗址的九柱遗迹复原研究.文物,2010(12).

杨鸿勋.明堂泛论——明堂的考古学研究.东方学报(京都),1998(70).

殷涤非.西汉汝阴侯墓出土的占盘和天文仪器.考古,1978(5).

尹弘基.论中国古代风水的起源和发展.自然科学史研究,1989(1).

印群.论周代列鼎制度的嬗变——质疑“春秋礼制崩坏说”.辽宁大学学报,1999(4).

游逸飞.里耶 8—461 号“秦更名方”选释//魏斌编.古代长江中游社会研究.上海:上海古籍出版社,2013.

张春龙、龙京沙.湘西里耶秦简 8—455 号//武汉大学简帛研究中心主办.简帛(第四辑).上海:上海古籍出版社,2009.

张金光.战国秦时期“邑”的社会政治经济实体性——官社国野体制新说.史学月刊,2010(11).

张敏.吴越贵族墓葬的甄别研究.文物,2010(1).

张齐明.两汉时期丧葬风水信仰.南都学坛,2007(6).

张玮.“人”字顶木椁墓墓主族属的初步研究.东南文化,2011(3).

朱乃诚.良渚的蛇纹陶片和陶寺的彩绘龙盘——兼论良渚文化北上中原的性质.东南文化,1998(2).

朱兴国.也说尖底瓶.社会科学评论,2007(4).

后　记

本书是我近二十年来从事宇宙论与古代文明研究部分成果的一个集结，其中有四篇论文正式发表过，大多数成果是第一次正式发表。本书上编讨论的是一些文明理论的问题，下编讨论的是中国古代文明思想信仰方面的问题，就其性质论，与去年出版的神秘主义的小书（《神秘主义与中国古代哲学研究论稿》，浙江大学出版社，2019 年）相似，介于专著与论文集之间，应该算是一种专论，相当于英文的 monograph。

之所以要出版这样的专论，主要是考虑中文学术界几乎没有宇宙论的学术方法，中国学者研究宇宙论，基本都是就宇宙论论宇宙论，尚未意识到宇宙论还是进入社会科学理论的重要门径。我意识到这个问题的重要性也是近几年的事情，虽然二十年前的学术工作已经在不自觉地从宇宙论的角度探讨古代文明（下编第一篇讲明堂制度的文章最初是在二十年前撰写的），但一直没有意识到宇宙论本身可以作为一种学术方法，探讨一般的社会科学问题。即便是十五年前从哈佛燕京访学归来，从事了十年的萨满主义与古代文明研究，也一直没有清晰意识到宇宙论研究的真正价值。直到 2016 年初，我的同事王海燕老师嘱我给浙大历史系本科生开一些上古史讲座，真正意义上的突破才得以实现。收为本书上编第一章的“东西异制：早期中国研究新范式论纲”，便是当时思考突破的成果。另外两个值得记住的名字是美国达慕斯大学的艾兰教授与哈佛东亚系的普鸣教授，与他们的交流始终在提醒我留意宇宙论作为学术方法的价值所在。

本书的出版得到了浙江大学人文学院教师科研发展基金与浙江大学双一流经费的支持，谨表感谢。另外，需要特别说明的是，本书下编论吴越文化与汉代思想的一章，是《浙江社会科学》与浙江大学江南区域史研究合作的科研项目的成果。

最后，要感谢浙江大学出版社，感谢陈佩钰老师，这已是我们第五次合作了。

作　者

2020 年 7 月 29 日